sapientia
サピエンティア 17

「人間の安全保障」論

Human Security

グローバル化と介入に関する考察

メアリー・カルドー［著］
山本武彦・宮脇 昇・野崎孝弘［訳］

法政大学出版局

Mary Kaldor
Human Security
Reflections on Globalization and Intervention

目次

日本語版への序文

ちょうどこの序文を書き著わしているときに、以下の三つの危機が起きた。メキシコ湾での原油流出事故と、韓国の哨戒艦に対する北朝鮮の攻撃、そして、キルギスタン南部で発生したウズベク系住民に対する民族浄化《エスニック・クレンジング》の三つである。原油流出事故は、大多数の人びとがそう理解しているように、二一世紀型の新しいリスク——人為的な環境災害——の典型的な事例である。それに対し北朝鮮による攻撃は、私たちが二〇世紀型の脅威と理解しているもの——敵国による同盟国への攻撃——の典型である。二〇世紀的な対抗手段は、どちらのケースにおいても適切なものではない。原油流出事故に関していえば、解説者らは、その巨大な軍事力にもかかわらず、アメリカ合衆国には原油の流出を止め、その被害を管理しうる力がないという事実に直面し、嘆き悲しんでいる。北朝鮮に関していえば、軍事力の行使は生産的ではないとの見方が大勢を占めている。北朝鮮の体制は一九五二年以降、一貫して戦時体制下にある。外部からのいかなる脅威も体制の強化に資するだけである。くわえて北朝鮮は、非常に脆弱で貧しい社会である。核兵器を保有してはいるが、同国に対して実際に軍事力を行使すれば、イラクやアフガニスタンでの場合と同じように内部崩壊が起きてしまう可能性がある。そして、キルギスタンのケースでは、暴力に責任を負っているキルギス系武装集団を敗北させるためにではなく、法と秩序を回復し、人道援助を提供するために平和維持軍を派遣すべきだとの声が多く聞かれる。

これら三つの危機のすべてが如実に表わしているのは、私たちの安全保障観が変化しつつあるということである。伝統的な軍事力にもとづく国家安全保障に囚われた二〇世紀的な感覚から、二一世紀型のリスクとはどのようなものなのかを踏まえた感覚へと、すなわち、こうしたリスクに立ち向かうための自分たちの備えは不十分であるとの実感へと、それは変化しつつある。本書に収められているのは、二〇〇〇年以降書き著わしてきた一連の論考であるが、これらの論考から明らかになるのは、二一世紀に必要とされる概念である「人間の安全保障」についての私の思索がどのように推移してきたかである。むろん、日本の読者層は、かつての私とは比べものにならないほど、この概念に精通していることだろう。本書に収められている論考のうち、最初に刊行された論考を私が執筆する前の一九九八年の時点で、すでに日本は「人間の安全保障」という概念を公式に採用していたからである。私がこの概念にたどり着いたのは、西洋ではおなじみの一連の関心事を通じてであった。グローバリゼーションという文脈のもとで増幅する暴力的な状況にどう対処するか、人権・市民社会活動家としての自身の経験から私はこの問題に関心を抱き、「人間の安全保障」という概念にたどり着いた。アジアにおける「人間の安全保障」は、経済安全保障と環境安全保障に焦点を据える傾向がある。アジアの金融危機は、この傾向に拍車をかけた。また、アジアにおける「人間の安全保障」は、西洋でのそれに比べて共同体に力点を置くという特徴を見せる。だが、そうした違いにもかかわらず、双方はいっそう収斂しつつあると私は考えている。経済的要因や環境に関わる要因も考慮に入れなければ、暴力にどう対処するかを考えることはできない。ヨーロッパや合衆国での金融危機の高まりによって浮き彫りになったのは、経済的不安全《インセキュリティ》と人種主義・外国人嫌悪の高まりとの結びつきであった。同様に、諸個人がそのなかで生を営む共同体の不安全を分析することなくして諸個人の不安全を分析することはできない。さらに私はつぎのように考えてもいる。この困難な時代にあって、西洋型の「人間の安全保障」には、一見したところ手に負えない暴力的な状況にいくらか力点を置くその発想を通じて日本の読者に何か提供できるものがあるはずだ、と。実のところ、テロとの戦いを訴えるアメリカの主張に対してヨーロッパ以上に従順な立場をとることができたのは、「人間の安全保障」のこの側面に日本が力点を置いてこなかったからなのかもしれない。

「人間の安全保障」は、世界を診る見方であるだけでなく、世界を編成する組織化原理でもある。私見だが、「人間の安全保障」は、友‐敵の二項関係から世界を見る発想に代わるものである。原油流出事故に関していえば、軍事用語を使わずに表現することがいかに難しいかを認識しておくことは示唆に富む。災害救援活動を組織化するにあたって、主導的な役割を果たしたのは合衆国の州兵であった。合衆国沿岸警備隊司令官、タッド・アレン大将は、この原油流出事故を「油断のならない敵がわれわれの海岸を攻撃している」と表現し、「メキシコ湾は人質にとられている」と語った。むしろ、私たちに必要なことは、この原油流出事故を、たとえばニジェール・デルタのような他の場所で発生したのと同じグローバルな環境災害のひとつと見なせるようになることである。それがどこで発生しようと、地球を破壊するあらゆる行為に対処する能力を高めることである。同様に、私たちに必要なのは、朝鮮での危機を「人間の安全保障」の観点から考えはじめることである。それが意味しているのは、アメリカ人や韓国人、日本人の安全保障だけでなく北朝鮮の人びとの安全保障にも関心を寄せるということであり、前者の状況を改善するだけでなく、後者の状況を改善するのに役立つような方法でこの危機に対応するにはどうすればよいのかを考え出すということである。そして、キルギスタンのケースでは、この紛争が中央アジアの全域に影響を及ぼすものであることを理解しておかなければならない。とりわけこの地域では、犯罪活動とテロリズム、エスニック・宗教的な急進主義がないまぜとなった動きが活発である。この運動体は、広範な人間の苦難を引き起こすかたちで拡散していく傾向がある。暴力的な状況が新たに出現し、それが長期化していくなかで、この種の動きがさらに増幅していく事態を防ごうとするならば、適切に対応できる能力を備えておく必要がある。

これらすべての事例が明らかにしているのは、これまでとは違った視点から世界を見る必要があるということである。むろん、それだけではない。二一世紀型のリスクに立ち向かうにあたって必要な能力をどうすれば手にすることができるのか、その答えを明らかにもしている。私たちに必要なのは、公共サービスが十分に提供されている社会で広く利用できる緊急サービスに幾分か似た、グローバルな緊急部隊とでも表現できるものである。それは、消防官や警察官、医療関係者、技師、人道援助要員、開発の専門家から構成され、そのつど構成員を変えつつ、危機的状況に陥った地帯に迅速に展開するための準備を整えた部隊である。むろん、依然として軍隊は必要であるが、それはこのグローバルな緊急部隊の一要素となろう。文民が指揮権を持つこの部隊の目的は、人びとを暴力——ジェノサイドや大規模な人権侵害――から保護することである。敵を敗北させることではなく、警察活動への協力を通じて法と秩序を確立することがその目的である。

ヨーロッパやアメリカにルーツがあるだけでなく、アジアやアフリカにもルーツがある真にグローバルな状況を西洋人は受け入れはじめている。そのことを日本の読者がいっそう理解する一助に本書がなれれば幸いである。そして最後に、以前に刊行した拙著と同様、本書を日本でも広く利用できるようにしてくれ、微に入り細を穿つ質問に対する私からの回答を忍耐強く待ってくれた翻訳者である山本武彦教授に心から感謝の念を表したい。

二〇一〇年六月二二日

メアリー・カルドー

謝辞

まず、本書の刊行を提案し、信頼できる助言と手助けをしてくれたデヴィッド・ヘルド（David Held）に感謝の意を表したい。また、つぎの方々にも御礼を申し上げたい。ザビーネ・セルチョウ（Sabine Selchow）は、私の議論を批判的に精査し、貴重な助言を提供してくれただけでなく、文献を参照し情報を入手する手助けをしてくれた。マーリィエス・グラシウス（Marlies Glasius）は、第1章の初版にあたる論考に論評を寄せてくれたばかりか、「人間の安全保障」についての考えをいっしょに練り上げてくれた（もともと最終章の一部は彼女との共著である）。また、キャロライン・ソーパー（Caroline Soper）からは、第2章「アメリカのパワー」の初版にあたる論考の執筆依頼を頂戴し、「アメリカのパワー」と「グローバル市民社会という理念」の双方に対して非常に有益な示唆をいただいた。モンセラート・ジベルノー（Montserrat Guibernau）からは、「ナショナリズムとグローバリゼーション」の執筆依頼を頂戴し、論評を寄せていただいた。チャールズ・リード（Charles Read）は、「正しい戦争」にまつわる章の初版にあたる論考に論評を寄せてくれた。ヘバ・ラウーフ・エザット（Heba Raouf Ezzat）は、正しい戦争に関わるイスラーム教の原則について紹介してくれた。ジョー・ストーン（Jo Stone）は、文献の参照と編集の手助けをしてくれたばかりか、事務的なサポートをしてくれた。とくに著者に対する心配りが行きとどいているポリティ出版の皆様にも感謝の意を表したい。とりわけ、本書の出版を進めてくれたエマ・ハッチンスンと、校閲担当の編集者として拙著の多くで手助けをしてくれたアン・ボーンに御礼を申し上げる。そして最後に、刺激的で陽気な環境を整えてくれている私の家族と、グローバル・ガバナンス研究センターの同僚たち、そして、同センターを含むロンドン・スクール・オブ・エコノミクス（LSE）のすべての同僚たちに感謝の意を表したい。

　本書の各章は、書籍の章、もしくは雑誌論文として、もともと刊行されていた諸論考を加筆・修正のうえ改訂したものである。原文のすべてを、あるいはその一部を再刊行することに許可を与えてくれたケンブリッジ大学出版局と『国際問題《インターナショナル・アフェアーズ》』誌、『ネーションとナショナリズム』誌、オックスフォード大学出版局、そしてラウトレッジ社に感謝の意を表したい。

「人間の安全保障」論

——グローバル化と介入に関する考察

凡例

一、本書は、Mary Kaldor, *Human Security: Reflections on Globalization and Intervention*, Cambridge: Polity Press, 2007 の全訳である。

一、文中の（ ）、［ ］は原著者によるものである。

一、原文中の引用符は「 」で括り、大文字で記された文字についても「 」で括った箇所がある。

一、原文中の（ ）、——については、一部取り外して訳出した。

一、原文中でイタリック体で記された箇所は、原則として傍点を付した。

一、文中に訳者が挿入した語句および簡単な訳註は〔 〕で示した。

一、引用文献中で邦訳のあるものは適宜参照したが、訳文はかならずしもそれに拠らない。

一、原註は（1）というかたちで記し、巻末に掲載した。

一、訳註は〔1〕というかたちで記し、巻末の原註のあとに掲載した。

一、邦訳の書誌情報はできる限り示した。複数の訳がある場合には原則として最新のものを優先した。

一、原著の明らかな間違いや体裁の不統一について、一部は原著者に確認したが、訳者の判断で整理した箇所もある。

一、索引は原著をもとに作成したが、一部訳者のほうで整理した部分がある。

序　論

もはや戦争は存在しない。対立や紛争、そして戦闘は疑いなく世界中に存在する……。諸国は軍事力を有し、いまだに力のシンボルとしてそれを用いてはいる。にもかかわらず、たいていの戦闘員がよく認識しているところの戦争、人間と機械が戦場で繰り広げる戦闘としての戦争、そして、国際問題における紛争の決め手となる大掛かりな出来事としての戦争は、もはや存在しない。

——ルーパート・スミス『力の効用』

イラク戦争は、安全保障に対する新しいアプローチがなぜ必要なのかを示す事例のひとつと考えることができる。ジョージ・W・ブッシュ大統領〔当時〕とドナルド・ラムズフェルド国防長官〔当時〕は、情報技術とコミュニケーション技術を駆使した新しいタイプの戦争を戦っていると主張した。しかし、実際のところ、そのアプローチはかなり伝統的なものであった。それは、スミス大将の言う「戦争」としてよく知られているところの手法、すなわち、通常兵器の軍事力を用いてイラクに侵攻し、続いて暴徒を打ち負かそうとする旧来の手法を再生産するものだった。ラムズフェルドの言う「防衛変革」(defense transformation) は、新しい技術を伝統的な構造と戦略に組み込むことを意味するものにすぎない。

安全保障の変革は技術的変化にとどまるものではない。戦争にまつわる社会関係や、直面する脅威の性格の変容に関わる。アメリカ人(そしてイギリス人)が、グローバル・テロリズムを引き寄せた状況に、すなわち、暴動と宗派間の「対立、紛争、そして戦闘」とが結びついた状況に、これまで以上に引きずり込まれてしまったのはなぜなのか、それは、戦争にまつわる社会関係のこうした変容を彼ら自身が理解できていなかったからである。

本書は、新世紀の最初の五年間に執筆したこのテーマに関わる論文を編纂したものである。これは、グローバルな会話、すなわち、国家や国際制度だけでなく市民社会団体や個人のあいだでなされる公的な論争 (public debate) にもとづいた、安全保障への新しいアプローチを主張する書物である。各章は、バルカン諸国やアフリカのような場所で繰り広げられている「新しい戦争」、スミスの言う「人びとのいる場での戦争」(wars amongst the people) の性格について、一九九〇年代におこなった私の研究を論理的に引き継いだものと位置づけることができる。(1) この章では、新旧の戦争や冷戦、そしてグローバル市民社会についての私見を概略的に述べていくことにする。というのも、この考えこそが、本書に含まれるすべての章の概念的・歴史的な背景をなすものだからである。つぎに、いくつかの方法論的・規範的な考察を簡潔に述べ、最後に各章の概要を記すことにしたい。

背景

私が「新しい戦争」という言葉を使いはじめたのは、ヘルシンキ市民集会（ＨＣＡ）の共同議長としてボスニア・ヘルツェゴヴィナやナゴルノ・カラバフといった場所にある数々の支部を訪れていた一九九〇年代の半ばのことである。これらの紛争は、あらかじめ抱いていた戦争観とはまったく異なるものだということに私は気がついた。私の先入見は、私の研究のほか、二一世紀の世界戦争についてメディアから学んだことに依拠していた。主要な政策決定者を含む多くの人たちが私と同じ先入見を持ち、そのせいで適切な政策の選択が妨げられていたことにも気がついた。私たちの先入見にもとづく「旧い戦争」とこれらの紛争がまったく異なるものであることを示すために、「新しい戦争」という言葉を私は用いたのである。

「旧い戦争」という言葉が意味するのは、一八世紀終わりから二〇世紀半ばまでの期間にヨーロッパで起きた数々の戦争のことである。この種の戦争を理念化する見方が私たちの戦争観をつくりあげた。「旧い戦争」は、軍服を身につけた軍隊によって戦われる国家間戦争であり、決定的な遭遇が戦闘になる。チャールズ・ティリーが説得的に述べているように、「旧い戦争」は近代国民国家《ネーション・ステート》の勃興と関連するものであり、国家を建設することであった。(2) ティリーは、「戦争が国家をつくり、逆もまた同じである」と語る。(3) 戦争を通じて国家は徐々に組織的な暴力を独占できるようになり、私兵や盗賊、封建的な兵隊などを除去し、国家に従属する職業的軍隊を設けることができるようになった。行政的効率性や公益事業と同様に課税と借款が増大し、とりわけ政治的共同体の概念が案出された。この想像の共同体の基礎は、それらを通じて、同じ言葉を話す人びとがひとつの共同体の一員として自らを見なすようになる、その土地に固有の言葉で書かれた新聞と小説が発達することで形成された。この共同体は戦争に向かって結束していく。カール・シュミットは、近代国家の基底にある政治的なものという概念について語っている。彼にとって、政治的なものという概念に固有のものは友‐敵の区分であり、この区分は「物理的殺害の現実的可能性」に関わるものだという。[4] 国家の任務は、他者から領域を防衛することであり、この任務こそ国家に正統性を与えるものであった。「われ保護す、ゆえにわれ服従さす」（*Protecto ergo obligo*）は、シュミットに言わせると「国家の、われ思う、ゆえにわれありである」[5]。

「旧い戦争」は一定のルールに従って、すなわち、少なくとも理論的には、一九世紀終わりから二〇世紀初頭にかけての時期にジュネーヴ条約とハーグ条約として成文化されたルール——民間人の犠牲者を最小化する、捕虜を厚遇するなど——に従って戦われた。戦争の正当性を確立するために、ルールは重要である。英雄と犯罪者、正当な殺人と故意の殺人とのあいだには細い線が引かれている。

これとまったく逆なのが、私が「新しい戦争」と呼ぶものである。これらは、国家（典型的には、グローバリゼーションの衝撃を受けた権威主義国家）の解体という文脈のなかで生じる戦争である。「新しい戦争」は、国家と非国家アクターのネットワークどうしが戦う戦争であり、軍服を着ていない場合もあれば、ボスニア・ヘルツェゴヴィナのクロアチア民兵のように、十字架やレイバンのサングラスといった特有の標徴を身につけている場合もある。「新しい戦争」は、戦闘が起きることが稀な戦争である。反乱鎮圧戦術、あるいは民族浄化《エスニック・クレンジング》の結果として民間人に暴力が向けられることが多い。「新しい戦争」は、税の徴収がうまくいかなくなりつつある状況下でおこなわれる戦争である。戦争資金は、略奪と強奪、不法取引と、戦争が生み出すそれ以外の収入によって調達される。「新しい戦争」は、戦闘員と非戦闘員、正統な暴力と犯罪行為の区別がまったく崩壊している戦争である。「新しい戦争」は、国内総生産（GDP）を減少させ、税収の喪失と正統性の喪失をもたらすなど、国家の分裂を悪化させる戦争である。とりわけ、これらの戦争は、共通の政治的共同体に属しているとの感覚を破壊する新たな党派的アイデンティティ（宗教的アイデンティティや民族的《エスニック》アイデンティティ、あるいは部族的アイデンティティ）を構築する。実際、これこそが「新しい戦争」の目的だと考えられる。これらの戦争は、恐怖と憎悪を生み出すことを通じて、政治的共同体に帰属しているとの感覚を新たな区分線に沿ってつくりなおす。つまり、「新しい戦争」は、新たな友－敵の区分を生み出すのである。さらに、こうした党派的な政治的アイデンティティは多くの場合、グローバルな地下経済の基礎となる犯罪化したネットワークと密接に結びついている。

「旧い戦争」、すなわち、勝利や敗北で終わるような戦争とは異なり、「新しい戦争」は終わらせるのが難しい。多様な戦闘当事者が、政治的な理由と経済的な理由の双方から暴力を継続することに広範な利益を見いだしている。さらに、「新しい戦争」は、難民や避難民のほか、犯罪化したネットワークや、自らが製造した党派的なイデオロギーを通じて拡散していく傾向がある。

もちろん、これらの戦争はまったく「新しい」というわけではない。前近代のヨーロッパで起きた戦争や、「旧い戦争」の時期全体を通じてヨーロッパ以外の地域で勃発してきた戦争と多くの点で共通している。しかも、「旧い戦争」のなかに――たとえば、第一次世界大戦がオスマン帝国に及ぼした影響のなかに――「新しい戦争」と私が呼ぶものの要素をいくつか見いだすことさえできる。私がこの区別を強調するのは、それが、今日発生していることと、それについて知らねばならないことを理解する手助けになるからである。現代のたいがいの文献では、「新しい戦争」は「内戦」として記述される。国家間戦争が減少し、内戦が増大したと広く論じられている。私がこの用語に反対するのは、「新しい戦争」が国家に内的なものとも外的なものとも言いがたいものだからであり、その用語に政策的な含意があるからである。ボスニアでの戦争はユーゴスラヴィアの内戦だったのか、それとも国際戦争だったのか。いくつかの近隣諸国が介入したコンゴ民主共和国（DRC）での戦争は国家間戦争だったのか、それとも内戦だったのか。政策の観点からいえば、「内戦」という言葉を用いることは不介入を暗示する。「保護する責任」〔これについては、本書第6章・第7章での議論を参照〕という概念が近年承認されたにもかかわらず、大規模な人権侵害から人びとを保護するために国際社会が介入するとの考え方は大いに論争的である。国家間戦争の文脈で侵略から国家を守るために国際的に介入する事例がある。だが、その人権侵害は、外部の者がおこない、それゆえ「侵略」と見なされるべきものなのか、それとも、内部の者がおこない、それゆえ「抑圧」と表現されるべきものなのか、という問題は、はたして重要なことなのであろうか。ボスニアでは、民族浄化を実行したのはボスニアのセルビア系住民なのか、それとも、セルビア出身のセルビア人なのか、という点が重要だったのだろうか。さらにいえば、「内戦」という言葉を使うことはつぎのことを意味してもいた。外部の努力を干渉に含めるかどうかは別にせよ、実際にあらゆる「新しい戦争」が国境から溢れ出し、地域的な文脈で取り組まなければならなくなっていたとしても、外部の努力が個別の民族国家に焦点を据える傾向にあることを意味してもいたのである。何人かの著者が用いている「民営化された戦争」という表現についても、同様のことがいえよう。新しい戦争には国家以外の武装集団が関与しているが、たいていこれらの集団は正規軍、あるいは正規軍の残党とつながっている。むしろ大事な点は、「新しい戦争」では公共と民間の区別も曖昧になっているということである。

「旧い戦争」は二〇世紀半ばに絶頂を迎えた。殺戮に科学と技術が応用され、国家の動員能力が増大したため、破壊は想像を超える規模になった。第一次世界大戦で約三五〇〇万人が死亡し、第二次世界大戦で七〇〇〇万人が死んだ。津波の死者や、ボスニア・ヘルツェゴヴィナ戦争全体での死者に匹敵する多くの人びとが、アウシュヴィッツで数週間のうちに殺害された。東京やドレスデン、ハンブルク、広島、あるいは長崎の空襲では、ひと晩のうちに同様の数の死者が出ている。さらに、第二次世界大戦の死者の半数は民間人であった。中央集権化された全体主義国家と諸国家のブロックは、こうした戦争の経験から生まれ、それは国家建設の見せ場であった。ジョージ・オーウェルが、全体主義のブロックが競合しあうという悪夢のような未来像を描いた『一九八四年』を執筆したとき、彼の念頭にあったのはソ連ではなく戦後のイギリスであった。『一九八四年』は一九四八年をさかさまにしたタイトルである。とりわけ、こうした総力戦によって、国家を超えて複数のネーションからなるブロックへと広がりをみせる、政治的なものの新たな概念が生まれた。全体主義に対抗する民主主義、あるいはファシズムに対抗する社会主義という理念がそれにあたる。冷戦は、「旧い戦争」に関するこうした考えを維持する方法として概念化されうる。「旧い戦争」の世界観は政治家の言説に、その深層にいまもなお潜んでいる。だからこそ彼らは、「新しい戦争」の現実を直視することができないともいえる。

冷戦期においてヨーロッパは、あるいは世界ですら「平和」を享受したといわれてきた。ハンガリーとチェコスロヴァキア、そして、いわゆる第三世界の大部分では現実に戦争が起きていたという事実はさておき、ヨーロッパにいる私たちは、何百万もの人びとが武装し、軍事演習が頻繁におこなわれ、スパイ小説が一世を風靡し、敵対的なプロパガンダが踊るといった、戦時にあるかのような生活を送っていた。しかも、私たちは、組織――軍需産業や中央集権国家――だけでなく戦争に関して、そしてもちろん、世界を、イデオロギーを基盤とする二つの陣営からなるものとして定義し、敵対勢力の信用を貶めるメカニズムをもつ友‐敵の区分に関して大きな不安や恐怖心を抱きながら生活していた。そうした理由から私は、冷戦を「想像上の戦争《イマジナリー・ウォー》」と表現するのを好むのである。(6)

冷戦期を通じて冷戦は、力強いイデオロギーの衝突、すなわち、アイザック・ドイッチャーの言う、民主主義と全体主義との、あるいは資本主義と社会主義との「大競争」(Great Contest)として考えられた。(7)「グローバルな衝突」というこの考え方は、それぞれのブロック内の政治的共同体を規定する手段であった、と私は主張したい。両陣営とも冷戦を気に入っていたのである。第二次世界大戦によって西側では、一九三〇年代の大量失業と破壊的な経済的ナショナリズムの問題が解決され、東側では、非効率性の問題と正統性の欠如という問題が解決された。冷戦は、これらの解決法を再度導いた。ある意味で、西側も東側もこの理念と共謀していた。西側は、自由と全体主義との対決として冷戦を描き出した。東側は資本主義と社会主義との対決として冷戦を考えることで自らの信用を失った。

これらのいかなるものも、双方のエリートによる意識的な決定の産物ではない。むしろ、第二次世界大戦での自らの経験の結果であり、第二次世界大戦中に建設された国家構造の結果であった。たとえば、冷戦期の軍拡競争の展開を分析すれば、それぞれの陣営は他方に対抗しようとして軍備の増強を推し進めたというよりも、敵国ドイツという架空の存在に対抗しているかのように軍拡を推し進めた、と説明するほうがわかりやすい。それゆえ、アメリカ人は戦略爆撃を強調しつづけた。ミサイルの出現によって核兵器は長距離爆撃の延長線上で捉えられ、戦略空軍司令部のもとに置かれた。アメリカは、北ドイツ平原を横切るかたちでの通常戦力による電撃戦を予想し、優位に立つノウハウを駆使してヨーロッパ人を支援すべく駆けつけようと考えていた。それに対し、ロシア人は戦略爆撃をおこなった経験をもたない。むしろ、爆撃はファシスト的戦術であると考えていた。彼らは、通常戦力による地上軍に代わるものはないと信じていた。航空機は地上軍を支援するもの、ヨシフ・スターリンの言う「大砲の侍女」と考えられていた。それゆえ、ミサイルが開発された際もミサイルは大砲と見なされ、砲術学校の指揮下に置かれたのである。

東西両陣営は対称的だったわけではない。西側の多くの人びとは冷戦を支え、冷戦から利益を受けてきたと感じた。しかし、中部ヨーロッパの人びとにとってスターリン主義の強制は悲劇であった。中部ヨーロッパに対するソヴィエトの支配力は冷戦によって維持された、との議論も可能である。

この時期、少なくとも西側では、つねに「信頼性」の問題があった。もし戦争が純粋に想像上のものであるならば、アメリカのパワーの存在を敵や味方はいつまで信じつづけることができるだろうか。一九五〇年代と一九六〇年代に、驚くべき数の核兵器が蓄積された。それは、世界を何度も破壊できるほどの数であった。カール・フォン・クラウゼヴィッツによれば、戦略とは、政治的な目的のために軍事力を行使することである。しかし、トーマス・シェリングのような戦略家が熟考したように、兵器が危険すぎて使用できないとしたら、戦略とは何を意味するものだったのだろうか。ラテンアメリカや東南アジアの反乱者を抑えつけなかったら、どうなったのか。どうすれば、限定された方法で軍事力を行使することができたのか。実際に、どの兵器を使用しても破滅的な結果がもたらされるような状況下で核兵器の種類と役割を厳密に区別する（戦術核兵器と戦域核兵器、戦略核兵器を区別する）というのは、控えめに言っても大いに戸惑う話である。

この戸惑いへの私の答えは、つぎのようなものである。戦略は、誰もがそのルールを知っている想像上の戦争において武力をどう行使するかを表わすようになった、と。たとえば、相互確証破壊か柔軟反応戦略かという、少数の人にしか知られていない西側の論争は、この文脈で説明される必要がある。ロナルド・レーガン政権の国防次官補で、著名な核戦略研究家のひとりであり、最近では、ブッシュ大統領を取り巻くネオコン・チームのひとりとして知られるリチャード・パールが述べた、核兵器の取得に関わる複雑で難解な主張は、核戦略の本質が想像上のものであることを示している。パールは言う。「私はつねに、実際に核の撃ち合いが起こることよりも、ローカルな状況でリスクを負おうとする私たちの意志に核のバランスが与える影響を懸念してきた」、「自分たちが核戦争に勝利するだろうとの確信のもとに、ソヴィエト人らが核兵器でアメリカを攻撃してくることを懸念しているわけではない。むしろ、私が心配しているのは、もし核の応酬というエスカレーションが起きたときに、わが国がエスカレーションの梯子を登っていくよりも、ソ連の核戦力が有利に均衡を制しているためにアメリカ大統領が危機において行動に及ぶことができないということである」(8)、と。スター・ウォーズ計画、すなわち戦略防衛構想（ＳＤＩ）や国土ミサイル防衛（ＮＭＤ）はアメリカを守ることになっていた。こうした想像を担保にすることで武力がふたたび使用可能になったのである。

本書の第2章で述べるように、「テロとのグローバルな戦い」は、永続的な想像上の戦争というメンタリティのなかで教育を受けてきた世代による、冷戦の物語を再生産する試みとして理解することができる。彼らは、ソ連が軍拡競争でついてこられなくなったために、アメリカは冷戦に「勝利した」と信じている。「旧い戦争」のレシピは、それゆえ〔二〇〇一年〕九月一一日の攻撃の後に再登場した。九・一一の本質は、ブッシュ大統領のまわりにいた人びとによる心理的な作り話である。しかし、冷戦とは異なり、「テロとのグローバルな戦い」は二つの現実の戦争を導いた。イラクでアメリカは、現実のグローバルな「新しい戦争」に引きずり込まれている。兵力の不足によって多くの民間契約要員が戦争に加わり、国家と非国家アクターからなるネットワークによってイラク戦争は戦われた。暴徒と戦闘員を区別することは非常に難しい。そのため、主な犠牲者は民間人となる。暴徒は主にスンニ派なので、イラク戦争はしだいに党派的な性格を帯びるようになり、さまざまな人びとが混住する都市環境のなかで党派的なアイデンティティを形成することになる。しかも、戦争は、イラクやアフガニスタンの隣国に飛び火しており、東アフリカにまで広がっている。

もちろん、冷戦期にも現実の戦争はあった。もっとも重要な戦争は朝鮮戦争とヴェトナム戦争、そしてアフガニスタン侵攻である。これらの戦争は、何百万人もの人びとが死んだにせよ、「限定的な」戦争と呼ばれた。なぜなら、これらの戦争はヨーロッパでのアメリカとソ連の直接対決を招かなかったからである。しかし、それらの「限定的な」性格にもかかわらず、ヴェトナムとアフガニスタンは、大規模な通常戦力の信頼性に疑問を生じさせることになり、冷戦の物語を問いなおさせる契機となった。ヴェトナム以降の二〇年間に、平和と人権という二つの概念が結合した「新しい平和」に、お望みならば、さらによい表現である「人間の安全保障」にもとづいた新しい言説が広がりはじめた。「旧い戦争」の時期において、平和は国家間関係に関わるものであったが、[9] 法と権利は国内問題に関わるものであった。それは、国際関係論の理論家たちが「大いなる分断」(Great Divide)[10] と呼ぶところのものである。人権法や国際人権規約、そして一九七五年のヘルシンキ合意〔ヘルシンキ合意じたいは国際法上の法的拘束力をもたない〕の発展と、とりわけラテンアメリカや東ヨーロッパでの人権侵害に懸念を抱く人権活動家の広がり。これら二つが作用するなかで、「人権レジーム」と呼ばれるようになるものが発展を遂げてきた。このレジームの発展こそ、「大いなる分断」の克服が始まる鍵となったのである。戦争と軍拡競争に反対することに焦点を据えてきた平和運動が、ヘルシンキ合意の署名以降、人権問題を取り上げるようになった。一九八〇年代におこなわれた西ヨーロッパの平和運動と東ヨーロッパの反体制派との対話には、私も関わっていた。汎ヨーロッパの、あるいはグローバルな市民社会という概念や、市民の《シヴィック》安全保障、あるいは「人間の安全保障」という概念が議論され練り上げられたのは、この対話を通じてである。冷戦の物語が、そして東西間の永続的な対話という考え方が、人間の想像力を支配する自らの力を失った現象、すなわち、東側においてだけではないものの、とくに東側でその力を失った現象、これが私の考える冷戦の終結である。

　戦争にまつわる社会関係の観点から「新しい戦争」を分析することによって、この種の紛争をどのように扱うか、そして実際にテロにどう取り組むかについてのまったく異なるアプローチがあることに気づく。イラクとアフガニスタンでの戦争の結果、生じる可能性のあるグローバルな「新しい戦争」と、イラクとアフガニスタンでの戦争の広がり方は、「文明の衝突」をつくりだす方法として捉えられるだろうし、過激なイスラーム主義の成長にすでに貢献していることだろう。テロの危険性は、「旧い戦争」の幻想《ファンタジー》によって乗っ取られるには深刻すぎる。まったく同じ方法で、冷戦と核兵器の存在によって私たちは、共産主義を弱体化させる深刻な戦略を採用することができなかった、と私は主張したい。これはデタントの文脈のなかでのみ可能なものであった。実際のところ、第二次世界大戦は「旧い戦争」の終焉を示した。この種の戦争はもはや不可能である。「旧い戦争」は、戦うには単に破壊的すぎており、容認できないものとして認識され、実際に違法なものとされるようになってきた。八年間にわたるイラン・イラク戦争は、おそらくこの規則の例外である。イラン・イラク戦争は広く破壊し尽くし、軍事的な膠着状態に陥った。少なくともイラク側では、この戦争は国家の結束にはつながらず、国家の崩壊の始まり、すなわち、新しい戦争へと滑り落ちていく端緒となった。

「新しい戦争」は、第二次世界大戦以来導入されてきた新しい人権法体系を侵害するだけでなく、「旧い戦争」のすべての慣習を意図的に侵害する。「新しい戦争」を扱うに際して鍵を握るのは、冷戦の最後の数十年間に再創造された人権とグローバル市民社会という理念を軸に政治的正統性を構築しなおすことである。もし「旧い戦争」が友－敵の区分の観点から政治的正統性の観念を生み出したとすれば、「新しい戦争」において友－敵の区分は政治的正統性を破壊する。それゆえ、政治的正統性は、コスモポリタンな同意に依拠し、国際法の枠組みのなかでのみ再構築されうる。それは、困難な状況において民主化の努力を支援すること、あるいは、民主化の過程を支援するためにさまざまな国際的手段と法律を駆使することを意味する。こうした手段のひとつは軍事力を行使することであるが、本書の重要なテーマは、民間の能力との協働をはかりながら、戦闘というよりも法の執行に近いまったく新しい方法で軍事力を行使することが必要だ、ということである。

本書の各章では、このアプローチが詳しく述べられている。シュミットは、敵のない政治的共同体はありえないと主張する。人道の名のもとに力が行使される場合には、敵対者はもはや敵ではなく無法者、平和の攪乱者であるため、政治的共同体はもはや存在しない。もし彼が正しければ、未来はきわめて冷酷である。その場合、グローバルな「新しい戦争」の拡散を予期することができるだろう。しかし、もし私たちが、政治的共同体は恐怖ではなく理性によって結束しうると考えるのであれば、その場合、もうひとつの可能性が浮き彫りになってくる。すなわち、国家がもはや、戦争との本質的な結びつきを断ち、多国間の枠組みのなかで行動する国家性の変容という可能性が浮き彫りになってくる。人道をめぐる議論についても逆になってくる。もし私たちがテロリストを敵と呼ぶならば、彼らに政治的な地位を与えてしまうことになるだろう。実際に、彼らが達成しようとしていることは、こうした地位を獲得することなのかもしれない。おそらく、テロリストを無法者、平和の攪乱者と見なすほうが適切であるし、「旧い戦争」ではなく法を執行する手段を用いるほうが適切であろう。

方法論的考察と規範的考察

私の出発点は、今日の世界には現実に安全保障のギャップが存在していると仮定することである。「新しい戦争」が起きている中東や東アフリカ、中央アフリカ、あるいは中央アジアといった地域に住む何百万人もの人びとが、暴力の日常的な恐怖のなかで生活している。さらに、「新しい戦争」は、疾病の拡大や自然災害に対する脆弱性、貧困とホームレスネスといった、ほかのグローバルなリスクとますます絡みあっている。第二次世界大戦の支配的な経験から引き出された私たちの安全保障観は、こうした不安《インセキュリティ》全を減らすものではなく、むしろ悪化させてしまう。本書に収められた論考の多くの目的は、こうした安全保障のギャップに取り組むための新たな提案を練り上げることにある。

しかし、このことは新たな言葉を必要とする。私たちが新たな解決策を見いだせないのは、私たちが現在、安全保障を認識している方法に問題があるからであり、私たちが用いる「旧い戦争」の言葉に問題があるからである。本書の多くの章では、多様な立場の分析と、政策を正当化するために用いられるさまざまな議論の分析をおこなっている。社会科学は物語を語るものである。根拠に沿ったものもあれば、そうでないものもある。人生そのものを語るのと同じくらい物語を語るのはゆっくりだろうから、完全に一致することはありえない。私たちの行動を導くのを手助けする生活の一定の側面を引き出す抽象化というよりもむしろ、人生の鏡のようでもあろう。

物語は、途方もない政治的な影響力を発揮しうる。民主的な社会では、権力闘争において政治的支援を動員するために競合する物語が用いられる。相対的に安定した社会では、社会を結束させる共通の物語が、ミシェル・フーコーの用語を用いれば「規律・訓練の技術」(disciplinary technology)[11]がたいてい存在する。権威主義的な社会においてさえも、代わりとなる物語を確認することができる。劇的な変化の瞬間とは、対抗する物語が信頼性を得て、代替的な物語の示唆が試される実験の瞬間である。もしもその物語が再生産されたならば、その物語に沿って正当化された政策が、その物語によって説明されうる結果を導くならば、その物語は支配的なものとなる。どの物語が支配的なものとなるかは、あらかじめ決まっているわけではない。第二次世界大戦では、戦後の国際秩序をめぐって競合する複数の構想があった。フランクリン・ローズヴェルトとニューディール主義者は、集団安全保障と自由貿易、そして自決権にもとづく新たな世界秩序を想像した。ウィンストン・チャーチルとスターリンは、世界を勢力圏に分割しようと考えていた。ヨーロッパの抵抗運動《レジスタンス》に関わった人びとは、統一ヨーロッパを夢見ていた。冷戦の物語が成功を収めたといっても、十分な政治的支持を動員できていたならば、ほかの物語が試行されえなかったというわけではない。

これらの章で私が実験しているのは、現時点で競合しているさまざまな物語を多様な方法で記述することである。私は「旧い戦争」の物語を、「地政学的な」、あるいは「トップ・ダウンの」、さらには「主権主義の」とさえも表現することがある。たとえそれが、もはや現実主義的ではないとしても、国際関係論の理論家たちは「旧い戦争」の物語を「現実主義の」立場に立つものだという。ヘンリー・キッシンジャーのように同一化しようとする者もいるが、アメリカの物語は、古典的な「旧い戦争」の物語では決してない。アメリカの物語をつねに律してきたのは理想主義であった。アメリカは民主的十字軍の指導者であるとの考え方が、この物語をつねに規定してきた。ネオコンによって広められ、イラクで攻撃されているのは、この改変されたアメリカの物語にほかならない。ナショナリストとイスラーム主義者は、ほかの物語を語る。それは多くの場合、共産主義の、および／または反植民地運動の経験から引き出された物語である。しかし、彼らの物語は「旧い戦争」の物語に適合し、それゆえ「テロとのグローバルな戦い」という理念を強化しうるのである。

これらの競合する物語を記述するに際して、私自身の物語も詳述してみたい。私の物語は、冷戦末期におこなわれた平和団体と人権団体の対話から引き出されたものである。また、本書では、異なる用語を使って実験を試みてもいる。「新しい戦争」や「グローバル市民社会」、「コスモポリタニズム」、あるいは「人間の安全保障」といった用語はすべて、グローバルな文脈で注意を払おうとするに際しての多様な方法であり、また内部と外部の違いが不明瞭になった方法であり、国家ではなく個々の人間や彼らの共同体の運命についての懸念が高まっていることに注意を払おうとするに際してのまったく多様な方法なのである。戦争という言葉を修飾する「新しい」という形容詞は、市民社会という言葉を修飾する「グローバル」という形容詞とそれほど違わない。(12)「新しい戦争」の「新しい」点はグローバリゼーションに関連しており、翻って国家の役割の変化に関係している。実際のところ、「戦争」という言葉が適切かどうか、私自身、確信を持っているわけではない。しばしば強調するように、「新しい戦争」は、戦争と人権侵害、そして組織犯罪が混ぜあわさったものであるが、戦争は、組織化された社会集団間の政治的暴力を指す言葉だからである。同様に、グローバル市民社会は、境界づけられていない市民社会である。グローバル市民社会は、過去に北西ヨーロッパと北アメリカでみられた、境界づけられた市民社会と比較して「新しい」のである。これらの用語を使って実験を試みながら、私は、現実世界との絡みでこれらの用語が用いられてきた用法と格闘することがある。異なる地域で起きていることについての私たちの知識に、どううまくこれらの用語を適合させるか、新たな疑問を投げかけ、これらの用語が新しい知識を習得するための一助になるかどうか格闘していることがある。そして、政策の改善を導きうるような、世界を見る新たな方法をどのようにうまく切り開いていくか、これらの用語がもたらす政治的な反響に関心を抱いていることもある。

本書の計画

第1章はもともと『グローバル市民社会』年鑑の初版に掲載すべく著わしたものである。[13] 冷戦後に立ち現われた人道主義の言説と実践について述べた論考である。とくにこの章では、世界政治に新たな次元を切り開いたという意味で、市民社会がこの言説を形づくる道具であったことを示したい。人道的介入をめぐるさまざまな主張を簡単に紹介した後、この実践が二つの立場、すなわち「主権主義」、つまり内政不干渉と、「正しい戦争」、すなわち、人道上の破局を回避したり、それに対応するために通常戦力の軍事的手段を用いる立場とのあいだを揺れ動いてきたことを明らかにしていく。人権の執行、もしくはその履行にもとづいた新しいタイプの介入が必要だというのが本章の結論である。人権の執行というこの考え方は、後の章で「人間の安全保障」アプローチと私が表現するものにきわめて近い考え方である。

続く第2章と第3章では、人道的な合意の成立に抗する挑戦の動きを取り上げる。第2章は、九月一一日の攻撃の直後に『国際問題《インターナショナル・アフェアーズ》』誌に寄稿したものである。[14] 第2章では、アメリカのパワーの本質と、ブッシュ政権の特徴である単独行動主義と理想主義との奇怪な結合について取り上げる。アメリカは、他国に対して優位にある通常戦力を用いて民主主義を世界に広めるとの、第二次世界大戦と冷戦の記憶から引き出された物語を採用してきた。「強制」(compellance)という用語は、戦争は敵を「わが意志に従わ」せるために計画される、とのクラウゼヴィッツの考えに関連するものである。その物語は国内世論に訴えるために上演されるものなので、強制はもはや有効に機能していないという事実は重要ではない。この物語は、テロとの「長い戦争」によって何度も何度も再上演されていくことであろう。しかし、グローバル化した世界では、世論がほかの場所で起きていることから影響を受けてしまう可能性がある。アメリカに必要なのは、多国間協調主義と理想主義との結合にもとづいた、既存の政策に代わるコスモポリタンな対外政策であると主張したい。

第3章は、ナショナリズムの著名な研究者として知られるアンソニー・スミスに敬意を表して、彼の退官に際して企画された記念論文集に寄稿したものである。本章の初出は、彼が創刊した『ネーションとナショナリズム』誌である。(15) この章では、グローバルな時代においてネーションは消滅するだろうと論じる近代主義的な議論と、ネーションは永続的な現象であるとのスミスの見解の双方を批評している。私は、今世紀の最初の一〇年間に発展してきた民族主義運動と戦闘的な宗教運動は、グローバリゼーションの文脈のなかで分析されなければならない現代的な現象であると主張する。この章でとくに重視したいテーマは、ナショナリズムと宗教運動の神聖な性格、彼の著作のなかでスミス自身が強調するもの、すなわち、ナショナリズムと宗教運動が呼び覚ます人びとの情動(passion)がどのようにして暴力と結びつけられるのか、である。こうした運動は、戦争の原因になるのではなく戦争の結果生じるものである。これらの運動は、自己を犠牲にする行為、死なねばならない理由の説明とともに、人を殺害する行為を事後的に正当化する。この章で述べられていることと同じような内容が、アメリカのパワーの分析

（第2章）でも述べられている。どちらの場合でも、戦争は、政治的な動員をはかるための手段と見なされる。

第4章では、バルカン諸国での国際的な介入やヨーロッパの介入との絡みで、第3章までのテーマと同じテーマを扱っている[16]。この地域に介入するに際しての地政学的なアプローチ（これはトップ・ダウンの、国家主義的なアプローチであり、軍事力を背景とする力のアプローチである）と人道的なアプローチのあいだにみられる緊張関係を、この章で述べている。本章では、バルカン諸国は、人道的介入が試されてきた学習過程の代表例であると論じ、新しい民族主義運動の勃興に対処するコスモポリタンな政治的立場とはどのようなものなのかを説明している。

残る三つの章では、グローバリゼーションと結びついた根本的な変容という状況のもとでの新しいグローバルな秩序の構築について論じている。これらの章では、一方ではブッシュ政権によって、他方では新しい民族主義運動と戦闘的な宗教運動によって代表される主権への回帰の動きにもかかわらず、一連のグローバルな政治的取り決めをより人間的なものにしたいという熱望が表明されることになる。第5章では、拙著『グローバル市民社会――戦争へのひとつの回答[17]』で表明した理念を抽出する。この章は、マーティン・ワイトの記念講演に依拠し、『国際問題』に掲載されたものである[18]。私は、グローバル市民社会という理念を批判する人びとの声に一節を割いただけでなく、講義で使っている公共圏にまつわる考察と市民社会のイスラーム的観念について考察を加えた。市民社会の意味が変化したにもかかわらず、共通の核となる意味が一貫して存在する、というのが私の基本的な主張である。その共通の核となる意味とは、同意を、お望みならば社会契約を特徴とする社会だということである。市民社会は、同意が生まれる媒体、もしくは、社会契約が議論され交渉される媒体である。市民社会の意味の変化は、政治的権威の性格の変容と、論争と議論がなされる空間の変容を反映している。今日、市民社会がグローバルなものとなっているのは、重複しあう多様な層——ナショナル、ローカル、グローバル——において社会契約が交渉されているからなのである。

終章のひとつ前の章は、もともとカンタベリー大司教とイギリス・カトリック聖職者会議が主催した会議に寄せた論考であり、「正しい戦争」という教えを再考している。正戦論はつねに国家、すなわち、正統性が国内での社会契約に由来する正統な政治的権威による武力の行使に関心を向けてきた。私が論じたいのは、グローバルな社会契約が論議されているグローバルな時代にあって、私たちの関心は国家ではなく個人の防衛にある、それゆえ正戦論はもはや適用されない、ということである。「人間の安全保障」と呼ばれる新しいアプローチは、キリスト教やイスラーム教の学者たちや世俗の学者らによって数世紀にわたって発展させられてきた思考に多く依拠しているが、このアプローチは、外部における戦争と国内における法の執行との重要な区別を拒もうとする。唯一正当化される武力の行使は、ジェノサイドや大規模な人権侵害、あるいは「民族浄化」——人道に対する罪——を防ぐための介入であろうが、こうした介入は多国間のレベルで授権される必要があるだろうし、戦闘ではなく法の執行に似た手段を採用する必要があるだろう。

終章では、「人間の安全保障」を安全保障の新しいパラダイムと規定し、「人間の安全保障」アプローチが安全保障と開発の双方に適用される点を明らかにし、このことが実際に何を意味するのかを示すことにしたい。本章は、ヨーロッパの安全保障能力に関する研究グループでの一連の報告書やペーパー、

論考に依拠している。このグループは、ハビエル・ソラーナの要請で私が招集したものである。(19)

第1章　人道的介入の一〇年（一九九一―二〇〇〇年）

無差別の大量殺戮から民間人を保護するための介入は認められるべきだとする国際規範の発展は、疑いもなく国際社会にとって大きな挑戦でありつづけることだろう。

国家主権と個人の主権の捉え方に表われたこうした進化は、場所によっては不信や懐疑、あるいは敵意にさえも直面するだろう。しかしそれは、私たちが克服すべき進化なのである。

なぜか。その限界と不完全さにもかかわらず、その渦中で被る苦難を、より少なくではなく、より多く考えるのが人道的であることの証であり、それを終わらせるために、より少なくではなく、より多くのことをなそうとすることが人道的であることの証だからである。

二〇世紀の終わりに希望の兆しが見えている。

――コフィ・アナン、国連総会報告（一九九九年九月二〇日）

人道に対する罪に立ち向かうさいに……なされた進歩は、主権優越の教義上の条件以上のものを表わしている。国際正義の発展、および凶行を止めるために軍隊が用いられる機会が増えたことの背景には、公共道徳の進歩がある。最近の歴史のどのときよりも、今日の世界の人びとは深刻な人権侵害を許容しようとしないし、それを止めるために何か手が打たれるべきだと主張する。このような非人間性に対する不寛容が強まりつつあることは、二〇世紀の大半を苦しめた残虐行為を終わらせることを約束するものではほとんどない。状況のなかには、外部が容易に影響を及ぼすには複雑すぎるし、難しすぎるものもある。しかし、このように強化された公共道徳は、少なくともいくつかの事例ではこうした犯罪を防止するか阻止して、人命を救うことのできる壁を実際に打ち立てている。

——ヒューマン・ライツ・ウォッチ(1)

それは一人のフランス人の着想だった……。私たちは国境を越えたのである……。訴えは政府から発せられるのではなく、被害者の声から発せられるにちがいない……。介入する権利は、いまや一五〇の国連決議に記されるにいたっている。犠牲者はいまや国際法のひとつの範疇である。そうして私たちは成功を収めた……。これは革命である……。犠牲者の名において国家が語るのではなく犠牲者自身が語るのは前例がない……。私たちは一九六八年をふたたび迎えようとしている。私たちは世界を変えてみたい。アウシュヴィッツやカンボジア、ルワンダ、ビアフラはもうご免だ。

——ベルナール・クシュネル、国境なき医師団(MSF)創設者(2)

人道的介入は、ジェノサイドや大規模な人権侵害（大規模な飢餓を含む）、あるいは国際人道法（「戦争法」）の重大な侵害を防止するために、当該国の承認の有無にかかわらず国家に対しておこなう軍事的な介入として定義することができる。一九九〇年代には、国家と国際組織の行動を制御する規範に根本的な変化が訪れた。冷戦期と反植民地主義の時代を通じて、国連憲章第二条第四項の内政不干渉原則は国際問題における支配的な規範であった。しかし、イラク北部への安全地帯の設置（一九九一年）に始まり、北大西洋条約機構（NATO）によるユーゴスラヴィア空爆（一九九九年）へといたる過程のなかで、人道的な目的のために軍事力を行使する権利が存在するという考え方が広く受容されるようになってきた。この確信は、二〇〇五年九月に国連総会で採択された「保護する責任」としていまや正式に記されている。

こうした変化は、平和監視や平和維持、平和強制といった活動の増加と性格の変容に表われている。一九九〇年代の初頭においては、国連平和維持活動は八つしかなく、その兵員は一万人程度であった。それが二〇〇〇年末には、国連平和維持活動は一五となり、約三万八〇〇〇人の兵力となっている。[3] また、多くの地域的国際組織も、紛争の防止や紛争の管理に関わるさまざまな活動に関与した。ヨーロッパでもっとも重要なものは、国連による授権を受けて旧ユーゴスラヴィア（ボスニア、コソヴォ、マケドニア）に展開した三つのNATO部隊であり、現在はヨーロッパ連合（EU）によって担われている。また、タジキスタンや沿ドニエストル、アブハジア、そして南オセチアでは、ロシアの四つの平和維持活動が独立国家共同体（CIS）の傘下で活動している。くわえて、EUは三つの活動に従事し、現在はさらに多くの活動に従事している。また、ヨーロッパ安全保障協力機構（OSCE）は、およそ一一

介入の推移

是認・権限付与	グローバル市民社会団体	解説・論評
国連安保理決議 688	メディアやヒューマン・ライツ・ウォッチのような団体からの圧力。オクスファムのような人道団体は躊躇。	安全地帯がはじめて設置。人道的介入の先例となる。当初は成功したが，維持できなかった。
多くの国連安保理決議。とくに 770（人道的な援助物資の運送の保護）と 836（安全地帯）。	NGO とシンクタンク，ヨーロッパやボスニア内部の地域団体，そしてネットワークの連合体。	重要な先例として記録されるが，十分に堅牢ではなかった。最悪の事態は 1995 年 7 月に起きたスレブレニッツァの陥落である。
国連安保理決議 794 が UNITAF に権限を付与。同 814 が UNOSOM Ⅱ に権限付与。	主に人道 NGO が支持。セーブ・ザ・チルドレンやアフリカ・ライツは反対。	過剰な武力の行使と，民兵の武装解除の失敗。敗走と広く考えられている。アメリカ人兵士が殺害され，その遺体が公に見せびらかされた。
国連安保理決議 872 が UNANIR に停戦監視の権限付与。大虐殺が始まったときに増員要請があったが，UNAMIR を撤退させる決議となる。UNAMIR Ⅱ は，大虐殺が終わった後に権限付与された。	NGO とメディアが強力に介入を支持。国際赤十字委員会（ICRC）は 13 名のスタッフを失った。	国連司令官ロメオ・ダレール将軍の要請にもかかわらず，介入とジェノサイドの防止に失敗。
国連安保理決議 940	明確に作戦は成功。	アメリカの国益に沿って実施され成功裏に終わった介入として一般に考えられている。状況は後に悪化した。
国連安保理決議はなし	市民社会団体は介入を求めるトランスナショナルなネットワークに関与。ギリシャ，イタリア，セルビアでは空爆反対のデモ。	最初にアルバニア人の民族浄化を防げず，つぎにセルビア人の民族浄化を防げなかった。しかし，すべてのアルバニア人の帰還は実現した。

表1－1　人道的

	目的	時期	関与した部隊
イラク北部　クルド人支援作戦（Operation Provide Comfort）	クルド人のためにイラク北部に安全地帯を提供。飛行禁止区域をイラク北部と南部に設置。	1991年4月から1993年	アメリカ合衆国やイギリス，フランスの部隊2万名。
ボスニア・ヘルツェゴヴィナ	安全地帯，人道回廊，飛行禁止区域，戦犯法廷の設置。	1992年5月	国連保護軍（UNPROFOR）。2万3,000名の部隊が関与。
ソマリア	食糧輸送を保護し，安全な救護センターを提供。	1992年3月	アメリカ合衆国が主導するソマリア統合機動部隊（UNITAF）の部隊3万7,000名と，第二次国連ソマリア活動（UNOSOM Ⅱ）の部隊2万8,000名。
ルワンダ	大虐殺が発生する以前に小規模な国連部隊が撤退。フランスが主導する部隊が大虐殺後に難民を保護。	1994年	第一次国連ルワンダ支援団（UNAMIR Ⅰ）の部隊1,500名と，第二次国連ルワンダ支援団（UNAMIR Ⅱ）の部隊5,500名。主たる派遣国はフランス，カナダ，ベルギー。
ハイチ　民主主義回復作戦	アメリカが主導する部隊が民主的に選ばれた政府を復活させた。	1994年9月	アメリカ合衆国の部隊2万1,000名と，カリブ諸国の部隊1,250名を含む多国籍軍（MNF）。
コソヴォ	NATOによるユーゴスラヴィア空爆	1999年3月から7月	13カ国からNATOの航空機が3万8,400回出撃。そのうち空爆は1万484回。

介入の推移（つづき）

是認・権限付与	グローバル市民社会団体	解説・論評
国連安保理決議 1264。	市民社会の介入への圧力はきわめて早くから。	遅すぎたが効果的であった。
UNAMSIL は国連安保理決議 1270 で権限付与。ECOMOG は ECOWAS によって権限付与。	西アフリカの市民社会から強い圧力。国際 NGO の対応は分かれる。	最終的に休戦を導いた。

の活動に従事しており、どれもが少人数の軍事要員を随行させている。アフリカでは、西アフリカ諸国経済共同体（ECOWAS）がシエラレオネに深く関わり、リベリアとギニアビサウで活動を実施した。アフリカ統一機構（OAU）、現在のアフリカ連合（AU）も、ブルンジとコモロ、そしてコンゴ民主共和国（DRC）で文民を主体とする三つの活動に取り組んだ。(4) これらの活動のうち「人道的介入」の一例として定義することができるものはいくつかにすぎない。しかし、これらの活動の数は、人道的な目的のために軍事力を行使することがますます受け入れられるようになってきたことの証左である。一九九〇年代におこなわれた介入のうちもっとも重要なものを、人道規範の進展との絡みでまとめたのが表1－1である。

人道的介入にまつわる国際的な規範の変化はグローバル市民社会の出現を表わすもの、と考えることができる。規範のこのような変化は、人間は平等であり、それがどこで起きている苦難であろうとも、人びとを苦しめる苦難を防ぐ責任があるというグローバルな合意が成長していることを反映したものであり、グローバル市民社会を支えるものである。しかも、振り返って考えれば、

表1－1　人道的

	目的	時期	関与した部隊
東ティモール	オーストラリアが主導する部隊が，独立を問う住民投票に続いて起きた大規模な暴力の後に派遣された。	1999年9月	東ティモール国際軍（INTERFET）。オーストラリアが主導する部隊，およそ1万名。
シエラレオネ	民主政府を復活させるための一連の介入	1994年から2000年	グルカ，エグゼクティヴ・アウトカム社，西アフリカ諸国経済共同体監視団（ECOMOG），国連シエラレオネ派遣団（UNAMSIL），イギリス軍。

この合意は、これらの問題群をめぐって繰り広げられてきたグローバルな公的論争の結果である。とはいえ、苦難を防ぐ必要があるとのグローバルな合意が成長していることは、軍事介入についての合意が成長していることを意味するものではない。この点は強調しておかねばならないことであろう。むしろ、実際におこなわれた介入の経験は失望させるものであったし、恥ずべき事例もあった。ルワンダのジェノサイドを防止する介入をおこなえなかったことと、国連が公表していたスレブレニッツァの安全地帯を保護することができなかったことの二つは、国際行動の歴史においてとくに不名誉な出来事である。実のところ、一九九〇年代におこなわれた人道的介入のうち、成功したと明らかに断言できる事例をひとつでも見つけることは難しい。とくにコソヴォ以降、人権を軍事的手段を通じて執行できるかという論争は以前にも増して激しくなっている。さらに、人道的な観点から正当化されてきたアフガニスタンとイラクでの戦争は、介入の事例としてはいっそう疑問が呈されてきた。

本章では、国際規範の変化が生じるにあたって市民社会アクターが果たした役割と、公的な論争の性格について論じることにする。第一節では、この論争に参加したアクターを記述する。つぎに第二節では、とりわけ市民社会団体が果たした役割に力点を置きながら、一九九〇年代末までの人道的介入の推移を描き出していくことにする。そして第三節では、とくにシエラレオネへの軍事介入に焦点を据えつつ、二〇〇〇年の動向について述べることにしたい。

グローバル市民社会アクター

人道的介入に賛成、あるいは反対して政府と国際組織に圧力をかけてきたアクターは、主に三つに大別される。一つめのグループは、通常、市民社会の典型的なアクターとして考えられており、犠牲者に代わって声を上げるのだと主張することもある非政府組織（ＮＧＯ）や社会運動、ネットワークからなる。二つめのグループは、エリートに近づく傾向にあり、言葉の力を主として利用するシンクタンクや委員会からなる。そして、第三のグループは、コミュニケーションの形態をとるもので、とくにメディア、すなわちラジオやテレビ、印刷メディア、そしてウェブサイトからなる。

人道的介入をめぐる論争のなかで重要な役割を果たしたのが、活動的な個人であったことは強調しておくべきことだろう。クシュネルやフレッド・キュニー（囲み欄1－1を参照）といった名は人道主義の現場に響きわたっており、直接的あるいは間接的に政府の行動に影響を与えてきたことは疑いようがない。草の根運動というやり方がほとんどみられないアメリカでは、ジョージ・ソロスや、カーネギー

囲み欄1－1　個人の役割――キュニーとクシュネル

二人の個人――ひとりはアメリカ人のキュニーであり、もうひとりはフランス人のクシュネル――の人生は、過去三〇年にわたる人道的介入の推移の物語を要約しているといえるだろう。

二人とも第二次世界大戦中に生まれた。二人は一九六〇年代の学生運動の影響を受けた。キュニーは一貫して共和党員であったが、一九六〇年代の終わりには公民権運動に活発に関わった。クシュネルは一九六八年のフランスの学生革命に関わった。キュニーは技師として訓練を受け、クシュネルは医者として訓練を受けた。

二人とも一九六九年にビアフラに赴き、ナイジェリア政府の許可なくおこなわれた空輸に関わった。クシュネルは国際赤十字で勤務していたが、当時起きていることについて赤十字国際委員会（ICRC）が何の発言をも欲しないことに衝撃を受けた。「沈黙を守ることで、われわれ医師は人びとの体系的な虐殺の従犯者になった(1)」。クシュネルは、大虐殺に反対するビアフラ国際委員会をスタートさせ、メディアを利用して何が起きているかを公に伝えはじめた。「われわれは流行する前にメディアを使った……。われわれは病人と医師が沈黙と服従のなかで虐殺されるのを認めることを拒んだ(2)」。

キュニーによると、ビアフラは人道援助の「母」であった。「われわれは、ほかの災害でわれわれのパフォーマンスを測るときに、ビアフラの物差しをいまでも用いている。ビアフラは後のことを決定する出来事である(3)」。キュニーは、計画不足と素人くさい救援努力に衝撃を受けていた。一九七〇年に彼はビアフラを離れた。空輸が戦争を長引かせると確信したからである。

一九七一年にクシュネルはNGOの国境なき医師団（MSF）を設立した。その目的は、災害地帯に医師を急いで派遣することであり、公的な認可があろうとなかろうと資金を確実にし、敵対国政府からの免除を得るためにメディアを大いに利用した。同年、キュニーは、インターテクト救済・再建社を設立した。この企業が専門にしたことは、国連やボランティア機関に災害救援の技術的な援助と訓練をおこなうことであった。MSFと異なり、広く資金を集めることはなく、政府や国際機関との契約によっていた。

MSFとインターテクト双方とも、一九七〇年代と一九八〇年代の数多くの災害に関わってきた。地震や戦争のほか、洪水や大虐殺、そして台風。これらの出来事を経て両者は、実践的で政治的な経験を積んでいった。災害の地域はとりわけ、ニカラグアやホンジュラス、ペルー、スリランカ、スーダン、エチオピア、カンボジア、バングラデシュ、ヴェトナム、エルサルバドル、レバノンであった。両者とも本を出版した。『災害と開発』(4)のなかでキュニーは、彼が軍隊と人道主義との接続性について理解しはじめたのはこの時期のことであった、と語っている。「ほかの何よりも、食糧から石炭までのすべてを届ける飛行機のようなイメージこそが、軍事力と人道援助の結びつきの受け入れを促し、さらに重要なことに、関連するコストを受け入れることを促した(5)」。

クシュネルの著書『救援ビジネス』は、メディアとNGO、政策決定者の関係について述べた本である(6)。実際に、これは、劇的な出来事、すなわち一九七九年に分裂し、クシュネルが世界の医療団を設立することにつながるものであった。

二人の転機となったのは、一九九一年に起きた湾岸戦争であった。クシュネルは介入権の概念を一九八〇年代末から広めはじめた。一九八八年に彼は、ミシェル・ロカール率いるフランス政府の健康・人道問題担当書記官に指名された。彼は国連で自身の理念を広めることができた。また、湾岸戦争後には、イラク北部のクルド人を援助するために介入権を押し広めた。イラク北部の安全地帯は人道的介入の重要な先例となった。キュニーはそこで活動し、トルコ駐在アメリカ大使のモートン・アブラモヴィッツに、クルド人難民を二カ月間に帰還させ、キュニーの考えを実行する機会を与えるように説得した。キュニーはワシントンの政策に影響を及ぼすことができた。

キュニーとクシュネルの両者とも、ソマリアでの軍事介入を支持した。彼らの声はアメリカとフランスで影響力を持つようになった。キュニーは、包囲された人びとに武装した救援をおこなうのを好んだ。二人とも、介入が実施される方法を批判した。キュニーは、援助を届けるという視点では不十分であると考えた。クシュネルは、アメリカが圧倒的な武力を行使することに批判的ではあったが、成功してきた介入を考えてきた。「人道的な破局というものはなく、政治的な破局があるだけである……。否！　破局をもたらしたのはアメリカの態度であった……。捕虜のない戦争、死者のない戦争。……話にならない(7)」。

ボスニア戦争の間、キュニーはソロスにリクルートされ、ボスニアの人道援助に五〇〇〇万ドルを供与された。彼は、サラエヴォの社会的生産基盤の復旧に焦点を据え、安全な水質浄化プラントの建設や暖房のためのガスの供給を進めた。クシュネルは、国際的な空からの攻撃の忠実な支持者であり、「戦争を終わらせるための戦争」の支持者として知られるようになった。

それ以来、彼らのキャリアは分かれていった。キュニーは、ソロスによってチェチェンに派遣された。一九九四年一二月に最初にチェチェンを訪れたとき、彼は、グロズヌイの破壊を見ると、サラエヴォはさながらピクニックのようだと述べた。彼は、自分であれば休戦に持ち込めると確信していたが、チェチェンの指導者に会うために向かった旅の途中で行方不明となった。彼は一九九五年四月一四日に、おそらく処刑された。

クシュネルは、国連コソヴォ・ミッションの特別代表に指名され、NATOによる空爆の後に設立されたコソヴォの新たな国連行政機関の長となった。彼は一年後にその職を離れ、リオネル・ジョスパン内閣でふたたび保健相となった。彼のコソヴォでの経歴は批判されたが、彼はコソヴォのアルバニア系住民の十分な支持を得た。フランスで二〇〇七年にニコラ・サルコジが大統領に当選すると、彼はフランス外相に任命された。

二人の人間の違いは、彼らの文化的背景を反映している。キュニーは人道上の危機への実践的な解決に焦点を据え、クシュネルは政治的解決に焦点を据えた。クシュネルは人道主義の新たな言葉を広め、新たな倫理を広めようとした。キュニーは新たな方法論と手続きを広めようとした。しかし、彼らの違いは相補的なものであった。クシュネルのアプローチは必ず実践的な履行に関わってくるものであり、キュニーの良識的な解決の探求を通じて彼は政治へと誘われた。一九九〇年代の後半には人道的介入にまつわる合意が生まれるにいたったが、よい意味でも悪い意味でも重要な役割を果たしたのがこの二人の個人であった。

註　記

（1）T. Allen and D. Styan, 'A Right to Interfere? Bernard Kouchner and the New Humanitarianism', *Journal of International Development* 12, no. 6（2000）: 830 から引用。

（2）Ibid. から引用。

（3）William Shawcross, 'A Hero of our Time', *New York Review of Books*, 30 Nov. 1995 から引用。

（4）Frederick C. Cuny, *Disasters and Development*（Oxford: Oxford University Press, 1983）.

（5）T. G. Weiss, *Military-Civilian Interactions: Intervening in Humanitarian Crises*（Lanham: Rowman and Littlefield,1999）, p. 17 から引用。

（6）Bernard Kouchner, *Charité Business*（Paris: Le Pre aux Clercs, 1986）.

（7）Allen and Styan, 'A Right to Interfere?', p. 838 から引用。

財団のモートン・アブラモヴィッツ、ヒューマン・ライツ・ウォッチやオープン・ソサエティ財団のアリエ・ネイアーといった個人が、さまざまな介入をめぐる論争でかなりの影響力を手にしていた。フランスや中部ヨーロッパでは、個々の知識人が論争に深く関与していた。たとえばフランスでは、ベルナール・アンリ・レヴィがサラエヴォ包囲を描いた映画で強い影響力を行使した。また、中部ヨーロッパでは、旧体制への批判者として知られた多くの人びとがボスニアへの介入にまつわる論争に、後にはコソヴォへの介入をめぐる論争に深く関与した。

知識人と同様に、ポピュラー・カルチャーの世界で活動する著名人も、戦争の犠牲者および／または飢餓の犠牲者に関心があることを表明し、そうすることで人道的な意識を普及させるのに貢献した。ボブ・ゲルドフやバンド・エイド、U2のボノのような例である。サラエヴォ包囲のあいだ、数多くのこうした人物がサラエヴォに向かい、世俗文化を支援した。

こうした個人の多くは、もちろんのことながら、以下で述べる市民社会組織と関係している。

NGO、社会運動、ネットワーク

NGOは専門職の組織である。会員制をとることもあり、政府を含む若干の資金提供者に従属することもある。国際的なNGO、すなわち国境を越えて活動するNGOは、先進工業国に拠点を置く傾向がある。NGOは二つのサービスの提供者となりうる。ひとつは、人道援助や人権状況の監視、紛争の仲介サービスの提供である。もうひとつは、政府や国際組織に圧力をかける権利擁護団体としてのサービスである。社会運動は、NGOに比べて緩やかな組織であり、草の根組織に基盤を置き、ボランティアを使う場合もある。概して社会運動は、多様で、しばしば革新的な抵抗形態をとりながら従事する運動組織である。社会運動は、草の根組織としてのその性格から地域《ローカル》を拠点とする傾向があるが、国境を越えた連合を組むことができ、現に実行している。ネットワークは、一九九〇年代に重要性を増してきた現象として注目を集めている形態である。ネットワークはNGOや社会運動と緩やかな連合を組んでいる。インターネットによって提供された機会を利用して、北側のNGOを介して間接的に伝えるのではなく、南側と東側の組織の声と主張を直接伝達する媒介者の役割を果たすこともある。

紛争解決NGOも増えているとはいえ、人道的介入に関心を抱くNGOは主として人道NGOと人権NGOである。もともと人道NGOは戦争犠牲者を救援するために作られたが、洪水や地震などの、大規模な苦難をもたらすあらゆる種類の災害の犠牲者を含むようになってきた。こうしたNGOには長い歴史がある。アンリ・デュナンはソルフェリーノの戦いの恐ろしさを体験し、一八五九年に赤十字国際委員会（ICRC）を設立した。ICRCは一九世紀後半以降の人道法の発展の原動力となった。不偏不党、中立、同意の原則といった人道的活動のいくつかの原則の先駆者となったのがICRCであった。これらの原則は、「文明的な」戦争と「名誉ある」兵士という観念の前提となるものである。(5) 二〇世紀の戦争と飢餓、そして、「文明的な」戦争形態という観念の腐食は、人道NGOの設立をますます促した。たとえば、セーブ・ザ・チルドレンは第一次世界大戦のさなかに設立された。アメリカ救援物資発送委員会（CARE）は一九四五年に二二の慈善団体と労働組合によって設立され、ヨーロッパにアメリカ軍の余剰食糧を運んだ。その後、CAREは活動内容を変更し、アメリカの余剰農産物を第三世界に送るようになる。オクスファムは一九四二年に設立され、国境なき医師団（MSF）はビアフラ戦争のさなかの一九七一年に設立された。一九八〇年代と一九九〇年代には無数のNGOが設立された。これは、飢餓と戦争の双方を含む「複合危機」が増大したことや、おそらくテレビ放送の影響を受けて、遠く離れた場所で起きている苦難を意識する公共心がいっそう育まれたこと、そして、政府がNGOを下請けに出すかたちで救済活動に従事させる傾向が強まったことの結果である。多くの人道NGOは教会を拠点とするか、ほかの宗教と連携している。公式の人道援助がNGOを通じて提供される機会がますます増えており、それと並行してNGOは政府資金にいっそう依存するようになってきた。

人権NGOは、国家による抑圧や人権侵害、とくに政治的・市民的権利の侵害に主として関心を置く。この点で人道NGOとは異なる。人道NGOと同様、人権NGOは長い歴史を有する。一八三九年に設立された反奴隷協会は、おそらく現存する国際人権NGOのなかでもっとも古い団体である。[6]「人権」という言葉は、エレノア・ローズヴェルトの尽力もあって第二次世界大戦後に考案されたものである。ドイツ語では人権（*Menschenrecht*）〔原義は人の権利〕という言葉がつねに用いられていたが、「男性の権利」（rights of man）というその意味合いに彼女は異議を唱えた。この人権という概念が国際社会において公式に採用されたのは、条約や宣言のなかでもとりわけ世界人権宣言（一九四八年）とジェノサイド条約（一九四八年）、そして二つの国際人権規約（一九七六年発効）である。人道NGOの場合と同様に、一九八〇年代と一九九〇年代に人権団体がつぎつぎと設立され、既存の団体も強化された。この時期の戦争が大規模な人権侵害も生んでいたために、これらの団体は戦争にもいっそう関心を寄せるようになった。もっとも知られている国際NGOはアムネスティ・インターナショナルとヒューマン・ライツ・ウォッチであるが、小規模の団体は何千とあり、先進工業国だけでなく、とくに東側や南側に多く存在している。

紛争解決NGOは比較的最近のものである。著名な例としては、イギリスに拠点を置くインターナショナル・アラートやコンシリエーション・リソーシズのほか、ヴァチカンの組織であるザ・コミュニティ・オブ・サントエジーディオといったNGOがあげられよう。双方とも近年、仲裁者として重要な役割を担っている。たとえば、サントエジーディオは、モザンビークでの和平交渉の開始やコソヴォでの教育合意（一九九七年に交わされたこの合意は、戦争を回避する展望を与えたかに見えた）に関与し、アルジェリアでは多様な反体制組織の糾合に関わった。アメリカのカーター・センターは紛争仲裁の重要な担い手でありつづけてきた。ほかにも、それほど知られてはいないが、多くの組織が地域《ローカル》レベルで紛争解決に従事しており、なかでも女性団体の活動は特筆に値する。冷戦終結後の新しい方向性を模索していた平和団体によって設立された紛争解決団体もあれば、より政治的なアプローチをとる必要があることに気づいた人権団体や人道団体によって設立された紛争解決団体もある(7)。

三種類の社会運動が人道的介入に関わってきた。第一に、戦争が発生した諸国では、介入を後押しする運動が政治的犠牲者のあいだで生じた。たとえば、ボスニアでは、戦争が勃発する以前から、国際的な保護を要求する反戦運動が高まっていた。コソヴォの抵抗運動も、一九九〇年代の全体を通じて同様の訴えを発していた(8)。

旧ユーゴスラヴィアの事例を除き、国外の政府が関与している国々では、市民社会アクターが運動となる傾向はなかった。しかし、ボスニア戦争に際しては主としてヨーロッパで、第二のタイプの運動が拡大することになる。平和運動や人権運動、女性運動に起源をもつ運動であったとはいえ、それは新しいタイプの運動であった。主に人道援助をおこなうべく、地域《ローカル》を基盤とする団体が設立されたが、これらの団体はボスニア戦争に関する政治的な立場も表明していたため、その内部でしばしば深刻な対立を生じさせながら活動を展開した。コソヴォ戦争に際しては、NATOの空爆に反対する、あるいは「二重の戦争」(NATOの空爆と、セルビア大統領スロボダン・ミロシェヴィッチによる民族浄化《エスニック・クレンジング》の作戦)に抗議する大規模なデモが、とくにセルビアとギリシャ、イタリアでおこなわれた。

第三のタイプの運動は、ナショナリストと原理主義者のそれである。この運動は、介入を支持する側でも反対する側でも有力な勢力であった。本章では、国家以外の戦闘当事者――準軍事組織や軍閥の司令官――を市民社会の一員と見なしていない。しかし、こうした戦闘当事者は、組織化された民族主義運動や民族主義的な世論傾向としばしば結びついている。これらの運動は一九九〇年代にグローバリゼーションに対応して強まった。とくにディアスポラ集団[1]は、民族主義運動の性格と国際社会に及ぼすその影響力を左右する重要な影響力をいっそうもつようになった。全体として、この種の運動は、たとえばセルビアの運動のように、主権という観念を頑なに守ろうとする。しかし、民族主義運動のなかには介入を好むものもある。現在の事例としては、パレスチナとコソヴォの二つがあげられよう。介入を求めるトランスナショナルに組織されたイスラーム運動が果たす役割は、たとえばボスニアでも重要である。

　北側を基盤とするＮＧＯに対してしばしばなされる批判のひとつは、犠牲者を代弁しているのだと主張しておきながら犠牲者を誘導してそのように語らせることがある、という点である。ネットワークの利点は、交戦地帯の外側にいるＮＧＯや草の根組織を交戦地帯のなかにいる地域《ローカル》団体と結びつけることができる組織形態を提供する点である。ネットワークは、組織的なロビー活動に比べれば効果的ではないかもしれないが、地域《ローカル》団体の知識と展望を伝えうるフォーラムを提供している。これは、ユーゴスラヴィアでの戦争ではきわめて重要なことであった。重要な事例としては、ヘルシンキ市民集会（ＨＣＡ）（囲み欄1-2を参照）や、イタリア緑の党（緑の連盟）のヨーロッパ議会議員（ＭＥＰ）、アレクサンダー・ランガーが設立したヴェローナ・フォーラムがある。アフリカでも多くのネットワークが出現している。西アフリカ平和構築ネットワークや大湖沼（Great Lakes）政策フォーラムがあげられよう。

囲み欄1－2　ボスニア戦争に際してのHCAの活動

一九八〇年代後半、西ヨーロッパの一部の平和運動は、中部ヨーロッパや東ヨーロッパの反体制組織と関係を深めながら「下からのデタント」の戦略を広げた。トランスナショナルなネットワーキングの多くの技術は、困難かつ危険な状況にある組織をトランスナショナルに支援すると同時に、異なる政府や国際機関に対してロビー活動を展開するといった技術であり、インターネットが生まれる前のこの時期でさえも発展していた。

ヘルシンキ市民集会（HCA）は一九九〇年に、このネットワークを正式にしたものとして設立された。目標は、下からヨーロッパを統合し、全ヨーロッパの市民社会を形成することであった。ヴァーツラフ・ハヴェルは、当時チェコスロヴァキアの新大統領であったが、対話に関わってきた全ヨーロッパの一〇〇〇名を超える人びとを集めた設立集会で演説し、国際事務局はプラハに置かれた。

HCAのユーゴスラヴィア支部は、一九九一年五月にサラエヴォに設置された。議長には、サラエヴォの法学者で、ボスニア・ヘルツェゴヴィナの民主化過程に大きな役割を果たしたストラヴゴ・グレボが就任した。当時のスローガンは「協力しよう！」。ユーゴスラヴィアがばらばらになろうが統一していようが、市民社会は統一したままでなければならない。

連邦軍がスロヴェニアに侵攻した一九九一年六月、HCAは緊急会議をベオグラードで開催し、戦争防止策を議論した。会議には数名の冷戦期の反体制派であるミロヴァン・ジラスやアダム・ミフニク、ブロニスラフ・ゲレメク、そしてアーネスト・ゲルナーも参加していた。グレボは、もしユーゴスラヴィアが解体したならば、ボスニアも分離するだろうし、ボスニアでの戦争は「地獄のようなものになるだろう」と警告を発した。ボスニア・ヘルツェゴヴィナへの国際的な保護地帯の設置を求めることが合意され、一連の活動が、後の戦時活動の基礎をなすものとして計画された。

これらの活動のひとつがピース・キャラバンであった。これは一九九一年九月におこなわれた。約四〇名のヨーロッパの活動家がバスでスロヴェニアやクロアチア、セルビア、そしてボスニアを旅し、地域の反戦活動家との関係を築いた。キャラバンの最後はサラエヴォで飾られた。サラエヴォでは、一万人の人びとが人間の鎖でモスクやシナゴーグ、正教会、そしてカトリック教会をつないだ。ピース・キャラバンが訪れたところの連繋は、概して戦争中ずっと保たれた。もうひとつの活動はユーゴ・ファックスで、地域の人びとが書いて送る監視事業であり、後にはバルカン戦争レポートとなり、現在は戦争と平和報道研究所となっている。

一九九二年の春にボスニア・ヘルツェゴヴィナの戦争が差し迫った状態になったとき、通りに出て、セルビア人やイスラーム教徒の準軍事組織が築いたバリケードを倒すよう人びとに求めたのはグレボであった。実際に、グレボが動員した約二〇万人の市民のデモに対してセルビア人の狙撃兵が発砲したことで戦争は始まったのである。この市民デモで政府の総辞職と国際保護地帯の設置が求められていた。数千名以上がバスでやってきてデモに参加したが、道路が封鎖されたためにサラエヴォに入ることができなかった。彼らが言うには、あの日にサラエヴォを訪問していた公式の国際交渉者はデモの参加者に会う時間がなかった。一九九二年四月一二日のデモは、その種のものでは最後の平和デモであった。サラエヴォの人びとが後に「ヨーロッパはサラエヴォで終わる」と言うことになるのも不思議ではない。

戦争中、HCAは三つの活動をおこなった。第一に、市民活動家のネットワークは、集会や会議、ワークショップを通じて維持されただけでなく、電子コミュニケーションを通じても維持された。HCAのEメール・ネットワークが最初に設立されたのはボスニアであった。市ごとの並行ネットワークも当時設立された。とくに重要な出来事は、一九九二年の秋に市民と市の平和会議がマケドニアのオフリドで開催されたことである。このネットワークは、地域の団体に連帯を提供する手段となり、将来の活動計画の立案にも携わった。

第二に、多くの団体が人道援助を集約し、分配した。イタリアの団体やチェコの団体は、とくにこの点で活発であった。

第三に、HCAは政府や国際組織に対して、実際に新たな形態の人道的介入とは何かということについてキャンペーンを張り、ロビー活動をおこなった。HCAは国際保護地帯の設置を要求した。オフリドで、局地的に保護地帯を設置するという考えが広がった。これは安全地帯の起源であった。一九九三年初頭のキャンペーンでは、三〇万人が安全地帯を求める絵葉書を近所や政府に対して送った。

HCAは、サラエヴォとモスタルの国際管理を求めるキャンペーンもおこなった。また、一九九四年以降HCAは、主として、ツズラという街の存在を世に知らしめ、支援するキャンペーンに力を入れた。ツズラは、ボスニア・ヘルツェゴヴィナで唯一、非民族主義政府を維持してきた街であり、戦時下にもかかわらず、多文化で市民的なコスモポリタンの価値を維持してきた唯一の街であった。

一九九四年九月にツズラで開催されたセミナーでは、NGOや自治体がツズラに集まり、あらゆる種類の支援を誓った。一年後、休戦から一週間を経た時期にHCAはツズラで集会を開いた。国外から三〇〇名の活動家が集まり、セルビアからも七〇名以上の活動家が集まった。

疑いなくHCAのキャンペーンは、国際社会の対ボスニア・ヘルツェゴヴィナ政策に貢献したのである。しかし、人道的介入への公的な支援は中途半端なものだった。安全地帯は決して効果的に保護されなかった。市民の努力に対する支援は当時大きなものではなかった。

HCAは、しばしば自らを家族と表現することがある。一定の価値を共有し、政府や抽象的な原則への忠誠に勝る相互連帯に関与する組織として設立された家族である、と。すべての地方組織は自立した組織であり、自己資金で運営されている。それらの組織は、国際的な政策決定者へのアクセスを持つトランスナショナルな組織の支部としての地位から、それぞれの社会でその正統性を認められ、高い知名度を獲得している。これらの組織は、自らが広めうる国際的な接触や会合を通じて強化され、自身がおこなうキャンペーンやプロジェクトについて議論し、共同活動を企画・立案することで強化される。HCAのネットワーキングは、双方向の学習過程を含んでいる。それぞれの経験を比較し、地域に住む人びとの知識をもとに異なるローカルな状況を理解しようとすることで、HCAは新たな理念と実践的な分析、そして戦略を発展させる。重要なことは、HCAが現地の活動家から他の活動家に、あるいは他の組織に情報を伝達し、加工するメカニズムの役割を果たしているということである。

この作業は必ずしも、つねに容易であったわけではない。というのも、困難な状況下で活動する団体もあったからである。現地の活動家はしばしば嫌がらせを受け、戦争で命を失う者もいた。ボスニアとフランス、イタリアの数名の活動家はボスニアでの戦争で殺害された。

もうひとつの障害は組織の性格である。HCAは一九八〇年代の運動から勃興してきた。HCAは自らを、資金提供者が望むタイプの国際NGOに転じさせることができなかった。資金の提供者は、東側から西側へと理解が進むことよりも、西側から東側にスキルが移転することに重きを置く傾向にあった。国際的なレベルでのキャンペーンよりもローカルなレベルでのサービスの提供に重きを置き、HCAは、組織よりも事務所に重きを置き、政治的な動員よりも専門性に重きを置いていた。これらすべての理由により、HCAは、かなりの費用を要する国際的なネットワーキングを維持するのは容易ではないということに気がついた。にもかかわらず、バーナード・ドリアーノ共同議長が表したこの奇妙な「政治的動物」は、いまもなお存在しつづけている。今日、HCAには、新しい世代がいる。この世代は、過去の運動の伝統にさほど拘束されない。新たな形態の個人的な現状改革主義と、グローバルな資金提供者が求める専門性とをうまく結びつけることが、この世代にはできるかもしれない。

女性団体はネットワーク型の組織形態を発展させるうえで先導的な役割を果たしてきた。ウィメン・イン・ブラックは重要な事例である。この組織は、ベオグラードに拠点を置くウィメン・イン・ブラックとの連帯のなかから生まれ、ほかの紛争地域に広がっていった。ボスニア戦争の期間中、ウィメン・イン・ブラックは国際的な祈りを毎週組織した。同組織は、さまざまな紛争解決プロジェクトにもますます関わるようになってきている。(9)

人道主義団体と人権団体の違いや、平和団体と女性団体の違いなど、これら四つの団体の違いは、市民社会組織の歴史を追う場合には有用なものであるが、実際にはますます無意味なものとなってきている。今日の戦争は、女性に対する残虐行為を含む大規模な人権侵害を引き起こしている。この文脈では、人道団体がそうであるように、平和運動は連帯的行動に従事することになるだろうし、人権に関わる議題を自らが引き受けていることに気づくことだろう。女性団体は女性団体であるだけでなく、平和団体や人権団体となる。人権団体は、人権侵害だけでなく国際人道法の侵害や戦争犯罪にもますます関心を寄せるようになってきている。人道団体は伝統的に非政治的な団体であるが、平和や正義という大義を自らが追求していることに気がついている。

それゆえ、この間達成された重要な進歩は、たとえ非武装であったとしても、国際的な市民社会団体の存在が民間人を保護する役割を果たすという、しばしば市民社会の介入として知られるものであった。市民社会の介入とは、一九八一年に創設された国際平和旅団の基本理念である。国際平和旅団は中央アメリカで活動を開始し、いまや、たとえば難民帰還に付き添う数千人のボランティアを動員するまでにいたっている。(10) ユーゴスラヴィアでの戦争が続くなかで結成された多くの組織も、同様の活動をおこなっていることを自ら認めている。

シンクタンクと委員会

運動とNGOが人びとの意識を高める一方で、専門家集団は多くの場合、政府に接近し、特定の政策提案をおこなう。グローバル・イシューに取り組むシンクタンクや委員会が一九八〇年代と一九九〇年代に増えたことは、グローバル市民社会が出現したことを示すもうひとつのしるしである。双方とも一九九〇年代に設立されたインターナショナル・クライシス・グループや、戦争と平和報道研究所のようなシンクタンクは、情報と意見の重要な提供者となった。防衛と外交問題を専門とし、ほとんどすべての国に存在している従来型のシンクタンクも論争に加わった。独立した組織であり、国連のもとにある国際委員会も、これらのシンクタンクと同様である。ブラント委員会やパルメ委員会、ブルントラント委員会は、著名な個人を集めて、重要なグローバル・イシューに関する政策投入をおこなうこの種の方法を確立した先駆者として重要である。一九九〇年代の国際委員会は、急増した人道的介入のさまざまな側面に関心を寄せた。カーネギー財団は、「紛争激化防止」に関する委員会とバルカン諸国に関する委員会の二つを組織し[11]、重要で先駆的な試みであったバルカン諸国に関するカーネギー委員会（一九一三年）の経験を想起させた。ルワンダとスレブレニッツァ、そして国連平和維持活動に関する三つの重要な報告書も国連のもとでまとめられている[12]。コソヴォ以降、スウェーデン政府は、南アフリカのリチャード・ゴールドストーン判事を議長にして、コソヴォ危機を調査する独立国際委員会の設立にイニシアティブをとった。ギャレス・エヴァンズとモハメド・サヌーンを共同議長とする、介入と国家主権に関する国際委員会は、「保護する責任」が広く採用される原動力となった[13]。

二〇〇一年二月にゴールドストーンがイギリス放送協会（BBC）とのインタビューのなかで述べた

ように、これらの委員会は国際制度の透明性と公的な説明責任を向上させるうえで重要な手段となる。つまり、「政府を審査する市民社会」を代表するのが委員会である。

メディアとウェブサイト

はるか遠方の地で起きている危機に注意を喚起する際に、国際メディアの重要性がしばしば強調される。たいてい政治家は、自らの行動がメディアによって導かれることに不満を述べる。疑いなく、特定の出来事——一九八〇年代のエチオピアの飢餓や、ITN（Independent Television News）と『ガーディアン』紙によるボスニアの強制収容所の発見（一九九三年）、あるいは、一九九四年の秋にザイール東部で問題になった収容所騒動——に際して、メディアの注視は重要な役割を担った。しかし、概してメディアは、独自に動くアクターというよりも手段であり、公的な論争の表出であった。メディアへのアクセスが不公平で、歪曲されることもあったことは確かである。とくに飢餓と暴力は和平交渉よりも報道する価値があると見なされた。にもかかわらず、メディアを利用することを学んだ市民社会アクターは、自らの声をより効果的に伝えることができた。

一九八〇年代と一九九〇年代に多くのNGOや社会運動は、フランス語で言うところのメディアティーク（*médiatique*）戦略を意図的に推進した。クシュネルのMSFはメディアティーク・アプローチをとった先駆者である。しかし、ほかのNGOもこれに続き、一九九〇年代には社会運動もメディアティークを利用した。

メディアと市民社会団体は一種の象徴的な関係をつくりだした。BBCのジョージ・アレガイアーは、つぎのように指摘する。

救援組織は広報面で私たちに依存し、私たちはどこに物語があるのかを知るために彼らを必要とする。私たちのあいだには、ある種の暗号のような暗黙の了解がある。「どこに飢えた子どもがいるのか」と、私たちは不躾な質問をしようとはしない。そして彼らも、あからさまには答えない。しかし、私たちはまったく同じ光景を思い描いている。(14)

一九九〇年代のきわめて重要な進歩は、ウェブサイトの利用が増大したことである。多くの市民社会組織がウェブサイトを持ち、こうした争点に関する情報収集はスピード・アップした。ウェブサイトは、交戦地帯で活動する組織が以前にも増して、グローバルな論争に影響力を行使することができる手段も提供した。たとえば、ラジオ局B92のウェブサイトは、セルビアで起きた出来事を英語のダイジェストで伝えた。コソヴォの独立系新聞『コハディトレ（*Kohaditore*）』紙は、旧ユーゴスラヴィアでの事態の推移を知る重要な情報源であった。同様に、南アジア市民ウェブは、カシミール紛争に対するローカルな視点を提供し、南アジアでのネットワーキングにも貢献した。ウェブサイトは、民族主義運動や原理主義運動にとっても自らのプロパガンダを伝える重要な発信源である。多くの場合、こうしたサービスは、ディアスポラのなかの、より過激な集団によって提供される。

人道的介入の推移

「圧政的な支配者のもとにある海外の臣民の権利を守るために」介入するという考えは、一七世紀にフーゴー・グロティウスによって提案された。[15] しかし、一九世紀にはじめて用いられたとき「人道的介入」という用語は、ヨーロッパ列強がオスマン帝国の支配下にいる人びと（主としてキリスト教徒）を保護することを正当化するために用いられた。最初の事例は一八二七年のギリシャへの介入であり、一八三〇年のギリシャ独立へとつながった。この人道的介入の観念は、国家が主権を保護するために平等な権利を持つという前提と、それゆえ他国の問題に干渉することは間違っているという前提が増大するにつれて、これらの前提と衝突することになる。主権と不干渉の重要性の主張は一六四八年のウェストファリア条約にまで遡ることがある。しかし実際には、この主張はより最近の考えであり、クリスティアン・フォン・ヴォルフやエメリッヒ・デ・ヴァッテルの著作で一八世紀半ばに知的信任を獲得したが、広く受容されるようになったのは旧植民地の多くが独立し、共産主義が広がった二〇世紀になってからのことである。新たに独立した国々、および／または共産主義諸国は、不干渉原則を、彼ら諸国が大国による「一貫した固有の干渉」として捉えたものに反対する重要な防衛手段と見なした。[16]

冷戦期には、不干渉原則は、人道的考察に対して優先するものとして広く考えられた。一九四五年以降、国連憲章は、諸国に武力行使の権利を制限する規定を強化した。同時に多様な人権宣言や人権条約のかたちで発展した多くの法律が、国家が個人に不当な扱いをすることを禁じ、自国民に対しても不当な取り扱いを同様に禁じた。実際に、一九八〇年代末までは前者が後者に優先した[17]。

この時期には多くの介入がなされ、とくに二大国によってなされたが、これらは、共産主義や資本主義に対する介入として冷戦の文脈で正当化され、「招かれて」介入することもあった（ヴェトナム、チェコスロヴァキア、あるいはアフガニスタン）。ニコラス・ホイーラーが示すように、人道的介入として述べられうる介入もあった。とりわけ、一九七一年のバングラデシュへのインドの介入、クメール・ルージュの敗北につながった一九七七年一二月のカンボジアへのヴェトナムの介入、そして一九七九年四月にイディ・アミンを放逐することにつながったウガンダへのタンザニアの介入がそうである。しかし、これらの介入のいずれも人道的な言葉で正当化されなかった[18]。

ホイーラーによると、この時期の国連安全保障理事会での論争では、不干渉規範が強い。それゆえ、ヴェトナムのカンボジア侵攻をめぐる論争では、フランスのジャック・ルプレッテ大使はつぎのように語った。「体制がひどく嫌われるために外国の介入が正当化されるという考えと強制的な放逐が正統化されるという観念は、きわめて危険である。そうした考えは、最終的に国際法と国際秩序の維持そのものを危うくし、多様な政治体制の存続を近隣諸国の判断に依存させることになる[19]」。同様な議論は、ほかの理事国からも提起された。著名な国際関係論の理論家であるヘドリー・ブルは、一九八六年までつぎのように論じていた。

人権が国家間関係でしかるべき位置を占めるべきだという道徳的確信が強まったため、不干渉原則が深く浸食されてきた。不干渉原則は、国家のみが国際法において権利の主体であるという一般的理解から強くもたらされたものであったのだが。(20)

一九八〇年代末と一九九〇年代の国際規範の劇的な変化をもたらした要因は何だったのか。ひとつは、とくにアフリカと東ヨーロッパで生じた「新しい」、もしくは「ポストモダンの」戦争が広がったことである。これらの戦争は、初期においてゲリラ戦と反乱鎮圧戦争として発生した。これらの戦争は、大勢のグローバルなアクターを巻き込んだものの、「内戦」あるいは「国内の」戦争と呼ばれることもしばしばであった。これらの戦争は、争う者どうしが直接戦闘することは稀であり、暴力は民間人に向けられることがもっぱらである。実際に、住民の強制移住のようなテクニックや、戦争法と人権法を直接侵害するさまざまな残虐行為が、これらの戦争の戦略の中心となった。これらの戦争は、食糧供給の操作、略奪、戦利品、そして価値ある日常品の管理が戦争経済の機能に組み込まれる戦争である。これらの戦争がこの時期に増えただけでなく、軍人と民間人の犠牲率で計って民間人の犠牲が急増し、難民や国内避難民が爆発的に増大した。(21)

第二の要因は、人道NGOの成長である。一九六七年から七〇年のナイジェリアの戦争〔ビアフラ内戦〕は、人道NGOにとって転機となった。赤十字国際委員会（ICRC）が中立性の主張を放棄し、同意原則のもとで活動する主張をやめたのがこのときである。ICRCは、第二次世界大戦でユダヤ人に起きた出来事を知りながらそれに公的に抵抗することができなかったことの原因が中立性の主張にあったこと、そしてビアフラでジェノサイドが発生する恐れがあることに気づいていた。それゆえICRCは、一九六〇年代の学生運動や第二次世界大戦に対する疑問の影響を受けて登場してきた人道NGOとともに、ナイジェリア当局の同意なしにビアフラへの空輸を組織することを決定したのである。

多くの新しいNGOにとって、ビアフラは決定的な瞬間だった。これに続いて、この経験によって形成され具体的になった多くの団体が、世界の多様な地域で、地震、洪水、飢饉、戦争といった危機に対応するようになった。一九八四年には、エチオピアの飢饉が人道主義的および政治的行動についての論争に火花をつけた。バンド・エイドのようなグループは、この飢饉についてのメディアの盛んな報道を喚起する手助けをした。しかし、ほかの団体は、飢饉はエチオピアの指導者メンギスツ・ハイレ・マリアムによる戦争の道具としてもたらされたものであり、人道援助団体はメンギスツを権力の座にとどめることになっていると主張した。この立場をとった国境なき医師団（MSF）は、このときエチオピアから国外追放された。この時期には、ビアフラで起きていたように、NGOはますます同意なしに活動するようになっていた。実際に、エチオピアでは、反政府勢力の地帯で活動するNGOと、政府と協力して活動するNGO間の亀裂が広がった。セーブ・ザ・チルドレンは両者との協力を非公式にしかできなかったが、ICRCだけが両者とオープンに活動することを許された。

一九八〇年代半ばまでに、この新しいタイプの戦争がますます重要になってきた。モザンビークとアフガニスタンでは、公的機関が、非政府的な介入形態としてのNGOの利点と、許可なく交戦地帯で活動する一方法としてのNGOの利点をますます理解しはじめた。数カ所では、救援物資を提供するために「鎮静の回廊」あるいは「人道回廊」が設けられた。スーダンでのライフライン作戦は、とくに国連児童基金（UNICEF）と子どもの予防注射の計画を通して、これらのテクニックが多く用いられたという意味で、もうひとつの重要なエピソードとなった。「より強力な支援のための叫び」が沸き起こりはじめたのは、このときであった[22]。

ベルナール・クシュネルが、同僚の弁護士であるマリオ・ベッターニとともに、後に介入権／介入法（*droit d'ingerence*）として知られる、介入する義務（*devoir d'ingérence*）の理念を発案したのはこの時期であった。クシュネルは一九八八年にフランスの人道問題担当相となり、同年に国連総会決議四三／一三一が採択され、より形式的な基礎についての整理がなされた。この決議では、国家の主権を再確認したものの、緊急事態において犠牲者の「生活と保護に国際社会が重要な貢献をなす」ことを承認した。人道援助の失敗は「生命への脅威と人間の尊厳への脅威となる」。この決議は、「厳密に人道的動機にもとづいて活動する政府間・非政府間組織」の「重要な貢献」を強調した。続いて総会決議四五／一〇〇は、「人道回廊」の設立に際して事務総長による継続的諮問を称賛した[23]。

国際環境の変化の第三の要因は、人権団体の成長である。とくに重要だったのは、第三世界と東ヨーロッパでの民主主義を求める人権運動の勃興であった。ある面で、これは植民地以後の企てと共産主義の企ての疲弊の結果であり、かつての解放理念が持っていたアピール力の喪失によるものであった。そして別の面では、グローバルな相互連関性と国境を越えた支援の達成と連繫の形成という文脈で理解されなければならない。これによって閉鎖的な社会を開放させることができたのである。ヨーロッパと北アメリカでは、一九六〇年代以降に進んだ運動が、伝統的左翼との論争を経て人権団体を生み出した。アメリカで伝統的な人権ネットワークが発生することになったのは、チリのクーデターと、一九七〇年代と一九八〇年代のラテンアメリカにおける人権団体の成長によってである[24]。フランスでは、第三世界主義（*tiermondisme*）に関する論争を通じて多くのフランス知識人が、第三世界の解放運動を疑いなく支援してきた伝統的左翼集団の単純さを攻撃することとなり、民主的自由と人権をいっそう強調するようになった。国境なき自由（Libertés san Frontières）というグループは、この思想の延長線上にあった。残りのヨーロッパでは、一九八〇年代の大衆平和運動が正義と平和との関係と人権をめぐって論争を繰り広げた。平和運動は、一面で東ヨーロッパの人権団体と連携し、「下からのデタント」の概念を先導する一方、人権支援のための市民社会による介入の新たな理念形態を切り開いた。彼らは、核兵器の脅威が人権支援のための干渉を妨げてきたと主張する。他面では、平和運動は不干渉を主張し、核戦争の危険のほうがはるかに懸念すべきことであって、人権支援は冷戦のレトリックを強めかねないと主張した。

一九八九年革命は人権運動にいっそうの弾みをもたらした。市民社会の言説は、共産主義体制を打倒した運動の言説であった。トランスナショナリズムと一九八〇年代に国境を越えた連繋を生み出したグローバルな責任という言葉が、これに加わった。さらに、この革命は、伝統的な左翼的思考の信用を奪ったように見えた。この思考は、不干渉や、個人の権利に優越すると想定される集団主義の観念と一体になっていたのである。

最後の要因は、もちろん、冷戦後のグローバルな文脈である。冷戦の終焉によってはじめて、協調的な国際的活動の機会が与えられた。また冷戦の終焉によって「新しい戦争」がいっそう可視的になり、人道主義と人権についての新たなグローバルな言説が、使い古された冷戦のレトリックに取って代わった。

一九九一年の湾岸戦争は、国際的な新しい合意を示す最初の機会を提供した。もちろん、この戦争は人道的介入ではなかった。この戦争はイラクによるクウェート侵攻への反発であり、クウェートが解放されると休戦が宣言される。実際、この戦争はアメリカが新たに卓越したグローバルな覇権を確立するための試み、と考えたほうがよさそうである。これは、ブッシュ大統領の言う「新世界秩序」の本質であった。

しかし、戦争の直後、サダム・フセインが放逐されるという期待のもとに、北部ではクルド人が蜂起し、南部ではシーア派の蜂起が起こった。蜂起は残忍にも鎮圧された。クシュネルやフランス政府が介入権を強く求めたのは、このときであった。クルド人の窮状に対する世論の共感は他の政府をも動かし、とくにイギリスやアメリカを行動に駆り立てた。その結果、国連安保理決議六八八は、イラク北部にクルド人のための安全地帯を設けることとなる。この決議は、実際には軍隊の使用の任務を与えてはいなかった。にもかかわらず、クルド人支援作戦では、二万人を超える軍隊が安全地帯を保護するために派遣された。当時、フランスだけが介入権を強く求めた。決議では、難民と当該地域の状況によって課せられた「国際の平和と安全」への脅威という言葉が仄《ほの》めかされた。「地帯」(haven)という用語は、イギリス大使のデヴィッド・ハネイ卿の主張で、境界の再度の線引きを示唆する「飛び地の領土」(enclaves)より好ましいとされた。それにもかかわらず、決議は、イラクに「この抑圧をすぐに終わらせ」、「すべてのイラク市民の人権と政治的権利が尊重されることを確かにする」ことを求めたという意味で先例をつくったのである。

世論の圧力とイラク北部で起きていることに関するメディアの報道が、安全地帯の提案に前向きの力をもたらしたことは重要であったが、当時、イラク政府を疎外することを恐れて、イラク北部で活動していたNGOと同様に国連高官のあいだでも疑念があったことは興味深く、特記しておきたい。現地のオクスファムのスタッフは、つぎのように語っている。「ここでイラク政府ともめてしまうと、すでにおこなっている慈善行為が台無しになる、それは許容できない、との思いがあった……。それは、私たちがおこなわなければならないことのひとつなのかもしれない。しかし、それをおこなったら、その瞬間、オクスファムの方針に背くことになる」[25]。安全地帯の相対的な成功は、少なくとも主として、多くのNGOの態度を変えることにつながった。

国際部隊は一九九三年に撤退し、小規模の国連部隊と、トルコに拠点を置く「残存」部隊が引き継いだ。クルド人は、（かつては享受していた）自治の単位を再設定することができたが、イラクによる襲撃に脆弱なままにとどまる。飛行禁止区域は南部のシーア派の民族浄化を防げなかった。

しかし、結局のところ、イラク北部の安全地帯は先例となった。瓶から精霊は出てしまった。アダム・ロバーツが指摘するように、人道的関心を宣言することは不可避の「ラチェット効果」〔過去の最高レベル以上のものを将来に求める人びとの傾向〕を有している。

大国が紛争との関連においてつぎのような行動をとることは難しい。すなわち、人道的な原則と政策を主張しておきながら、その後、犠牲者を保護せず、および／または、残虐行為が発生したときにそれを実行した人物を処罰しない、というのは。それゆえ、最初の人道的介入は、いっそう軍事的なものとなりかねない。それは、危険な方向転換をともなう過程である。さらに、どんなに状態が予測できなかったとしても、また、どんなに外部の勢力の関心が弱いものであったとしても、ある危機で人道主義を伝道しておきながら別の場所でそうしないというのは本質的に難しい(26)。

ボスニア戦争

イラクのつぎに、ユーゴスラヴィア解体とスロヴェニア、クロアチア、そしてボスニア・ヘルツェゴヴィナでの戦争が起こった。ボスニアでは、一九九二年四月から一九九五年一〇月まで戦争が続き、人道的介入をめぐる公的な論争がもっとも白熱した。一九九二年にサラエヴォを訪れたときに、ブトロス・ブトロス・ガリ国連事務総長が指摘したように、世界ではほかに多くの戦争があり、ボスニアと同じように恐ろしい悲劇が起こった。しかし、グローバルな注意を引き寄せたのはボスニアでの戦争であり、サラエヴォの窮状であった。

ヨーロッパでは、戦争の勃発とともに大衆運動が発生した。数百もの団体が援助を集め分配するために現われ、認識を広げ、抗議をおこなっている。たとえばイタリアでは、イタリア連帯コンソーシアムが一九九三年に創設され、市民社会団体・組織をつなげた。イタリアからだけでも一万五〇〇〇人以上のボランティアが交戦地帯に旅立ち、約二二〇〇の護送船隊が組織された。しかし、民主化された中部ヨーロッパを含め、ヨーロッパの全域で同様な動員が起きていた。たとえばチェコでは、困民基金（People in Need Foundation, *Clovek v Tisni*）がテレビでキャンペーンを張り、給与を寄付するよう軍の高官さえも説得した。とくに興味深い団体は、労働者ツズラ支援組織（Workers' Aid for Tuzla）であり、後に国際労働者支援組織（International Workers' Aid）と名を変えた。この団体は、一九八四年の鉱山ストライキの際にツズラ市から支援を受けたイギリスの鉱山労働者によって始められ、恩返しをしようとしていた。護送船を操船したり交戦地帯に現地事務所を設営した人びとは命を危険にさらし、いくつかのヨーロッパ諸国出身の多くのボランティアが殺害された。

援助の収集と同様に、地域《ローカル》団体はとくにフランスで、サラエヴォの苦境に関心を持って新しい形態の抗議を組織化した。ナントでは、中心の広場がサラエヴォ広場と名を変えた。ストラスブールでは、主要な橋のひとつにチェックポイントが設けられ、通行する人びとを気まぐれにも止めた。グルノーブルでは、砲撃やサイレンの音が午前二時に町中で鳴らされ、サラエヴォがどんな状態にあるかを地域《ローカル》住民に感じさせた。イギリスでは、有名な個人の団体が首相公邸と国会議員に汚水の瓶を贈り、サラエヴォの人びとが飲まざるをえないものを見せた。

この運動の著しい特徴は、自治体によって役割が担われたということであり、これは一九八〇年代の非核地帯の発展の際にみられたアイディアである。多くの自治体が旧ユーゴスラヴィアの自治体と姉妹都市になっており、戦争中に新たに姉妹都市を結ぶ都市もあった。それゆえ、ノリッジ市はノヴィ・サド市と姉妹都市となり、戦争の真最中にもかかわらず、ツズラ市はボローニャ市と姉妹都市になることを決定した。姉妹都市協定によって人道援助提供のメカニズムが形成され、ほかの多種多様な支援のメカニズムも作られた。とくにドイツ、オランダ、スカンディナヴィア諸国では、自治体が救援と政治的支援の重要な源になった。ヨーロッパ評議会（Council of Europe）のイニシアティブで地域民主主義大使館（local democracy embassies）の概念が導入され、ツズラと東スラヴォニアに設けられた。

草の根組織と同様に、知識人や文化人（芸術家、作家、俳優）が運動で重要な役割を果たした。フランスでは著名な知識人が運動の「声」となった。アメリカでは草の根運動が少なく、またヨーロッパではエリートがキャンペーンを張る団体が設立され、たとえば、バルカン諸国の平和のための行動評議会（Action Council for Peace in Balkans）は強い影響力を有していた。サラエヴォの非宗教的な文化に関心を払うことを目指した文化祭もあった。また多くの作家、映画制作者、そして演劇界の人びとがサラエヴォを旅した。

一九八〇年代の平和運動と異なり、ボスニアの戦争に反対する運動は、かなり細分化されていた。たとえば、ヘルシンキ市民集会（ＨＣＡ）のように全ヨーロッパ的なネットワークもいくつかあったが、全体として運動に賛同する主張はまったくなかった。実際、政治的な意味でこれらの運動は深く分裂し、この分裂はボスニアをめぐる論争で生まれたもので、社会的な学習過程になったのである。連帯や一種の非武装的保護を提供するという市民社会の役割について暗黙の合意があったけれども、政府や国際組織が何をすべきかという点については大きな溝があり、この違いは戦争の性格の分析が異なることを反映する傾向にあった。

国際社会による一連の介入、つまり援助の輸送を守り、人道回廊、安全地帯、飛行禁止区域、旧ユーゴスラヴィア戦犯法廷、そしてサラエヴォとモスタルの国際管理をおこなうにあたって、これらを促したのは世論の圧力だった。思い起こせば、これらのうち後の二つの展開は、かなり重要なものとなったのである。また戦争犯罪者の拘束の要請によって、国際法の執行の問題が生じた。同様に、国際的な管理地帯の設置は、ボスニアとコソヴォでの保護地帯の設置に道を開く。さらに、双方の事例で治安の問題は、ある種の形態の国際的な警察行為というものを求めることにつながっていく。

しかし、こうした展開にもかかわらず、また交渉過程が続いたにもかかわらず、戦争は三年半ものあいだにわたって続いた。これを終わらせたのがデイトン合意[2]であり、戦争終盤のNATOの空爆に起因することもあれば、民族浄化が実質的に終わったという事実にもよる。セルビア人とクロアチア人は、多かれ少なかれ、民族的に純粋な領土を切り分けることに成功した。人道的に考え出されたものは失敗だった、と広く考えられた。軍が駐屯していたにもかかわらず、セルビア人とクロアチア人は、援助の配送を指図することが依然としてできた。スレブレニッツァとジェパの安全地帯は戦争の終盤にかけて陥落した。とくに、スレブレニッツァで虐殺された男性と少年は八〇〇〇名に及び、少なくとも国際社会にとっては戦争の屈辱的な瞬間となったのである。

この失敗は、与えられた任務の不十分さと不十分な軍隊の配置に起因する。それにもかかわらず、この失敗は、資源の不十分さに関わるものというよりは、伝統的な軍隊の概念を適用することの難しさに関わることである。そのことを示唆しているという意味では、それは成功であった。ときにイギリスとデンマークは、たとえその行動が国連指揮官によって非難されようとも、平和維持活動が効果的であるためにはより「堅牢」でなければならない、と主張した。ジェパでは、ウクライナ軍が地域住民《ローカル》をセルビア人側に引き渡すことを拒否し、最終的には彼らの安全な移動のための交渉をおこなうことができた。

ソマリアからコソヴォへ

ボスニアの戦争は、ジョージ・H・W・ブッシュ大統領がソマリアに介入するという決断をどのようにしたかを理解することと同じ流れで捉えられる。ブッシュ政権はボスニアに関与を強め、「新世界秩序」の観念に実体を与えるという圧力にさらされていた。ソマリアはボスニアより容易な事例と信じられており、また、ソマリアへの介入はボスニアへの介入の段階的強化への圧力を和らげることになると信じられていた。当時国務長官であったローレンス・イーグルバーガーによると、

事の真相は、数千の人びとが飢え、死に直面し、私たちが何かをしなければ、よくなる見込みがなく、かつ、その場所は私たちが出来事に影響を与えられる場所である。世界のほかの場所でも事態は同様に悲劇的なのだが、事態を変えようとするにはコストは途方もないほど高い。私の意見では、ボスニアはそうした一例である。(27)

ソマリアの長期独裁政権を担ったモハメド・シアッド・バーレが追放された後に、「新しい戦争」が拡大した。この戦争は、氏族を基盤にした軍閥が領域の統治をめぐって起こしたものであり、薬物のアラビアチャノキ（Qat）の影響をしばしば受けている、ムーリャン（*mooryan*）として知られる戦闘集団によって残虐行為や追放がおこなわれた。一九九一年一一月から一九九二年三月までの間、約五万人が死亡し、一五〇〇万人が難民あるいは国内避難民となった。これは戦争前の人口の約二九パーセントに該当する。人道ＮＧＯは介入を呼びかけ、ソマリアの苦難の状況についてメディアの関心を引き寄せた。アメリカ救援物資発送委員会（ＣＡＲＥ）はとくに有力であり、ブッシュ政権と定期的な会合をもった。フレッド・キュニーは救援の飛び地となっているところを武力で保護するよう求めたのである。赤十字国際委員会（ＩＣＲＣ）は歴史上はじめて武装の護衛を雇った。ヨーロッパのＮＧＯの影響を受けて、

ヨーロッパ連合（EU）のヨーロッパ委員会は国連部隊を八月初めにも派遣するよう求めた。オランダの新聞には、オクスファムを含むいくつかのヨーロッパのNGOによって署名された巨大な意見広告が掲載された。およそ二〇ものヨーロッパのNGOを代表する組織であるユーロステップによると、「多くの欧州諸国のあいだでは、海賊行為を止めさせる一定レベルの軍事的保護なくしては十分に援助を送ることはできない」という一般的な合意があった。(28)

いくつかのNGO団体はこの介入に反対した。これらのなかには、セーブ・ザ・チルドレン、とくにその代表であるマーク・ボウデンが含まれていたし、アレクス・デ・ウォールとラキーヤ・オマールも一員である個人の団体も含まれていた。彼らは介入に反対したためにヒューマン・ライツ・ウォッチと決別し、アフリカ・ライツを結成した。彼らはつぎのように信じていた。すなわち、国連事務総長特別代表であるモハメド・サヌーンがおこなった交渉は結実した、食糧援助の緊急の必要性はすでに解決した、アメリカが主導する介入は新たな形態の帝国主義の先駆けになる、と。(29)

一九九二年一二月二日に全会一致で可決された国連安保理決議七九四は新たな地平を切り開いた、と広く考えられた。この決議が、決議六八八と同様に、「国際の平和と安全」に対する脅威について言及しているにせよ、人間の苦難を軽減するための、国連憲章第七章のもとでの武力の行使を容認したはじめての決議であった。とくにアフリカ諸国など決議六八八に反対した多くの国々が、今回は決議七九四を支持したのである。クシュネルによると、これは勝利であった。「素晴しい前進であり、介入権の新たな法的根拠である」。翌日の『リベラシオン』紙の見出しは、「人道主義が戦いに向かう」であった。(30)

しかし、ソマリア介入は、いくつかの団体が予想したとおり大失敗に転じてしまう。アメリカ主導の統合機動部隊（ＵＮＩＴＡＦ）は当初、援助輸送部隊を保護し、救援センターの安全確保に成功した。だが、民兵の武装解除に失敗し、現地のソマリア人の多くを失望させた。五月には、ＵＮＩＴＡＦに代わって、よりいっそう強い権限を持った第二次国連ソマリア活動（ＵＮＯＳＯＭⅡ）が派遣された。しかし、パキスタン軍への攻撃により、アメリカ人指揮官ハウ大将はモハメッド・ファラ・アイディード将軍が率いる氏族軍閥に対する戦闘に入った。戦力が多すぎると多くの人びとが考えるほどの戦力を用いたにもかかわらず、アメリカ人はアイディードを捕えるのに失敗する。それに対して、ソマリアの民兵はアメリカの二機のヘリコプターを撃墜し、一八名のアメリカ人兵士を殺害、七五名の兵士を負傷させることに成功した。アメリカ人兵士の遺体は海外のテレビカメラの前で公に見せびらかされた。ビル・クリントン政権は、その後まもなくしてソマリアから撤退することを決断する。

ソマリアでの敗走は、一九九四年五月の大統領決定指令（ＰＤＤ）第二五号の発令の決断につながった。このことをある作家は、「ヴェトナム症候群のソマリア的結果」と評した。[31] ＰＤＤ第二五号は、アメリカが将来にわたって平和維持活動に参加することを厳格に制限したものである。一九九四年四月から六月にかけて恐るべきジェノサイド――フツ族によるツチ族へのジェノサイド――がルワンダで発生すると、ＮＧＯとメディアは、それを停止させるために介入するよう強く働きかけた。その回答が、このＰＤＤだったわけである。五〇万人から一〇〇万人ともいわれる人びとが一〇〇日間に殺害された。この大虐殺は、政府と軍が指揮し、地方《ローカル》高官と、政府が組織した準軍事組織によって実行された。準軍事組織の構成員は、「憎悪のラジオ」たるラジオ・ミレ・コリンズを通じて動員され、鉈《なた》を使って虐殺をおこなった。

当時、一五〇〇名からなる小規模の国連部隊である国連ルワンダ支援団（ＵＮＡＭＩＲ）が駐屯していた。現地司令官であったロメオ・ダレール大将から警告があったにもかかわらず、そして、武器を回収し安全地帯を設置するよう彼から提案があったにもかかわらず、安全保障理事会は撤退に向けた準備を開始し、国連部隊を縮小する決定を下した。後に、ダレールの警告を深刻に受け止めるべきであったということが明らかになったときになってはじめて、事務総長が五五〇〇名からなる介入部隊の派遣を提案した。数カ国のアフリカ諸国の部隊が参加の準備をおこなった。彼らはアメリカの兵站支援を必要としていたが、それは用意されていなかった。実際、クリントン政権は、一九四八年のジェノサイド条約にもとづいて行動する義務が生じることを恐れて、ルワンダでの出来事を「ジェノサイド」と表現したがる国々の政府やＮＧＯ、メディアに対抗する動きを活発化させた[32]。

一九九四年八月末にフランス軍が派遣される。しかし、このときまでにジェノサイドは終わっており、ルワンダ愛国戦線が過激派を部分的に放逐することに成功していた。フランスは前政権を支援していたため、フランス軍の介入は疑わしいものであった。また、彼らが達成できたことは、フツ族を逃れさせるための安全地帯の設置にすぎず、しかもフツ族の多くはジェノサイドに関与していた元民兵だったのである。

ルワンダの悲劇と不名誉は、人道ＮＧＯと世論に大きな影響を与えた。赤十字国際委員会（ＩＣＲＣ）はスタッフ一三名を失ってしまう。これは人道的介入に対する心変わりの瞬間だった。それと同時に、悲劇の直後には介入を熱狂的に求める傾向がみられたように思われる。多くの人道ＮＧＯは、ザイール東部の難民収容所を保護するために介入を求めた。この収容所はフツ族の元民兵によって運営されていたのである。しかし、カナダの派遣軍が動員されるまでに、収容所はザイールの反乱勢力で溢れ、難民はルワンダに戻ってしまう。人道ＮＧＯにとっては最悪の時であった。セーブ・ザ・チルドレンのボウデンは、介入に反対する数少ないひとりであった。彼はつぎのように指摘した。「組織は減少する資源をめぐって鎬を削りあい、契約や地位をめぐって争い、メディアでの目立ち具合をめぐって競いあっている。哲学的に言うと、私たちは破綻している。『とにかく彼らに食糧を届けろ』、それが私たちの一貫した回答だった[33]」。人権ＮＧＯだけは異なる針路をとり、民兵を戦犯法廷に送るべきだと要求していた。

きわめて興味深いことに、ルワンダが議論されていたまさにその瞬間に、アメリカは国連の授権を得てハイチへの古典的な人道的介入をおこなった。民主的に選出された政府を葬った野蛮な軍事独裁政権を打倒することを目的に、民主主義回復作戦（Operation Restore Democracy）が一九九四年七月に開始された。クリントンの言葉では、その目的は「われわれの利益を守り、ハイチ人を脅かす野蛮な残虐行為をやめさせ、われわれの国境を安全にし、われわれの大陸の安定と民主主義を確保する[34]」ことであった。多くのＮＧＯは、この地域の支配勢力たるアメリカによる介入を疑わしく思った。しかし、この介入によって、少なくとも一時的には民主主義は回復されたのである。

この時期には、ほかにも重要な地域的介入がおこなわれた。リベリアへの西アフリカ諸国経済共同体（ＥＣＯＷＡＳ）の監視団（ＥＣＯＭＯＧ）の介入、タジキスタンへの独立国家共同体（ＣＩＳ）の介入（主としてロシア）である。とくに後者を人道的介入として語るのは、おそらく誤解を招くだろう。この物語の重要なところは、もちろん、一九九四年から一九九六年、そして一九九八年以降のチェチェンでの戦争である。これらの戦争が大規模な人権侵害を引き起こしたという事実にもかかわらず、外部からの介入はといえば、もっとも先鋭なNGOですら介入は最小限のものであった。フレッド・キュニーは、ここで死を遂げる。人道的介入が一切考慮されなかったという事実が、人道的介入の選択的な性格の証拠として介入反対論者から引き合いに出される。NGOと、兵士の母（Soldiers' Mothers）やメモリアル（Memorial）のような運動、そして有名な人権運動家セルゲイ・コヴァレフは国際的な支援を得ようとしたが、国際的な軍事介入を主張した個人や団体はひとつとしてなかった。トルコの対クルド戦争も国際的な非難さえ滅多になかったという意味で、二重基準《ダブル・スタンダード》の一例としてしばしば引き合いに出される。

コソヴォの事例は異なる。コソヴォ危機は一九九〇年代のあいだずっと生じていた。一九九一年以来、NGOや解説者たちは、コソヴォで戦争が起きそうだと警告を発してきた。セルビア大統領スロボダン・ミロシェヴィッチがコソヴォの自治権を剥奪し、この地域にある種のアパルトヘイトを敷いてからというもの、コソヴォのアルバニア系住民は非暴力の抵抗運動を組織し、とくに医療・教育分野での並行政府を設立した。彼らは、国際的な介入と国際的な保護地帯の設定を求める。デイトン合意は転機であった。デイトン合意ではコソヴォ問題は慎重にも除外されていた。多くのコソヴォ人は、政府とは別の行政組織に疲れ切っており、非暴力は彼らの苦境に国際的な関心を惹くには効果的でない戦略である、という結論を出した。一九九七年にコソヴォ解放軍（KLA）が出現したとき、暴力を用いるという意図的な戦略が国際的な介入を呼び起こす[35]。

一九九八年の春に紛争が激化した際に、西側の指導者は、コソヴォでの行動が必要であるという大胆な声明を出しはじめた。この年三月に、アメリカのマデレーン・オルブライト国務長官は「私たちは、ボスニアで通用したようなことはもはやできないにもかかわらず、コソヴォでセルビア当局がやっていることに対して傍観するつもりはない」と語っている。同様の宣言は、国連事務総長やNATO事務総長、そして多くの外相や国防相によってなされた。しかし、戦争を防止するために選ばれた手段は、空爆の脅しを後ろ盾にした外交であった。アメリカの指導者は、デイトン合意が成功したのは空爆のおかげであるという、ボスニアからの（おそらく誤った）結論を導き出した。コソヴォの、そしてヨーロッパの多くの団体は、すでに始まった民族浄化に対して民間人を守るために地上部隊の派遣を求めていた。だが、アメリカは、交渉のまさに最終局面まで地上部隊の派遣に消極的であった。外交が失敗に終わったとき、空爆という軍事行動が実施された。それと軌を一にして、民族浄化が急激に加速したのである。住民の多数を占める一〇〇万人以上のコソヴォのアルバニア系住民が、この地域から追放され、およそ一万人が殺害された。最終的にミロシェヴィッチは降伏する。国際保護地帯がコソヴォに設置され、難民が帰還した。ベルナール・クシュネルが国連暫定行政ミッションの特別代表に選ばれた。

コソヴォをめぐる戦争は市民社会の深い亀裂を招いた。介入を正当とする感情を持つ団体もあった。軍事介入を支持するが、介入の形態を批判する団体もあった。つまり、直接人びとを保護するはずの地上軍の代わりに、空爆という手段を用いたことへの批判である。とくにヒューマン・ライツ・ウォッチは、NATOの空爆という方法が、国際人道法の違反となりうる点に関心を寄せた(36)。多くの人権団体が戸惑った瞬間であった。多くの団体はコソヴォの苦境に共感を寄せていたが、同時に空爆が人権を執行するには調和せず、不適切な方法であると考えた。とくに東ヨーロッパではそうであり、空爆はつねに西ヨーロッパよりも受け入れられてこなかった。だが、同時に、東ヨーロッパの人権団体は空爆を批判することについて窮屈な立場にあった。なぜなら、コソヴォへの共感と冷戦の遺産の板挟みにあったからである。ディミトリナ・ペトロヴァは、つぎのように述べている。

人権を守る人びとは、彼らが言うところの二つの陣営――NATO支持か不支持か――のうちのいずれかに自らをすぐさま置いてしまうことを恐れていた。もしNATOに反対するなら、その者は民主主義への敵となる、といったようなことである。白か黒かの構図が現われ、細部についてのみ微妙な差異が生じえた。政治的な正しさ（political correctness）が邪悪な同盟を生み出したのである。[37]

ヒューマン・ライツ・ウォッチのような組織でさえも、NATOの空爆をめぐって強く支持する者と、空爆が民族浄化を推進すると感じる者のあいだで亀裂が生じた。[38]

ノーム・チョムスキーがつくりだした用語である「軍事的人道主義」が、ソ連の脅威が消滅して以降のアメリカ帝国主義と軍産複合体の新たな正当化用語になってきたと、ますます強く主張する者もいた。[39]これは、空爆の期間中の五月に開催され、全世界から約八〇〇〇名の運動家が参加したハーグ平和会議の例のように、自らを平和運動家と見なす団体のなかでは支配的な見方であった。先述のように、数カ国で、空爆に反対するか、あるいは「二重の戦争」に反対する大規模なデモがおこなわれた。

一九九〇年代最後の介入は東ティモールへの介入であった。東ティモールへの介入は、多くの市民社会団体が早期に予見したにもかかわらず、遅きに失した。東ティモールの独立をめぐる住民投票をおこなうというインドネシア政府との合意にいたる際に、国連はインドネシア政府に安全の提供を委ねるという悲劇的な失敗を犯してしまう。その後、西側諸国はコソヴォのことに没頭しており、この間に住民に対する暴力が軍の支援で発生し、一九九九年の春と夏に暴力は拡大した。東ティモール住民が投票において独立を圧倒的多数で支持した際に、インドネシア軍によって支援された民兵組織が住民に対して組織的に暴力をふるい、殺害し、家から追い出した。インドネシア政府が国連部隊の駐屯について同意してはじめて、オーストラリアが主導する部隊が秩序を回復するべく登場したが、それは多くの被害が出た後のことであった。人道的介入の規範の進化という観点からみると、東ティモールでの非軍事的な国連支援団の勇敢な行動は言及に値する。彼らは、国連の敷地に逃れようとした現地スタッフや家族、そしてティモール人が彼らとともに避難するまでは、ディリの本部から避難することを拒んだ。これは、ヨーロッパ安全保障協力機構（ＯＳＣＥ）のコソヴォ監視委員団とは対照的だったことは特筆すべきである。同監視委員団はＮＡＴＯ空爆の前に撤退し、現地スタッフを見殺しにして立ち去ってしまったのである。

一九九〇年代の物語の一部は、政治指導者が各介入事例から誤った教訓を一貫してどのように学んだのか、という点にある。誤った教訓を学んだがゆえに次の介入の際にも失敗となり、むしろ将軍たちは前の戦争の愚を冒してしまうことになる。とりわけ、国際的な政策は無策ないし不十分な行動から、大規模な部隊の展開、とくに空爆という手段の使用へと揺れ動き、そして揺れ戻してきたように見える。中間的な針路をとるのは難しかったように思われる。イラクの安全地帯は当初成功していたが、それは持続しなかった。ボスニアへの介入は弱すぎ、空爆が最終合意の成功に決定的な要因となったという（おそらく）誤った結論をもたらした。ソマリアへの介入は、ボスニアの任務の弱さの代償として考えられた。しかし、政治を犠牲にして、アメリカの主導する部隊は圧倒的な武力の行使を力説した。ソマリアの大失敗は、ルワンダへの不介入に帰結した。信頼を回復し強力に活動するという必要性から、NATOはユーゴスラヴィアを空爆した。また東ティモールへの介入は遅きに失した。

この悲しき物語から、どのような結論が導き出せるのだろうか。人道的介入の観念は本質的に欠陥をさらしたのであろうか。無為と圧倒的な武力の行使とのあいだの中間的な立場は存在しないのか。あるいは、新たな現実に適合する考え方や制度は、いまだありうるのか。こうした問いかけは、この争点に関心を抱く市民社会アクターが直面している問題点なのである。

グローバルな公的論争

この物語が示すように、市民社会アクターは、紛争が異なれば異なった立場をとり、またこの期間を通して意見を表明してきた。これらの意見は四つに大きく分けることができる。これらの意見は重なりあうこともあれば、これらの範疇では必ずしも捉えられないものもある。表1－2は、異なる立場とアクターの意見を要約したものである。

をめぐる論争

ソマリア	コソヴォ	シエラレオネ
介入は人権帝国主義である。内戦のために他者の命を危険にさらすべきでない。	空爆はNATOの帝国主義である。ロシアとの関係を踏まえ，コソヴォの問題を優先すべきでない。	介入は帝国主義である。
戦闘当事者である氏族，とりわけアイディード将軍に対して圧倒的な武力を行使することを支持。	ユーゴスラヴィアに対する空爆を支持。	単独行動主義にもとづく介入を支持。エグゼクティヴ・アウトカム社やECOMOG，イギリス。
軍事介入に反対。市民社会を交渉に関与させようとする国連の交渉人，モハメド・サヌーンの努力を支持。	NATOの空爆と，ミロシェヴィッチによるコソヴォのアルバニア系住民に対する戦争という「二重の戦争」に反対。OSCEのプレゼンスのいっそうの強化を支持。	いかなる軍事力も信用しない。介入はあまりにも不公平である。市民社会の和解を支持。
単に援助物資を移送するだけでなく，民兵を武装解除し，地上の安全を確保するための軍事介入を支持。	OSCEのプレゼンスのいっそうの強化を通じてコソヴォのアルバニア系住民を保護する地上軍の介入を支持。	いっそう堅牢な国連のプレゼンスを支持。民間人を保護し，犯罪者を逮捕し，武装解除と動員解除を成し遂げるためにいっそうの努力が必要だと主張。

表1－2　人道的介入

立場	議論	市民社会	ボスニア
主権主義者	不干渉を信奉。戦争は国益にもとづいてのみ実施。	とくに右派の個々の政治家。伝統的左翼と民族主義（ナショナリスト）集団。	この戦争は内戦である。国民の命を危険にさらすべきではない。不干渉原則を危険にさらすべきでない。
正戦論	戦争は人道的な目的によって正当化される。合法性よりも道徳性がより重要である。	中道派の政治家と聡明な知識人のレトリック。大規模な人権侵害の犠牲者のなかにいる市民社会団体。	この戦争は，ボスニアに対するセルビア（およびクロアチア）の侵略に起因する国際戦争である。ボスニア政府を支援するために，武器の禁輸を解除しセルビアを空爆するという立場をとる。
人道的平和論	政府は信用できない。人道的介入は帝国主義の代用物である。市民社会による介入であるべきである。	多くの人道団体と平和団体。人権団体は分裂。	軍事介入に反対。政府間レベルと草の根レベルでの交渉を支持。
人権の執行	市民社会は法的枠組みを必要とする。人道的介入は戦争ではなく国際法の執行である。介入によって民間人を直接保護し，戦争犯罪者を逮捕すべきである。	国際人権団体，とくにヨーロッパや北アメリカの団体。いくつかのシンクタンクや委員会も。	安全地帯と国際犯罪法廷の設置を要求。これらの目的を達成するために，地上での，より堅牢な軍事的役割を欲する。

主権主義者（反対者）

主権主義者とは、不干渉原則を支持するため、あるいは介入が国益に沿ってのみ実施されるべきであると信じているために、人道的介入に反対する人びと、もしくは団体を指すフランス語の言葉である。前者は、国際関係論の文脈では「多元主義者」として知られる。彼らは、不干渉原則を重要な原則と見なす、ルールが支配する諸国家からなる社会の存在を信じている。この原則が重要だと考えられるのは、この原則によって安定が促進されるとともに、脆弱な国家に対する大国の覇権の押しつけが抑制されるからである。[40] 後者は、国際関係論の文脈では「現実主義者」として知られる。彼らは、国際的なアナーキーというホッブズ的世界の性格を強調し、国家は生き残れるかどうかを基準に行動しなければならない。共産主義の崩壊とアフリカやラテンアメリカで民主主義が拡大したのにともない、主権主義者の数は減少している。しかし、彼らは第三世界と東側のエリートのなかにいまだに見受けられ、とくに権威主義諸国と西側の右派にみられる。

介入した国々のなかで、現実主義の議論の重要なものは、国民は外国人に対して特権を有しているというナショナリストの議論である。国家の仕事というものは自国の国民を守ることであって、他国の国民を守ることではない。それゆえ、たとえば、サミュエル・ハンチントンは一九九二年に、「軍人は、ソマリア人が互いに闘うのを防ぐために死ななければならないということは道徳的に正当化されず、政治的には守りがたいことである」[41]と記している。同様の考えは、ボスニア内戦の際に、とくにこの戦争が古くからの対立の終わりなき延長であると理解する人びとによって表明された。たとえば、リチャード・ゴールドストーンは、ユーゴスラヴィア国際戦犯法廷とルワンダ国際戦犯法廷の主任検察官に任命された直後に、エドワード・ヒースとの会談のなかでつぎのように述べている。

「なぜこんなおかしな仕事を引き受けたのか」。ヒースは私に親しげに問うた。私は彼に言った。とくにボスニアに関わる犯罪の規模を考えれば、戦争犯罪者を訴追することは重要である、と。ヒースからは、もし人びとが互いに殺したいと願っているのなら、その国で彼らがそうしなくならない限り、それは彼の関心事ではないし、イギリス政府の関心事項にもすべきではない、との趣旨の回答があった。同時に、彼の意見に私は驚いた。主要な西側諸国の多くの指導的な政治家が私的に語っていること、そして彼らの多くがそう信じていることを彼が代表して述べていたとは、ほとんど気づかなかった。(42)

第三世界や東ヨーロッパの民族主義運動のなかには、介入を帝国主義として見る向きもある。セルビアやイラクで、ナショナリストのデモが政府によって操られていたことは疑うべくもないが、これらのデモは西側の介入に反対する立場をとった。制裁に対するセルビアの反対や、後にコソヴォ戦争の際の空爆への反対は、民族主義感情を強めたように見え、ミロシェヴィッチ体制後の民族主義的性格を説明しやすくするものである。

帝国主義論は、反グローバリゼーションの急進的な団体にも共有されている。これらの団体は、グローバル資本主義の拡大に反対し、貧しき者を守る手段として国家を見立てる。彼らにとってチョムスキーの「軍事的人道主義」論は、グローバル資本主義の軍事的な手段としてアメリカとＮＡＴＯが動いているという見方をとっている。彼らは介入の選択的性格を指摘し、いわゆる人道的介入は、西側の利益に適合した場所でのみ実施され、それ以外の地では実施されないと示唆する。これらの団体は、伝統的左翼の残党と、共産主義の悪夢を経験しなかった新しい世代を寄せ集めている。もちろん、これらの団体は、(後述する)人道的平和の立場と重なるところがあることも強調しておく必要がある。彼らはすべての形態の介入に反対しているわけではない。

正しい戦争(支持者)

正戦論のもっとも著名な支持者として知られるのが、イギリス〔元〕首相のトニー・ブレアである。彼は、コソヴォへのNATOの空爆が最初の「人権のための戦争」であり、「これは正しい戦争である。領土的野心にもとづくものではなく、価値にもとづいたものである」と宣言したことで有名である。[43] 正戦論は、民族的な想定と人道的な想定とを結びつけるという点で、(後述する)人権を執行せよとの主張とは立場を異にする。戦争は二者間でおこなわれ、その目標は味方の最低限の犠牲で敵を打倒することである。正戦論者が空爆や圧倒的な武力の利用を支持するのは典型的であるが、「付随的損害」、すなわち民間人の犠牲者数を少なくするために正確な爆撃をも支持する。

正戦論者は、合法性よりは道徳や軍事的必要性をいっそう強調する傾向にある。もし理由が正しければ、彼らは一国による介入を好む。つまり、国連安全保障理事会の承認なしに、ということである(国連憲章によれば、自衛の場合を除き、安全保障理事会が認める場合を除いて、いかなる形態の武力の行使も禁止されている)。彼らは、「戦争法」に沿って戦争が戦われなければならないと主張するだろうが、いくつかの事例では軍事的必要性のほうが戦争法より優先されると考えられている。さらに、彼らは自国民の命を特別扱いする。それゆえ外国の民間人の命は、自国の兵士の命を救うために危険にさらされる。

ブレアの主張は、とくにフランスとアメリカ、中部ヨーロッパで、ボスニア戦争の時期に同様な立場をとった多くの知識人に支持された。彼らは、ボスニアでの戦争は国際戦争であり、セルビア（およびクロアチア）がボスニアという国家を侵略することによって開始された、と論じた。彼らは軍事介入の圧力をかけ、自国の犠牲を最小限にするために空爆を支持するとともに、ボスニアに自衛を許すべく武器禁輸の解除を支持する傾向にあった。これらのグループは、冷戦期の人権団体の申し子であることもしばしばである。クシュネルは、この系統の立場であり、アリエ・ナイヤーのようなアメリカ知識人も同様である。イラク戦争の際の論争で、いわゆるリベラルの国際主義者が戦争を支持すべくアメリカのネオコンと合流していた。

正戦論を支持するもうひとつの重要なグループは、犠牲者を直接代表する人びとである。コソヴォやルワンダ、ハイチ、東ティモールの市民社会団体は、いかなる形態でも介入を支持した。どのように、あるいは誰によって介入されるか、あるいは、国連安全保障理事会が承認するかどうかは問題ではなかった。彼らは保護を求めていた。もちろん、コソヴォ人は地上軍の派遣を求めていたが、空爆に感謝していた。イラクでは、クルド人の政党は西側の介入を支持したが、残りのイラクの世論は雑多なものであった。侵略が「解放／占領」として記述されるわけである。

人道的平和（代替策）

第三の潮流は、いくつかの人道団体や平和団体の主張にみられる。これらの団体は、主権主義者に対していささか懐疑的である。彼らは、新しい形態の西洋帝国主義に懸念を、すなわち、人権を擁護することが新たな「植民地化の企て」となるのではないかという懸念を抱いているため、アメリカが主導する介入に不信感を抱いている。彼らは、国益を守ることを任務とする政府が「高貴な目標」のために活動できるとは信じていない。くわえて、いくつかの団体は平和主義者であり、人権が軍事的手段で守られると仮定するのは根本的な矛盾であるという信念を持つ。主権主義者と異なる点は、彼らが市民社会の介入を求めている点である。人権の保護や救援物資の運搬、紛争防止と紛争解決は、彼らの意見では、市民社会の仕事であって政府の仕事ではない。

人道的平和論と正戦論との論争は、一九七九年に国境なき医師団（ＭＳＦ）の分裂を招いた主たる理由であった。クシュネルや彼の支持者たちは正統主義者（*légitimiste*）の傾向を有しており、ＮＧＯには重大な人間的必要性に直面するための能力が欠けているとの意見を持っていた。彼らの役割は象徴的であった。犠牲者の苦境に関心を寄せ、メディアを動員し、政府に影響を及ぼすことである。他方で、独立主義者（*indépendantiste*）の傾向を持つことで知られるグループは、道徳は政治によって混乱させられるべきではなく、ＮＧＯだけが寛大な人道的行動をとることができる、と論じる[44]。ＭＳＦのフランソワ・ジャンは、つぎのように述べている。「私たちはこの［人道的介入という］原則に反対する。なぜなら、主としてそれは強い国が弱い国に介入する権利であるからだ……。私たちは、いわゆる人道的介入をとるいかなる国の純粋さにも疑問を呈する[45]」。

同様な立場は、とくに人道的な役割を担う平和団体のなかにみられ、紛争解決団体にもみられた。ドイツやイタリアの団体は、ボスニア内戦は異なる民族主義集団どうしの内戦であると論じた。彼らは、いかなる形態の軍事介入にも反対し、政治的レベルと市民社会レベルでの交渉の双方を好んだ。多くの団体は人道援助をおこない、地域の医療計画に携わった。実際に、紛争への市民社会の介入は一九九〇年代にいっそう実践されるようになった。それは、旧ユーゴスラヴィアだけでなくほかの地域、とくに南コーカサスや中東でも同様であった。こうした市民社会の活動が持つ重要な側面は、地域《ローカル》団体とのつながりをつけることであり、現地の状況に関して得られる知識を共有することである。新しいタイプの戦争において必要とされる社会レベルでの活動を実施する能力に長けているのは、政府よりも市民社会のほうである、彼らはそう主張する。[46]

人権の執行（改良派）

第四の潮流は、一部の平和運動、とりわけヘルシンキ市民集会（ＨＣＡ）のような人権問題を取り上げる平和運動や大部分の人権運動のなかにみられる。この立場は、戦争と人道的介入とを峻別する。人道的介入は、国家が崩壊していたり、国家自身が法に違反している場合にとられる手段であり、人権に関する国際法や戦争法を執行する役割を担う。法の執行は、戦争とは異なる。法の執行に際しては双方に最小限の犠牲が生じる。犠牲者を直接保護しなければならず、戦争犯罪者を逮捕することもある。法の執行に際して、任務を達成するために人権や人道法を徹底的に尊重する。これは戦争というより警察活動のようなものである。ただし、国内の警察活動よりも堅牢な活動を要する。意見や出身エスニシティに関わりなく、すべての民間人が保護される必要があり、同様に、すべての戦争犯罪者とは、どの側にいるにせよ、敵対する必要があるという意味で偏りがない面がある。しかしこれは、中立性――主権主義者や人道的平和団体が示唆する立場――と同じものではない。一方がほとんどつねに人権侵害に責任をより有するのに対し、他方はそうではない。コソヴォでの戦争は、それが正当化されようとされまいと、人道的介入には分類されえない。なぜなら、この戦争は、コソヴォのアルバニア系住民を地上で保護するために直接介入したものではなく、NATOとユーゴスラヴィアとの戦争だったからである。

人権の執行という立場では、合法性はきわめて重要である。人道的介入のまさにその概念が、国際法を強化する理念に立脚しているためである。実際、人道的介入は国際法の執行面でのギャップを埋めるものとして理解される。この立場を支持する人びとは、現在、道徳性と合法性のギャップがときどき発生していることを受け入れるだろう。なぜなら、国連安全保障理事会は、自己の利益を理由に人道的介入に対して拒否権を行使することができる大国によって支配されているからである。彼らは、このギャップを少なくするために国際法の強化を支持する。NATOのコソヴォへの介入と西アフリカ諸国経済共同体監視団（ECOMOG）のシエラレオネへの介入の合法性の比較を通して、シエラレオネ弁護士会会長は、このギャップの観点をつぎのように思慮深く表現している。

> 合法的であるか否かに関係なく、NATOやECOMOGのような任務は、例外というよりむしろ規範となるだろう。国連はルワンダで、手を出さずにジェノサイドが起きるのを見ていたという致命的な過ちを犯した。これを二度と繰り返してはならない……。この問いは、単に合法的かどうか

というような単純なものではなく、道徳的かどうかという問題にいっそうなってこよう。これらの道徳的かつ倫理的な問題は、国際社会にこの例外を受け入れるよういっそう力をかけるだろうし、破局をいっそう避け、人権をいっそう保護する法を制定させるだろう。(47)

人権の執行を支持する人びとは、人道的平和運動が市民社会で重要な役割を果たしている、との見解を共有している。しかし、彼らは、国家による悪用を矯正するという点で重要な役割を市民社会が担っている一方で、他方では、法の支配の枠組みでしか存在しえないとの見解も有している。ボスニア戦争が勃発した際、突然にその教訓が生まれた。一九八九年革命の後の楽観的な気分のなかで、大衆的な行動によって市民は戦争を防ぐことができるという希望があった。戦争が始まってから数カ月のあいだ、ボスニア全土でデモやキャンペーンが見られた。しかし、サラエヴォで国際的な保護地帯の設置を求めていた大規模なデモに銃弾が撃ち込まれたとき、戦争は始まった。戦争では、市民社会が最初の犠牲者となった。戦争が続けば続くほど、市民社会はますます破壊されていった。

人道的介入は紛争を解決できない。しかし、人道的介入は、市民社会が強化されるような、また平和的解決が見いだされるような安全な環境を創造することができる。ボスニア戦争の事例では、民間人を直接保護し、政治的な代替策の余地を創ることを目的とした新たな種類の軍事介入を支持したのが、この潮流であり、主として西ヨーロッパとボスニア国内でみられた。それゆえ、人道NGOのいくつかと共同で、ボスニアの国際的な保護を要求し、その後、安全地帯の設置を求め、とくにサラエヴォとモスタルでの局地的な保護地帯の設置を求め、ツズラ空港の再開を求め、サラエヴォの包囲を解くよう求めたのは、このグループであった。同様に、コソヴォへの地上軍の介入を求めたのも、このグループであった。この立場は、「人間の安全保障」のより力強いバージョンと「保護する責任」に近い。[48]

人権の執行を主張する人びとが支持するところの人道的介入は、（主権主義者や人道的平和論の支持者が好む）無為と（正戦論の支持者が好む）圧倒的な武力の行使の中間に位置する。これまでのところ、この種の人道的介入に難なく適合するような国際的な軍事行動は見当たらない。このことは、人権を執行するとの立場が理想的すぎることを意味するのであろうか。正戦論の立場か人道的平和の立場のいずれが、「新しい戦争」をうまく処理するのにより良い立場であろうか。法体系も軍事力の構造や訓練の仕方も、人道的介入にまだ適応していないというのは、まったくもっともな話である。しかし、人権の執行を主張する人びとは、これがなされなければならないことであると論じるだろう。彼らは、人道的平和のアプローチは苦難を和らげるにすぎないと論じるであろう。正戦論の立場は、予防できると想定される暴力とはそれほど異ならない暴力の形態を用いることを意図している、という逆の効果を持ちかねない。かつて存在したにせよ、文明的な戦争として、もはやそのようなことがあってはならない。

二〇〇〇年の介入――シエラレオネの事例

シエラレオネにおける戦争が勃発したのは、一九九一年三月二三日のことである。フォディ・セイバナ・サンコー率いる革命統一戦線（ＲＵＦ）が、反体制派のシエラレオネ人やリベリア人、傭兵の一団とともにシエラレオネに侵入した[49]。反乱軍とRUFは、リビアで訓練された急進学生リーダーの一団に率いられ、リベリアのチャールズ・テーラーの支援を受けていた。ある見方によれば、彼らは父祖伝来の国家の腐敗した性格に憤り、権力から排除されていることに憤怒していた[50]。彼らは、貧民や失業者、地方の青年層を、恐怖と物質的誘因、そして冒険心を組みあわせて訴えることで動員した。反乱軍の手法はとりわけ野蛮なものであった。彼らが征服した地域での手足の切断行為は有名である[51]。反乱軍のもともとの動機がどうであれ、紛争はいっそうのこと、「政治ではなく略奪」をめぐるものと化し、富をもたらすダイヤモンド貿易の支配をめぐるものになった。反乱軍はテーラーの支配下にあり、戦争によって彼はダイヤモンド産地へのアクセスを手にした。ダイヤモンドはシエラレオネの政治でつねに中心的な役割を担ってきた。アントウェルペンのダイヤモンド貿易商だけでなく、レバノンの軍閥やイスラエルの「投資家」、そしてアメリカやロシアの犯罪組織が汚らしく混ぜあわさって絡んできた。イアン・スマイリーとランサナ・グベリー、ラルフ・ヘイズルトンは、つぎのように述べている。「戦争で大事なことは、実際には戦争に勝利したことではなく、戦闘の裏で儲けになる犯罪に従事したということである[52]」、と。

戦争が始まってから七万五〇〇〇人が死亡し、人口四五〇万人のうちの約半数が避難した。双方ともに、子どもを兵士として入隊させた。しばしば子どもたちは、麻薬、とくにコカインやマリファナを与えられた。恐ろしい残虐行為がおこなわれ、「手足や耳や唇を鉈《なた》で切断したり、斬首や焼印、そして女性や子どもへの集団レイプ」がおこなわれた[53]。最初の外部からの介入は一九九三年のことで、ネパールのグルカ族で主に構成されている民間警備会社のグルカ警備保障が政府に雇われたときである。彼らは、アメリカ人指揮官、ロバート・マッケンジーが殺されるという大きな犠牲を払った後に撤退を強いられた。その後、一九九五年には、南アフリカの民間企業であるエグゼクティヴ・アウトカム社がフリータウンを攻撃し、RUFを撃退した。実際、多くの民間警備会社が、この時期にシエラレオネに駐在していた。

一九九六年に、市民社会からの圧力に応じて選挙が実施され、シエラレオネ人民党のアフマド・テジャン・カバが勝利を収めた。これに続いてアビジャン和平合意となった。しかし、翌年にカバは、ジョニー・ポール・コロマ少佐率いるシエラレオネ軍によるクーデターで打倒された。彼は軍事革命評議会(AFRC)を発足させ、RUFをそれに参加させた。その後、一九九八年二月に、こんどはAFRCの側が、ナイジェリア主導の西アフリカ諸国からなるECOMOGによって転覆させられた。一九九九年一月の反乱でフリータウンを容赦なく攻撃したにもかかわらず、カバの復帰によって一九九九年七月の和平協定署名への道が開かれた。協定には、反乱軍に政府の要職を与えることに加え、包括的恩赦を出すことも含まれていた。当時のアメリカ大使ジョン・ハーシュは、つぎのように述べている。「民主化を進める側にとってロメ交渉は、およそ二年前に起きた国際的なRUF追放の動きを逆戻りさせる、苦しくて辛い交渉であった(54)」。和平合意は、主として包括的な恩赦について、国連人権高等弁務官のメアリー・ロビンソンやいくつかの国際NGOの批判を受けた。二〇〇〇年五月一九日付の国連安全保障理事会に宛てた書簡のなかでヒューマン・ライツ・ウォッチは、シエラレオネに関する国際犯罪法廷の設置を求め、和平合意が「ジェノサイドという犯罪、人道に対する罪、戦争犯罪、およびその他の重大な国際人道法違反」には適用されえないというロビンソンの立場を確認した。

一九九九年一〇月に国連安全保障理事会は国連シエラレオネ派遣団（UNAMSIL）の設立を決定した。このUNAMSILは、一九九八年に発足した国連監視団に代わるものであった。当時、六〇〇名までの部隊が認められていた。UNAMSILの任務は合意の履行を支援することであった。そのなかには、明確な任務として、国連憲章第七章のもとでの「身体的暴力の明白な脅威」のもとにある民間人を「保護する」ことが含まれていた。二〇〇〇年二月にUNASMILの兵士は一万一〇〇名に増員され、さらにその任務には、フリータウンやその近郊の重要拠点、およびすべての非武装の場所で安全を提供することが加わった。この任務にもかかわらず、UNASMILは、和平合意に規定された武装解除や動員解除を進めるのが非常に遅く、この合意は民間人を保護できるほど十分に堅牢なものではないと考えられた。五月にRUFは国連の要員を攻撃する。多くの兵士が殺害され、およそ五〇〇名が人質となった。

この時点で、イギリスはシエラレオネに約七〇〇名の兵士を派遣した。これら兵士は十分に訓練され、装備も十分で、堅牢な任務を与えられていた。彼らは首都を防衛し、人質の解放の条件をつくりだす。国連の部隊もまた、一万三〇〇〇名まで兵士を増員した。八月には、一一名のイギリス軍兵士が反乱軍に捕らわれる。五名が解放され、残りの六名は九月に救出された。この過程で、もっとも野蛮な反乱集団のひとつである、悪名高い「ウェスト・サイド・ボーイズ」が一斉に検挙された。イギリス軍は後に撤退するが、一〇月には追加の増派が発表される。軍の訓練や警察の訓練に重きが置かれるようになった。インドやヨルダンの派遣団もまた、インド軍司令官ヴィジェイ・ジェトリー少将が安全保障理事会に宛てた秘密メモを記した後に撤退することとなる。このメモでは、国連特別代表やUNASMIL

の副司令官を含むナイジェリア人将校が反乱側と共謀している、と非難されている。新たな停戦合意は二〇〇〇年一一月に署名された。

国連がとった別の措置には、UNAMSILのいっそうの強化、武器禁輸の強制、リベリアへのダイヤモンド禁輸（リベリアでは反乱軍がダイヤモンドを輸出している）、ダイヤモンドの証明書の導入、武装解除、動員解除および社会復帰（DDR）計画のいっそうの強化、国家権力を首都フリータウン以外にも拡大すること、そして戦犯法廷を設立することが含まれていた。

市民社会の役割

一九九四年から一九九五年以降、多くの市民社会が平和のイニシアティブをとってきた。これらの多くは地域的《ローカル》なものだが、国際的な支援がなければ、少なくとも同じ規模にはなりえなかっただろう。これには、アメリカやイギリスのような国際的な資金提供国やディアスポラ集団からの支援のほか、シエラレオネで活動する国際NGOや西アフリカ・ネットワーク、とくにナイジェリアの市民社会とのつながりを踏まえた支援が含まれていた。

一九九六年には、労働組合、ジャーナリスト、大酋長、そして高名な学者の団体の連合が選挙実施の圧力をかけた。とくに重要だったのは女性運動であった。シエラレオネでは女性団体がつねに活発であり、教会や地域《ローカル》共同体、解放奴隷の子孫が集《つど》う組織で活動してきた。全国的にみても、これらの団体は活発であり、巨大な潜在的動員力を有していた。(55) しかし、一九九四年になってはじめて彼女らは女性フォーラムを発足させるにいたり、国際的な支援を受けて、北京で開催された国連女性会議の準備をおこなった。このときこそが、彼女らの潜在的な力に気づいた瞬間であり、女性たちのなかにはより政治的な立場を論じる者もおり、とくに平和を保つための女性の義務について論じていた。結果として、シエラレオネの女性平和運動が形成される。女性たちは、軍事政権にとってそれほど恐れるべきものでなかったため、またそれゆえに行動する余地がいっそうあったため、より活動的な役割を演じられたと思われる。最初の平和デモがおこなわれたのは一九九五年一月のことである。それは、つぎのようなものであった。

当時は少ししか知られていなかった小児科医が楽しいカーニバルの催しを率いていた。その小児科医の名はボア・カマラ……。女性の専門家にして、以前は、普通の人びとの関心から隔たってツンとすましたことで知られていた。このカーニバルは、フリータウン中を踊りながら進み、女性兵士や中小の商人、学生看護師と手を組みながらコーラスを歌っていた。デモ参加者のメッセージは単純で、そのうえ賞賛せざるをえないものだった。「この意味のない戦争を終わらせるために平和にしよう(56)」。

以前の平和団体は、反乱側の同調者、あるいは「第五列」と考えられてきた。大衆的な女性運動が勃興することで、平和は立派な選択肢となった。民主化要求は戦争を終わらせる条件として考えられた。また女性が、一九九五年八月に開催された国民協商会議（National Consultative Conference）で重要な役割を果たし、選挙の方法を立案した。結果的には、最初の和平協定とカバ政権が実際には女性を除外したことから失望を生んだ。

クーデター後、およそ二〇万の人びとがシエラレオネを後にした。彼らの多くは市民社会の活動家であった。女性フォーラムの支部がロンドンとギニアのコナクリに設けられた。それにもかかわらず、市民社会団体はロメ合意で積極的な役割を担うことができた。女性団体に加えて、新たな団体が重要になってきた。たとえば、一九九七年に発足した宗教間会議、そしてザイナブ・バングーラ率いるグッド・ガバナンス・キャンペーンがそうである。ナイジェリアのNGOである民主主義・開発センター（CDD）は、正式な交渉と並行して円卓会議を開催した。バングーラによるとつぎのようであった。

私としては、交渉の全プロセスの期間よりも二日間の会議でより多くのことが達成された。円卓会議は二つの極端な立場をひとつにまとめ、反乱側の傲慢さと市民社会の公然たる挑戦を明るみに出した。二つの勢力は衝突し、はじめて、互いに交渉しなければならないということを受け入れた。実現するだろういかなる合意をも固める必要があったのは現実である。双方は、合意署名後に何が起きるだろうかという点で対立しており、平和を強化する過程でも対立する問題があった。このことは、人間の生活と財産を大きく破壊する原因となった戦争の惨禍を明るみに出すことにも役立った。RUFは、彼ら自身のためにロメでつくりあげてきた「象牙の塔」から引きずり降ろすためにシエラレオネ社会が抱いている遺恨の念を理解し、感じる必要があった。[57]

市民社会の代表は、ロメ合意の履行に責任を持つさまざまな委員会の委員に選出された。国連の装備を奪い、平和維持部隊の兵士を捕虜にしたことは大きな失望を生んだ。バングーラが述べているように、「すべての努力や犠牲にもかかわらず、真の平和がいまだ幻想であることに市民社会団体が気づいたとき、彼らは怒りの声を高く上げた」。その結果、平和維持部隊の兵士を解放するよう求める大規模なデモがフリータウンで起きた。約三万人がサンコー宅に向かって進み、そこでサンコーの守衛が発砲して一七名が命を落とした。サンコーは逃亡したが、数日後に捕えられ、逮捕された。

介入をめぐる公的な論争

グローバル市民社会の四つの立場のすべてが、シエラレオネへの介入をめぐる論争と関係していることがわかる。

主権主義者の立場はかなり限定的であり、主としてリベリアのチャールズ・テーラー大統領とブルキナファソのブレーズ・カンパオレ大統領によって唱えられた。二人とも反乱側を支援する権威主義的指導者であり、違法なダイヤモンド取引に関わっていた。

シエラレオネ国内の市民社会団体のなかで支配的な意見は、正しい戦争と人権の執行とのあいだのどこかの場所に位置する。シエラレオネ国内の市民社会団体は、それが国連によって承認されたものであるかどうかにかかわらず、効果的な外部からの介入を強く支持した。それゆえ、彼らは、エグゼクティヴ・アウトカム社やECOMOGの介入、そして最近のイギリスの介入を支持し、当初は失望したものの、UNAMSILもおおむね支持した。民主主義・開発センター（CDD）のキョーデ・ファイエメによれば、イギリス軍が到着したとき、シエラレオネ市民社会の主たる反応は「ありがたい」というものだった[58]。二つの和平協定が失敗したことで市民社会の活動家は、交渉による平和の可能性に幻滅し、政府の弱さと腐敗が外部の介入の必要性を明白にしていた。二〇〇一年一月二四日のEメール通信で、バングーラはつぎのように説明していた。

RUFが理解する唯一の言葉は暴力である。平和をもたらすためには、RUFの軍事力を削減する必要がある。これは力によってでしかなしえない。政府を除けば、どのシエラレオネ人もこの事実を理解している。RUFをかつて鎮圧できたのは、エグゼクティヴ・アウトカム社とECOMOGだけである。こうしたわけでシエラレオネ人は、この二つの勢力に好印象を抱いており、彼らに留まって欲しいと願っている……。新植民地主義の問題については、九〇パーセント以上のシエラレオネ人が、苦境の原因が不適切な管理と腐敗、そして悪いガバナンスにあると信じ、そう理解している。その責任を有する者たちがいまだに国家を運営している。それゆえ、並々ならぬ軽蔑と憎悪、遺恨の念を支配階級に対して抱いている。たいていの人びとは、外国にいる人びとによって政府組織の大半が運営されることを理解したいと思っている。このことは、彼らが自国民にいかに失望しているかを物語っている。

別の言い方をすれば、シエラレオネ国内の市民社会団体は秩序の回復を求め、反乱軍こそが主たる問題であると理解している。もちろん、コソヴォのアルバニア系住民が空爆よりも地上での介入を支持したように、彼らは犠牲を最小限に抑え、民間人の保護を優先する介入を支持するだろう。しかし、たとえそれがどのような介入であっても、無為よりは介入を彼らは支持する。
シエラレオネの外部では、見方がより複雑である。アンブローズ・ガンダは、影響力のあるウェブサイトであるフォーカス・オン・シエラレオネを運営している[59]。ガンダは人道的平和の立場に近い議論を提案している。ガンダは、この介入は不公平であると論じる。基本的にこの介入は、腐敗した政府を――「信用が地に落ち、公正さの欠片もない不愉快な政治家」を――支えてしまっている。理論的には、党派色がなく公平で、しかも国連の指揮下にある純粋な人道的介入が可能となるべきである。しかし、実際には、まったく私利私欲のない外部からの介入を考えるのは難しい。国連は大国に支配され、大国はほとんどアフリカに関心がない。さらに、シエラレオネに駐留する、主にナイジェリア人で構成された国連の平和維持部隊は、ガンダによれば、ダイヤモンドだけに関心がある。イギリスが国連の指揮下で部隊を動かし、国連部隊の正統性と実効性を高めるべきだとガンダは考えている。そうでなければ、かつてクーデターと抑圧に加担してきた軍を国連の部隊が再訓練することになってしまう。ガンダによれば、必要なのは選挙ではない。広い範囲での草の根レベルの和解である。なぜなら、「政治家は、権力を維持したり奪取したりするために有権者の偏見と恐怖を食い物にする」からである。
ランカスター大学の汎アフリカ主義者であるクリストファー・クラファムも、同様の見方を示している。彼によれば、一九九九年のロメ合意は、
表面的には、無効に選ばれた政府と無慈悲な武装勢力とのあいだの連合を発足させた。関係国が許容するのであれば、殺そうが殺されようが、シエラレオネのような状況に実際に戦闘部隊を送り込

むかどうかは国連に任されている。それはきわめて危険な企てで、シエラレオネの再建に導くようなものではない。しかし、少なくとも国連には、何をなすべきかについての考えが一応あるのだろう。近年の紛争における平和維持は、希望的観測に満ちた悪ふざけである。こんなものはないほうがずっとうまくいく……。人命の喪失がどれほど悲劇的であろうとも、権利の濫用がどれほどぞっとするものであったとしても、国連やその指導国は、自分たちの能力には限界があることを認めなければならないし、彼らが管理できない世界と折り合いをつけなければならない。彼らは、国連の認識の甘さと過剰な野心によって犠牲者数がさらに増えてしまうような状況下に平和維持部隊を送り込もうとする誘惑に抗わなければならない[60]。

介入も交渉努力も失敗した。唯一の代替策は、和解に向けての大規模な国内市民社会の努力である、クラファムはそう論じる[61]。

最後の立場である人権の執行を求める主張は、国際NGOとナイジェリアのNGOの内部でみられた。ヒューマン・ライツ・ウォッチやアムネスティ・インターナショナル、シエラレオネの友（シエラレオネで活動した平和部隊の元志願者からなる団体）といった人権団体は、より強力な国連の駐留を求めて二〇〇〇年にロビー活動を繰り返した。彼らは、より堅牢な民間人の保護と戦争犯罪の訴追、ダイヤモンドの管理を強く求めた。彼らは、交渉への地域的アプローチを好んだ。シエラレオネの友[62]は九月に、手足などを切断された子どもたちについてのアメリカ議会の公聴会を組織した。イギリスのNGOであるグローバル・ウィットネスもまた、ダイヤモンドの証明過程の促進に重要な働きをした。

ナイジェリアはECOMOGを支配しており、ナイジェリアのNGOはECOMOGの役割について現実のディレンマに直面していた。ナイジェリアの独裁者、サニ・アバチャ将軍は、地域の覇権国に同国を押し上げようとする彼自身の野心を成就させるための手段としてECOMOGを利用していた。そのために、一日あたり約一〇〇万ドルもの経費をかけていたのである。しかも、人道的な議論を利用して自らの立場を強化することもできた。同時に、シエラレオネ人の苦境に多くの同情が集まった。民主主義・開発センター（CDD）のファイエメが述べているように、「権力から軍を追い払うという国内の計画は、すべてのアフリカ人が生まれたときから受け入れている汎アフリカ的理念、すなわち、困っているアフリカ人を助けるという理念と衝突した」[63]。アバチャの死後におこなわれた公的な論争と民主主義への移行によってECOMOGの撤退とUNAMSILの開始が導かれたが、そのUNAMSILもナイジェリア人が主たる貢献者だったのである。

それゆえ、人権を執行する立場は基本的に、もし市民社会の和解計画の達成を望むのであれば、外部の者がシエラレオネに安全を提供する必要があるという見方を含んでいる。二〇〇〇年の介入の結果、戦争は最終的に終結した。重要な武装解除、動員解除および社会復帰（DDR）の計画が存在しており、同様に、安全と和解を提供することを企図した措置もあった。にもかかわらず、戦争を引き起こす多くの状況が続いており、とくに貧しい若者の排除、弱く腐敗した政府、そして地域的な不安定が続いていた。多くの活動家が殺害されたり出国したりしたため、市民社会は戦争以前に比べて弱体化している。

結論

一九九〇年代の一〇年間で特筆すべきことは、グローバルな人道レジームとでも言うべきものが出現したことである。これには規範の変化が関わっている。人権の尊重をめぐる合意の増大、国際法の強化（国際刑事裁判所［ICC］、国際的な保護地域、対人地雷禁止条約、重大な人権侵害に関する普遍的管轄権など）、人道目的に対する政府の資源（資金や兵員）動員の準備の増大、そして、とりわけ重要なのが、多様な形態での人道的介入の問題に焦点を据える市民社会団体の増加である。

グローバル市民社会の役割は、このグローバルな人道レジームを下から支えるという点で重要でありつづけてきた。一九九〇年代を通じて、紛争防止や紛争管理、紛争解決に関心を抱く国際NGOとシンクタンク、そして委員会は数を増やした。多くの団体は、紛争地帯の現場に活発に関わってきた。同様に、少なくとも重要だったことは、ボスニアやシエラレオネでのように地域《ローカル》的な草の根組織が勃興したことである。そこでは、トランスナショナルに結びつく、もしくはネットワークを発展させることが、地域《ローカル》な市民的空間を保護する方法として、技術的・財政的な支援の源泉として、地域《ローカル》の知識や提案、理念をグローバルな意思決定者に伝える手段として有益である、と考えられてきた。グローバル市民社会は、外部の政府からの援助がある場合もない場合も、紛争地帯で民間人を直接に保護する形態を提供し、人道的介入がおこなわれるべきかどうか、いつ、どのように実施されるべきかというグローバルな公的論争を生起させてきた。

本章で示された四つの立場のうち、正しい戦争と人道的平和、人権の執行の三つは人道的介入を支持してはいるものの、それが何を意味するのかをめぐっては見解を異にしている。正戦論の立場からすれば、人道的介入は戦争を意味する。人道的平和の立場からすれば、人道的介入は市民社会の介入を意味する。そして、人権の執行の立場からすれば、市民社会の介入と新たな形態での国際的な警察活動とを組みあわせたものが人道的介入である。一九九〇年代の紛争で解決されたものはほとんどない。実際に、「新しい戦争」のひとつの性格は、紛争以前と紛争後の段階が相互にいっそう類似しているということである。協定は暴力を安定化させるが、暴力を解決する傾向にはない。さらに、「新しい戦争」は、犯罪組織のネットワークや難民、排外主義的イデオロギーというウイルスを通して拡散する傾向にある。正戦論と人道的平和の立場には、それらが結局、「新しい戦争」をおそらく永遠に長引かせるのに貢献してしまう危険性がある。空爆と圧倒的な武力は、特殊主義《パティキュラリスト》の世界観を補強してしまう傾向にあり、活動的な印象を与えつつも社会の二極化と不安定化に寄与してしまう可能性がある。人道的平和は、飢餓に歯止めをかけることができるだろうし、人びとを保護することさえできる場合もあるだろう。しかし、公平さを追求するあまり実効性を失い、脆弱であることもしばしばであるような状態のなかで、非暴力の市民社会の立場の信用を落としてしまう危険性がある。

第三の選択肢である人権の執行を機能させるためには、従来おこなってきた関与とは比べものにならないほど実質的な関与が必要である。それは、レトリックの次元を超えた関与である。部分的には、資源への関与でもある。人道的介入はおそらく、紛争が発生する傾向にある地帯に国際的なプレゼンスを置くこととして概念化しなおされる必要がある。そのプレゼンスは、市民社会アクターから国際機関まで連続するアクターを代表し、これまで目にしてきたものよりもはるかに大規模な国際的な平和維持部隊も含まれる。それは、部分的には、平和維持部隊に関する考え方の変化を意味する。とくに訓練や装備、原則、戦術面での考え方を変えることを意味する。だが、とりわけ、すべての人間の平等を真に信じることが、この部隊には必要である。必要な場面においては、他者の命を救うために隊員の命を進んで危険にさらすことも、これには含まれよう。私が語っているのは全面戦争についてではない。それゆえ、危険はたしかに存在するものの、通常の地上戦よりは少ない、ということを強調しておきたい。正戦論も人道的平和の立場も、兵士の命を危険にさらす準備はできていない。前者は兵士の命を特権化している。後者は人権活動家の命を危険にさらすことは厭《いと》わないが、兵士を活用することには反対する。もっとも秩序だった社会においてさえも、警察は一般市民の安全を維持するために危険を冒している。人権を執行せよとの立場は、国際的なレベルで同種の関与を要求することになるだろう。

グローバルな人道主義への動向は、もちろん可逆的である。第四の立場――反対者たる主権主義者――は一九九〇年代を通じて少数派の見方であるように見えた。しかし、二〇〇〇年以降、アメリカのジョージ・W・ブッシュ政権は、前政権よりも主権主義者の立場にきわめて近い立場をとっている。また、民族主義的な政治運動や原理主義的な政治運動の拡大が衰える兆候はない。イラクやアフガニスタンのような場所でのテロとの戦いは「新しい戦争」の傾向を悪化させ、人道的な空間を縮小させてきた。同様にもっともなシナリオは、紛争地帯の現場とグローバルな論争の双方でいっそう追い詰められている自身の姿にグローバル市民社会が気づくというものである

第2章　アメリカのパワー——強制からコスモポリタニズムへ？

「アメリカの民主主義は、世界の他の国々の民主主義を抑圧することで成り立っている」。クラクフで開催された民主主義のセミナーで、あるアジアの人権活動家はそう語った。二〇〇二年の夏、新聞の論説記事でこの文章を読んだとき、いろいろなことを深く考えさせられた。(1) 一見したところ、この一節は非常に逆説的であるようにみえる。しょせん、アメリカは「十字軍国家」であり、ナショナルなアイデンティティではなく民主主義という理念にもとづいて成立している国家である。しかも、アメリカ国内の民主主義を維持するだけでなく、世界の他の国々に民主主義を広める使命感を抱いている。(2) にもかかわらず、こうした意見がアメリカの国外から発せられてくる。この文章は、世界の他の国々にとって現在のアメリカの対外政策が内向的に見えるという事実を明らかにしたものだといえよう。外部から見れば、テロとの戦いは、テロリズムを敗北させるというよりも、アメリカの民主主義の要求に応えるために上演されたパフォーマンスのように見える。重要なのは見かけであり見世物であって、現実に起きていることではない。現実がパフォーマンスに滲み出てこない限りにおいて、現実は重要ではないのである。

新しいアメリカ帝国をめぐって繰り広げられているさまざまな議論、とりわけヨーロッパでの議論においては、こうした捉え方――見かけと現実の違い、すなわちアメリカの対外政策の擬態としての性格――は見当たらないような気がする。ロバート・ケーガンがアメリカのパワーとヨーロッパの弱さについて語っているとき、あるいは、フランスの前外相ユベール・ヴェドリーヌが超・超大国（*hyperpuissance*）に言及しているとき、彼らが抱いているのは、何十億ドルもの軍事支出や多くの兵器・兵員はパワーと見なしうるとの仮定である。[3] パワーは他者に影響を及ぼす能力であり、ほかの場所で起きている出来事を制御する能力であり、自らの意志を他者に強いる能力である。すなわち、トーマス・シェリングの言う「強制」にほかならない。[4] だが、実際のところ、アメリカのパワーは、少なくともそれだけでは、一般に考えられているほど効果的なものではない。アメリカが本当に帝国であるなら、民主主義を他の地域に広げ、世界の他の国々に自らのシステムを強いることが間違いなくできるはずではなかろうか。アメリカは巨大な破壊力を持つが、「強制」する能力はかなり低いのである。とはいえ、アメリカの政策決定者の観点からみれば、これは重要なことではないのかもしれない。彼らが追求する政策が、アメリカの政治風景を有利に運び、選挙に勝利するか、選挙に勝利したといえる程度の結果を出すといったアメリカの国内的な関心事からみて合理的でありさえすればよいのだろう。

アメリカの国内的な関心事、すなわちアメリカ国内の世界認識と、世界の他の国々が直面している現実とのあいだには大きな隔たりがある、私は主にそう主張したい。別の言い方をすれば、アメリカの政治文化と政治制度は第二次世界大戦と冷戦の経験をもとにつくられたものであり、当時のイデオロギーがアメリカの世界認識とその対外政策に大きな影響力を与えつづけている。それゆえ、このイデオロギーは、私たちが住まう世界に、つまり、当時の世界とは変貌してしまった現在の世界にうまく適合できていない。アメリカの対外政策決定者たちは、敵と技術が変わってしまったにもかかわらず、過去から引っ張り出してきたドラマを上演しつづけている。おそらく彼らは、その結果、世界の他の国々がどのような事態に陥ろうとも、このパフォーマンスがアメリカの人びとを満足させている限り、しかも現実が国内を襲いはじめない限り——九月一一日の攻撃は、現実が一時的に（そして激しく）国内を襲撃した事例である——同じことを繰り返していくことだろう。

こうした主張を展開していくにあたって本章では、まず最初に、何が変わったのか、なぜ伝統的なアプローチはもはや有効ではなくなったのか、を説明していく。グローバリゼーションという状況のなかで主権の意味が変わり、その破壊力の増大が主たる原因となって軍事力の機能が変化したということ、この二点をとくに強調していくことにする。つぎに、現在の状況に対応する異なる四つの政策アプローチを説明する。それぞれのアプローチは、主権の意味と軍事的なパワーの性格をめぐる個別の想定にもとづいている。さらに、「強制」するアメリカの能力を回復させうる唯一の道は、人道的な規範にもとづく多国間協調主義の枠組みのなかにアメリカ自身が身を置くことであると主張したい。そして最後に、むすびの部分では、アメリカの政策決定者に対して現実が影響を及ぼすようになるにはどうすればよいのかを考えていく。少なくともテロリズムを封じ込めるためには、政策の変更を促すことが必要である。とくにその点を強調することになるだろう。

変容したグローバルな状況

一〇年前、多くの学者はアメリカの衰退を予想していた。それ以前の帝国が軍事的なパワーの負担に耐えきれずに衰退へと導かれていったのと同じように、世界の覇権国たるアメリカは自らの巨大さに耐えきれなくなっていた。二〇世紀中ごろにイギリスがアメリカに取って代わられたように、資本主義の次の段階においては日本と西ヨーロッパが世界を牽引するようになるだろうと予想されていた。[5] だが、今日、アメリカの衰退を語る者はいない。むしろ、学界と政界で支配的な議論は、単極構造に関わるものである。単極構造は安定をもたらす助けとなるのか、それとも危険なものなのかが論争の的となっている。では、この間に何が起きたのであろうか。それは、アメリカにとって唯一の挑戦国であったソヴィエト帝国が崩壊したことだけだったのであろうか。あるいは、もう少し深い説明が必要なのであろうか。

アメリカの衰退を予想した学者らの主張は、ここでふたたび取り上げるに値する。というのも、彼らの議論は、資本主義のさまざまな局面と安全保障の枠組みとのあいだにある関係性に目を向けたものだからである。[6] 資本主義のそれぞれの成長段階は戦争によって導かれる、調整をはかる枠組みがどのようなかたちになるのかを決定づけるのは戦争である、彼らはそう主張した。たとえば、ナポレオン戦争は産業化の第一段階を導き、ヨーロッパ協調〔オーストリアのメッテルニヒらによって形成された大国間の勢力均衡にもとづく国際秩序〕とその後の帝国間秩序がそれを支えるなかで、金融面でのイギリスの覇権が確立された。その後、二つの世界大戦と、大量生産・大量消費を特徴とする産業化の新たな段階、いわゆるフォーディズムが続いた。このモデルにもとづいたグローバルな経済成長を支えたのは冷戦の秩序であり、非共産世界においてアメリカが担った覇権国としての役割であった。

一九七〇年代と一九八〇年代に起きたのはフォーディズムの衰退であった。すなわち、自動車市場の飽和と、上昇を続ける石油価格、そして、大量生産がルーティン化したことによる労働者の意欲の低下である。国際競争力の低下と、海外防衛と対外経済・軍事援助のコストの増大によって多くの人びとは、アメリカの時代は終わりを迎えつつあるとの結論を下していった。軍事支出やそれ以外の海外への関与といった負担をそれほど強いられていない日本と西ヨーロッパが、情報技術を基盤とする技術面での資本主義の新しい段階において主導権を握ることになるだろう、と論じられた。

実際は、むしろ逆であった。規制緩和と投資ブームの影響を受けて一九九〇年代のアメリカに好ましい環境が生まれる。かくしてアメリカは、いわゆるニュー・エコノミー[3]の最先端を走ることになった。とはいえ、これでアメリカの新たな任務が明らかになったと結論づけてしまうのは間違いであろう。というのも、私たちはいまだに過渡期にいるように思えるからである。「テロとの戦い」がどのような結末を迎えるかで、ニュー・エコノミーを調整する今後の枠組みは大きく変わってくると考えられる。二一世紀初頭の今日の状況は、一九三〇年代初頭の状況になぞらえることができる。世界恐慌を分析した古典的な著作のなかでチャールズ・キンドルバーガーは、大量生産の導入に起因する生産性の大幅な向上と需要構造の変化とのあいだに不均衡が生じていたとし、イギリスとポンド・スターリング〔イギリス・ポンド〕

の一貫した優位という観点からこの不均衡を説明した。[7] フォーディズムにもとづく経済成長の「黄金時代」を目指してグローバルな制度的枠組みがようやく確立されたのは、第二次世界大戦後のことであった（これは必ずしも最善の制度的枠組みではなかったが、一定の役割を果たした）。今日の状況は一九二〇年代と同じである。コンピュータと新しいコミュニケーション技術がもたらした生産性の劇的な向上は、それに対応するグローバルな需要パターンの変化をともなっていない。一九二〇年代がそうであったのと同じように、一九九〇年代の好景気は、新しい技術が約束するものへの過剰な期待と興奮がもたらした偽りの好景気だったと論じることができる。[8]

ニュー・エコノミーの浸透を保証し、新しい黄金時代へと導くことができる制度的枠組みをいかにして構築するか、今日の問題はこれである。一九三〇年代の場合とは異なり、アメリカから別の国へと、あるいは国家群へと覇権が移るのかどうかに関わる問題ではない。むしろ、この問題は、新たな制度的枠組みの性格に関わる問題である。アメリカの対外政策の決定過程が冷戦の枠組みのなかに埋め込まれたままである限り、未来の経済発展は抑えられることになると論じることができる。その場合、アメリカは衰退するとの主張は、やはり正しかったことが判明するだろう。いいかえれば、覇権の古き冷戦型モデルが衰退しつつあり、まさしくいま私たちは、未来に向けた適切なモデルを選び取るよう迫られているのである。その規模と富がある限り、どのような未来のモデルにあってもアメリカは支配的な地位を占めつづけるであろう。だが、その意味合いは、過去におけるそれとは同じものではない。とりわけ、資本主義のこの新たな発展段階には、フォーディズムとは一線を画した若干の重要な特徴が見受けられる。新しい制度的枠組みのいかなるものも、こうした違いを考慮に入れておく必要があるだろう。

主権の意味の変容

一つめの違いは、主権の意味が変容したことに関わるものである。大きな政府と、福祉・軍事分野への高水準の支出、および公共部門の拡大は、フォーディズムと結びついてきた。冷戦の枠組みは、国際貿易と資本の自由化を可能にし、国内における国家の介入が大幅に拡大されることを可能にした。それに対し、ニュー・エコノミーは、私が、経済と政治、社会の相互連関性の高まりを意味する言葉として用いているグローバリゼーションや、自由化と民営化による、広範な活動からの国家の退却と結びついている。グローバリゼーションについて書き記している人びとが指摘しているように、相互連関性は分権化と個別化だけでなく、同質性と多様性、統合と断片化を包含したまとまりのない過程である(9)。

グローバリゼーションは国家の解体を意味するものではなく、むしろその変質を意味する現象である。私は、そう論じる人びとと同じ見解に立っている。しかし、この変質がどのような方向に進んでいるのかについては、いまのところはっきりしていない。この変質を形づくっている要素には、以下の三つが含まれる。

●社会や勢力圏を閉じた状態におくことの難しさである。ある意味で、一九八九年に起きた一連の革命は、この観点から説明することができる。人びとの往来とコミュニケーションが増加した結果、社会の相互浸透が高まるという事態に直面したソ連は、中部ヨーロッパに対する支配を維持することができなかった。貿易が自由化され、市民社会のトランスナショナルな性格が強まったことによって、伝統的な権威主義体制の指導者らが自らの社会を世界の他の国々から孤立させることは難しくなる。それゆえ、今日の世界で明らかに安定している権威主義体制はひと握りしかないのである。

●政治制度の新たな諸層――グローバル、リージョナル、ローカルな層――の重要性が高まっていることである。政治制度の相互連関性の高まり――条約と国際協定の増加――と、ニュー・エコノミーにおける意思決定のいっそうの複雑化によって、政治的な意思決定をおこなう場の数が大幅に増加した。デヴィッド・ヘルドが指摘しているように、こうした新しい制度は、複雑に入り組んだ、そしてときには矛盾しあう新たな忠誠の形態――複合的な「運命共同体」――を生み出しつつある(10)。

●遠く離れた場所で起きている出来事が及ぼす影響力の自覚と、それに対する抵抗運動の高まりである。いわゆるニュー・メディアの出現によって、新しい想像の共同体が伝統的な愛国主義《パトリオティズム》に取って代わろうとしている。一方で、人類は一つの共同体であるという意識の出現は、新しい人権レジームに、大規模な人権侵害やジェノサイドに対する人びとの反発に拠り所を提供してきた。他方で、トランスナショナルなネットワークの創生は、国境を越えた民族的《エスニック》アイデンティティや宗教的アイデンティティの新生や蘇生を促してきた。

本質的に考えれば、こうした要素が意味しているのは、領域の絶対的な支配と地政学、すなわち、国益に即して外国の領域を支配することからの撤退である。主権はますます状況依存的なもの――すなわち、国内の合意と国際的な尊重に依存したもの――となってきている。伝統的な権威主義国家の場合には、グローバリゼーションの衝撃は国家の「失敗」や「脆弱性」をもたらす可能性がある。それ以外の国々の場合には、その衝撃は、グローバル・ガバナンスを構成する多国間の枠組みのなかにいっそう組み込まれることを意味するであろう。人道的介入という概念や、人道上の懸念は不干渉原則に優先するという、一九九〇年代に確実な地歩を築いた考え方だけではない。アイデンティティ・ポリティクスにもとづいて専制主義的で排他的な新しい分離国家を建設することを目指す「新しい戦争」もまた、現在のグローバルな状況に対する異なった反応と見なすことができるのである。

軍事力の機能の変化

二つめの違いは、軍事的なパワーの低下に関わるものである。すなわち、軍事力を使って「強制」する国家の能力が低下していることに関わる。あらゆる兵器の破壊力が増しているが、これが意味しているのは、武装した二つの敵対勢力が繰り広げる紛争において、優れた軍事技術が決定的な優位性を与えることはめったにないということである。くわえていえば、大規模な破壊をもたらすことができるのは、大量破壊兵器（WMD）だけではない。たとえば、九月一一日の攻撃は、小型核兵器と同等の破壊力を発揮した。今日、領域を軍事的に支配し、完全な軍事的勝利を収めることは非常に難しくなっている。

こうした命題は、すでに第二次世界大戦の終盤には現実のものとなっていたように思われる。事実、「強制」に関するシェリングの議論は、核兵器の登場を機に導き出された。核兵器が大規模な破壊をもたらしうる相互脆弱性の世界にあって、軍事力はその効用を喪失してしまうのか、彼はそう問いかけている。核兵器は戦争の破壊的な性格を象徴するものになった、と論じることができよう。連合国は第二次世界大戦で決定的な勝利を収めはしたが、それは七〇〇〇万人もの死者を出すという犠牲を払って手にした勝利にすぎない。戦後の抑止戦略がうまくいったのは、核兵器そのもののおかげではない。第二次世界大戦規模のもうひとつの戦争を起こすことは考えられなかった、ということに起因するものだといえる。現に、ソ連には、抑止に相当する独立した概念は存在していなかった。むしろ、威嚇(*us-trashenie*)や、抑制もしくは自制(*sderzhivanie*)といった彼らの概念は、戦争一般の可能性に関わるものであった。[11] 抑止といい、それに相当するソ連側の概念といい、こうした概念は、第二次世界大戦で起きたこととの記憶を持続させる手段であったといえる。

第二次世界大戦では、内燃機関を使用し石油を燃料とするプラットフォーム(とくに戦車や航空機、そして潜水艦も)が第一次世界大戦時の膠着状態、すなわち、双方が大砲と機関銃を使用したことによって互いに侵攻が不可能になった状態を打ち破った。第一次世界大戦とは対照的に、第二次世界大戦は、攻撃と作戦行動の戦争であった。だが、情報技術が発達し、しかも、小火器や大砲、そしてミサイルを含むあらゆる兵器の破壊力と精度が向上したことによって、フォーディズムの時代に典型的であったプラットフォームもますます脆弱なものになっていった。一九八〇年代のイラン・イラク戦争は、第二次世界大戦よりも第一次世界大戦のほうにきわめて類似していた。

優れた軍事技術を有する側が有利な立場に立つことができる場のひとつは、空域であるといわれる。アメリカ人は、既知のすべての防空手段を破壊、もしくは突破する能力を手にしている。アメリカが戦った近年の戦争のすべてにおいて目にしてきたように、彼らは精密誘導兵器(PGMs)や無人航空機(UAVs)を使用することによって、標的を遠距離から、しかも高い精度で破壊することができる。

しかし、このことは、領域を支配したり完全な軍事的勝利を収めたりすることと同じではない。たとえば、湾岸戦争においてアメリカと同盟国は大規模に軍事力を展開し、クウェートを解放することに成功したが、もしこれを今日おこなったとしたら、アメリカの兵力のおよそ八〇パーセントを要したことだろう。(12) ユーゴスラヴィアでは空爆をおこなったが、コソヴォでの民族浄化《エスニック・クレンジング》の加速を食い止めることはできなかった。NATO・ヨーロッパ連合軍最高司令官であったウェスリー・クラークが当時述べていたように、「空軍力だけでは、地上で準軍事組織がおこなっている謀殺をやめさせることはできない」(13)。問題のひとつは、セルビア人部隊を広々とした場所におびき出すことが、なかなかうまくいかなかった点にある。誘い出すことができれば空からの攻撃が可能になるが、湾岸戦争時のようにはうまくいかなかった。最終的にスロボダン・ミロシェヴィッチは降伏し、コソヴォは解放され、難民は帰還したが、この体験がコソヴォに憎悪という遺産を残し、セルビアのナショナリズムを持続させるうえで大きな役割を果たしたことは間違いない(14)。そして、今日のセルビアのナショナリズムは反西洋ナショナリズムであり、日々その激しさを増している。アフガニスタンの場合には、北部同盟の支援のみならず、決定的な場面ではパシュトゥン人軍閥の一部の司令官の支援も受けながら、アメリカの努力はタリバーンを倒すことに成功した。戦略的要衝であるマザリシャリフをめぐる戦闘では、タリバーンの部隊は広々とした場所に追い詰められ、戦闘のさなか、最終的に空からの攻撃を受けて何千人ものタリバーン兵が殺害された。しかし、この戦争努力は、ウサーマ・ビンラーディンやアルカーイダの多くの指導者を捕らえることに失敗し、アフガニスタンに安定をもたらすことができなかった。

軍事評論家が指摘するように、アメリカの指導者はリスクを毛嫌いするため地上軍を投入したがらない。たとえば、アフガニスタンのケースでいえば、とくにトラボラをめぐる戦い（二〇〇一年一二月）や、その後実施されたアナコンダ作戦（アルカーイダの工作員が潜伏していたシャイコット渓谷で二〇〇二年三月に実施された作戦）に従事するアメリカ軍部隊を増強していたとしても、アメリカ人の死者がいっそう増えるだけでビンラーディンは逃走しなかったであろう、といわれている。[15] とはいえ、地上軍を投入したほうが効果的となる保証はまったくない。航空優勢を獲得するよりも、地上優勢を獲得するほうがはるかに難しい。トラボラでともに戦ったアフガニスタン兵よりも、アメリカ人のほうが効果的な戦力となる保証があったのであろうか。たとえば、ロシア人とイスラエル人は死傷者が出ることを厭わない。ロシア人は一日に二、三名の兵士をチェチェンで失ったが、いまでも散発的に暴力が発生している。彼らの行動はかなり破壊的であった。グロズヌイは瓦礫に帰した。大規模な住民の強制移住がおこなわれた。しかし、彼らは、この地域に安定をもたらさなかった。ロシア人とは違ってイスラエル人は、よく訓練されており、装備もよく、金銭的な待遇面もよい。戦時国際法の枠内で行動し、民間人の死傷者が出ないよう注意を払っていると主張する。だが、彼らは、インティファーダを失敗させ、パレスチナに安定をもたらすことができなかった。二〇〇六年夏のレバノン戦争に際してイスラエルは空爆を実施したが、所期の目標を何ら達成することができなかった。表向きの開戦理由である捕らえられたイスラエル兵は、本章を執筆している現時点ではいまだに解放されていない。イスラエルはヒズボラの軍事施設を破壊したと主張したが、そのヒズボラは、［イスラエルとレバノンのあいだで］停戦が合意された瞬間にイスラエル北部に対してロケット弾を一斉に撃ち込む攻撃力を維持していた。

イラクでの戦争は、これまで述べてきたことが妥当であることをあらためて確認させてくれる。正確に標的を捕捉する空軍力の支援を受けて、有志連合軍は過去に前例のない速さでイラクの政治体制を打倒することができた。アメリカは情報面で圧倒的に有利な立場にあった。衛星写真と地上からの報告で得た情報を処理することで、そのワイヤレス・インターネット・システムは部隊の配置状況を常時色分けして表示することができた。敵軍は赤で、友軍は青で表示されていたのである。フォース21旅団以下戦場掌握システムとして知られるこのシステムは、アメリカ軍のほとんどすべての車両に搭載されている。このシステムによって、赤く表示された部隊を直接空から破壊することができた。敵軍にどの程度の死傷者が出たのか、誰にもわからない。死を免れた兵士たちは、制服を脱ぎ棄てた後、逃走した。だが、痛々しいかたちで徐々に明らかになってきたように、体制を打倒することと国を占領することは同じではない。問題の原因は、ある程度は、不適切な兵力の規模と、死傷者を出す危険を冒したがらなかったことに帰せられよう。[16] とはいえ、チェチェンやパレスチナ、アフガニスタンの場合と同じように、精度が高く破壊力もある軽火器の拡散が、不正規戦を以前に比べていっそう効果的なものにし、アメリカ軍部隊やそれと協力するイラク人、さらには外国の外交官に対する襲撃を日常化させた。しかも、この拡散によって暴動は、宗派間の「新しい戦争」へと姿を変えることにもなった。再建の努力が困難を極め、石油収益金の約束が水泡に帰し、占領コスト――財政面でも死傷者の数の面でも――が大幅に高まっているのも軽火器の拡散が原因である。二〇〇六年九月現在で、およそ三〇〇〇名のアメリカ兵が殺害された。そのうち侵攻時に死亡した兵士は、わずか六分の一である。

今日、武装した敵対勢力に対して軍事的な強制をおこなうことは非常に難しいと述べたからといって、軍事力には合理的な機能は存在しないと言いたいわけではない。むしろ、軍事的に領域を占領するその古典的な機能は、フォーディズム期に終焉を迎えた。第一に、軍事力は民間の住民に対して行使されうる。これは、国家と非国家アクターの混成部隊が、抵抗する者、あるいは、宗教やエスニシティが異なる人びとを殺害したり追放したりすることによって領域を政治的に支配しようとする、私の言う「新しい戦争」を特徴づける戦略である。一般に、「新しい戦争」は、排他的なアイデンティティ——宗教もしくはエスニシティ——の名において戦われる。その目的は、「恐怖と憎悪」を広めることで、排他的な民族《エスニック》国家もしくは宗教国家を建設する企てを支持するよう地域《ローカル》住民に働きかけることにある。互いに武装した敵対勢力が戦闘を繰り広げる光景はきわめて稀である。たいがいの暴力は民間人に加えられるからだ。グローバル資本主義の中心地（世界貿易センタービル）や世俗的な歓楽地（サリ・ナイトクラブ）のような象徴的な標的に対するテロリストの攻撃も、目指すところは同じである。恐怖と不安を人びとに抱かせ、社会の二極化を促し、近代《モダニティ》に関する劇的なメッセージを伝えるために、そのような攻撃がおこなわれるのである。

第二に、軍事力はいまもなお、国家《ネーション》の象徴である。アメリカやロシア、あるいはイギリスといった現在の超大国とかつての超大国では、とりわけそうである。近代国家の建設は、戦争や近代軍隊の発展と密接に結びついていた。そのため、国家なるものをめぐる私たちの観念は、軍事的な儀式や制服、そして戦争とも不可分につながっている。それゆえ、軍隊の展開は、国内において重要な政治的機能を担うのであり、誇りと忠誠の感覚を植えつけるのに役立ち、国内の結束を際立たせる。今日では、よくいわれることだが、たとえば、現在グルジアに対して脅威を及ぼしているロシアのように、軍事的な冒険のなかには、来るべき選挙に向けた有権者へのアピールという観点から説明されてしかるべきものがある。

テロとの戦いによってジョージ・W・ブッシュが広範な支持を集めたのと同じように、ウラジーミル・プーチンは第二次チェチェン戦争を利用して権力を獲得した。

そして最後に、第三の指摘であるが、軍事力には封じ込めの役割がある。これはとくに「新しい戦争」で目にする役割である。完全な勝利を収めることはできないかもしれないが、同等の損害を相手に与えることができれば、主導権は事実上、攻撃を受けていた側に移る。たとえば、新しい戦争に従事している戦闘員が民間人を脅かしている場合に、民間人を守るべく策定された防御的で自制的な（non-escalatory）軍事行動を想定してみるとよい。こうした作戦行動では、戦争に勝利を収めることはできないし、戦争を停止させることさえできない。だが、恐怖と不安を和らげ、政治的な解決が模索されうる小康状態を生み出すことができる。本質的にいえば、むろん、欠点や誤りはあったが、これは北アイルランドでイギリスがとった戦略であり、より最近の事例でいえばシエラレオネでとられた戦略であった。ボスニアではじめて用いられたが、効果的に実行されなかった安全地帯や人道回廊といった手法は、封じ込め戦略の一部と見なすことができる。このような戦略が効果的なものとなるためには、死傷者を出す危険を冒す必要がある。ボスニアと、実はソマリアでこの戦略が失敗した理由のひとつは、まさしくこの点にある。だが、要求されるリスクのレベルは、たとえば、攻撃的な戦争で求められるレベルと同じではない。現在のところ、このようなリスクを引き受けているのは人権活動家やジャーナリストであって、兵士が引き受けるケースは稀である。たとえば、アフガニスタンでは、アメリカ兵以上に外国のジャーナリストが多く殺害された（友軍からの攻撃を受けて死亡した兵士の数を含めると、アメリカ兵のほうが多く殺害されてはいるが）。

アメリカのパワーをめぐる構想《ビジョン》

主権にまつわる想定と、軍事的なパワーをめぐる想定は、世界のなかでアメリカが果たすべき役割についての異なった構想を決定づける軸となる。理想主義者と現実主義者の違いは、主権をどう捉えるかという観点から説明することができる。現実主義者は、主権の伝統的な捉え方に固執している。彼らにとって国際関係は、それぞれが個別の自己利益を追求する主権的な単位から構成されるものである。これら主権的な単位の内部で起きていることには関心を向けない。国家の任務は、外部の敵から国家を守ることである。圧政者が問題になるのは、彼らが潜在的な侵略者となる場合のみである。これに対し、理想主義者は、主権は状況依存的なものであり、たとえば人権のような、主権の主張より優先される価値や規範はあると考える。

私がおこなう単独行動主義者と多国間協調主義者の区別は、主に軍事力の行使に適用される。単独行動主義者は、軍事的なパワーは有効であるとの信念を共有している。これに対し、多国間の協調というアプローチを支持する人びとは、概して、国家間関係はもはや軍事力によって解決することはできないという想定から出発する。軍事的な分野では単独行動主義者だが、経済分野では多国間協調主義者ということもありえよう。単独行動主義者はリベラルな世界経済を、とりわけ自由貿易と自由な資本移動を支持する傾向があるが、たとえば、鋼鉄製品に対する関税率の場合のように、場合によっては単独行動

表2-1　世界のなかでアメリカが果たすべき役割についての異なる構想

	理想主義者	現実主義者
単独行動主義者	見世物的な戦争	新現実主義者と反帝国主義者
多国間協調主義者	コスモポリタン	協調的安全保障

主義で行動する権利を留保している。

以下では、世界のなかでアメリカが果たすべき役割についての異なる四つの構想を説明していくことにする。表2-1に示したように、これら四つの構想は、主権と軍事的なパワーをめぐる個別の想定にもとづいている。

見世物的な戦争

第一の構想はブッシュ政権のそれであり、私が言うところの「見世物的な戦争《スペクタクル・ウォー》」という構想である。[17]「見世物的な戦争」という言葉で私が言い表わそうとしているのは、前節で述べた、遠距離からなされるハイテク航空戦のようなものである。アメリカ人の視点に立てば、その仮想的な性格を強調するために、私はこの種の戦争を「見世物的な」戦争と名づける。「見世物的な戦争」は、アメリカ人の死傷者を出す危険を冒さず、実際には増税さえ必要としない戦争である。アメリカの一般の人びとは、その戦争をテレビ放送で見て、拍手喝采するしかない。ジェームズ・ダー・デリアンは、戦争のバーチャルな性格と、美徳の概念、すなわち、この戦争は高尚な大義のために戦われているのだという理念とを結びつけて考えるために、「高潔な仮想戦争」という表現を使っている。[18]「高潔な仮想戦争は、バーチャル・シミュレーションやメディア操作、グローバルな監視、そして、潜在的な敵を抑止し、必要であれば破壊する、ネットワーク化された戦争行為に依存している。それは、(可能であれば) 正しい戦争という教義を利用し、

（必要であれば）聖戦（holy war）の教義を利用する[19]」。

「見世物的な戦争」の起源は、冷戦の枠組みにまで遡ることができる。冷戦期、抑止は、似たような想像上の形態をまとっていた[20]。冷戦期を通じて両陣営は、軍拡や技術競争、諜報活動と防諜、そして図上演習や軍事演習によって、まるで交戦中であるかのように振る舞った。こうした活動は、人びとに第二次世界大戦を想起させるだけでなく、アメリカ側でいえば、優れた技術を使って悪から世界を守ることがわれわれの使命である、という信念を持続させるうえで重要な役割を果たした。技術開発は、ソ連はすでに手にしたであろうと計画立案者が想像したこと――いわゆる最悪のシナリオ――に沿って進められた。先に述べたように、そして、別の著書で述べたことでもあるのだが、この内向的な立案過程はつぎのように考えたほうがその推移をうまく捉えることができる。すなわち、アメリカとソ連の技術の進化は、互いに抱く対抗心から生まれたものではない。むしろ、計画立案者の想像力のなかで膨らみつづけていた架空の存在であるドイツの軍事機構との戦争に備えるかのように、アメリカとソ連の技術は進化を遂げていったのだ、と[21]。序論で概説したように、アメリカの抑止の考え方において中心にありつづけてきたものは空軍力であった。空軍力を中軸とするこの発想は、戦略爆撃という戦時の経験に由来するものであった。一九五〇年代と一九六〇年代に開発された大陸間弾道ミサイルは、戦略的空軍力の延長線上で構想されたものである。他方、ロシア人は、独立した空軍を保有したことがなく、第二次世界大戦で戦略爆撃に従事することもなかった。むしろ、彼らはミサイルを、大砲の延長線上で考えていたのである。

情報技術の出現は一九七〇年代と一九八〇年代に、軍事戦略の将来の方向性をめぐる論争を引き起こした。いわゆる軍事改革派はつぎのように主張した。精密誘導兵器（ＰＧＭｓ）の使用によっていまやフォーディズム期のプラットフォームは、第一次世界大戦期の人びとと同じくらい脆弱なものとなっており、戦争における主導権は攻撃を受けている側に移った、と。携帯用ミサイルが使用されたことによってヴェトナム戦争と中東戦争での消耗率が高まったという事実が、この主張を確証づけているように見えた。それに対し、伝統的なアメリカの戦略を擁護する人びとはつぎのような主張を展開した。広域破壊爆弾が防御的戦力を圧倒し、ミサイルと無人航空機（いまでは、ＵＡＶｓとして知られる）が脆弱な有人航空機に取って代わるようになるので、第二次世界大戦時の攻撃的な作戦行動がますます重要になる、と。論争のすえに策定されたのが一九八〇年代の空陸協働戦闘戦略（Airland Battle strategy）であった。その目玉である「縦深攻撃」は、当時導入されたばかりで、核弾頭を搭載していたトマホーク巡航ミサイルによって実行されることになった。

一九九〇年代には、軍事革命（ＲＭＡ）がこの考え方に取って代わった。ＲＭＡの熱狂的な推進者らにとって情報技術の出現は、戦闘行為に革命的な変化をもたらした鐙や内燃機関の発明と同じくらい重要なものである。ＲＭＡは、見世物的な戦争である。それは、コンピュータや新しいコミュニケーション技術を駆使して遠距離から実行される戦争である。とりわけ巡航ミサイルは、ＲＭＡの「考え方を如実に表わす」兵器である。(22) 冷戦終結後のアメリカの軍事支出は三分の二に減少したが、その影響が主に出たのは人員面であった。軍事的な研究開発（Ｒ＆Ｄ）費の減額幅は、軍事支出総額の減額幅に比べればたいしたものではなく、このことが、冷戦期の伝統的なプラットフォームに代わる新たなプラットフォームの開発と、ＲＭＡ関連の新しい技術の開発を可能にした。新技術の重要な特徴といえるのは、バーチャルな図上演習の改善をはかった点である。これによって、見世物的な戦争の仮想性がさらに強められた。さらに、アメリカ国防総省《ペンタゴン》は、起こりうる最悪のシナリオを考えるにあたって助言を得ようと、ハリウッドのプロデューサーを雇い入れた。かくして、ダー・デリアンがMIME－NETと表現した軍・産・メディア・娯楽ネットワークが姿を見せるにいたったのである。[23] イラク戦争に関わる所見のなかでもっとも多く引用される所見のひとつは、アメリカ陸軍第五軍団司令官であり、イラクに駐留するアメリカ陸軍の全部隊を統括する立場にあったウィリアム・ウォレス大将のつぎの発言である。「われわれが実際に戦っている敵は、われわれが図上演習で相手にしてきた敵とは少し違う[24]」。

ブッシュ政権にとって「防衛変革」という言葉は、RMAに代わる新しい専門用語となった。この防衛変革を熱狂的に推進する人物は、つぎのように述べた。

その伝動ベルトがどれほどガタガタしていようとも、現代アメリカ経済の特質——その大胆さと自発性、そして、情報を共有化することへの積極性——は最終的にアメリカ軍にまで浸透する。第二次世界大戦時に自動車が配備された陸軍を機能させるうえで、自動車エンジンをいじくりながら育った十代の若者たちが役立ってくれたのと同じように、テレビゲームで遊び、ウェブ上でネットサーフィンをし、表計算ソフトウェアを作成することに慣れ親しんだ曹長らが、情報時代の軍隊を今日的に実効性のあるものにしているのである。[25]

防衛変革が「おこなおうとするのは、単に新しいハイテク兵器を作り出すことではない。むろん、それは防衛変革の一部ではあるが、防衛変革は、新しい思考法と新しい戦い方に取り組むものでもある」[26]。ドナルド・ラムズフェルドは、そう主張している。

だが、情報技術は、軍事力をどのように行使すべきかをめぐる伝統的な考え方と、国防に関わる伝統的な制度的構造とに接ぎ木されているだけである、との結論から逃れることは難しい。事実、軍事力が行使される方法は、第二次世界大戦以来ほとんど変わっていない[27]。空陸協働戦闘戦略やRMA、そして今日の防衛変革と一〇年ごとに名称は変わっているが、長距離空爆と迅速な攻撃的作戦行動との組み合わせを含ませている点ではすべて同じである。テレビゲームの活用にしても、冷戦の枠組みのなかで教え込まれてきたゲーマーたちの考え方を強化しているだけだ。九月一一日の攻撃によってブッシュは、軍事支出の大幅な増加を要求することができた。一九九〇年代に開発された高価な新しいシステムが実現されていくなかで、軍事支出はすでに一九九八年からふたたび増加しはじめていた。選挙運動の期間中、ブッシュは、兵器体系を一世代分飛び越すことで経費を抑え、PGMsやUAVsのような最先端の技術に重点的に取り組むことは可能だと仄《ほの》めかしていた（アフガニスタンでは、PGMsもUAVsも不足していたのだが）。事実、二〇〇三年度予算は、あらゆるものを調達するのに十分な額であった。たとえば、F15の後継機であるF22戦闘機は、いかなる既知の敵も太刀打ちできない航空優勢をすでに手にしている[28]。莫大な費用を要する計画である国土ミサイル防衛（NMD）も推進されることになった。NMDが作動することはありそうにないが、むしろ重要なのは、アメリカを守るというイメージを強く抱かせることである。侵入してくるミサイルからアメリカ本土を守る体裁を与えること、ひいては、単独行動主義にもとづいて軍事行動を展開していくにあたっての心理的な保証を与えることが、NMDの核心的部分である。

「見世物的な戦争」は、強力な十字軍精神ともつながっている。冷戦期のアメリカの思考にはつねに理想主義的な傾向がみられた。ブッシュの言う「悪の枢軸」は、ロナルド・レーガンの言う「悪の帝国」の焼き直しである。ブッシュの取り巻きたちは、アメリカは国家《ネーション》ではなく大義そのものであり、世界の他の国々をアメリカン・ドリームに転向させ、世界からテロリストと圧政者を除去する使命を帯びていると考えている、あるいは考えているようだ。彼らの見方では、他国の主権は状況依存的なものだが、アメリカの主権はそうではない。なぜなら、合衆国は「善」の代理人だからである。アメリカは単独行動主義で行動することができる。第三回気候変動枠組み条約締約国会議議定書〔京都議定書〕や対人地雷全面禁止条約、生物兵器禁止条約、とりわけ国際刑事裁判所（ＩＣＣ）規定のような条約を、合衆国は拒絶することができる。なぜなら、アメリカは正しいからである。しかし、アメリカ以外の国には同じ選択肢はない。リチャード・ハース国務次官補はつぎの一節で、このような見解を明らかにしている。

> この政権であなたが目にしているのは、主権の限界とされるものについての……新しい原則、もしくは理念の体系の出現である。主権は義務をともなう。自国民を虐殺してはならない、テロリズムを決して支援してはならない、そうした義務をともなう。これらの義務を果たせない国の政府があるとしたら、その政府は、領域内を排他的に統治できる権利を含む主権の利点の一部を剥奪される。アメリカを含む他国の政府には、介入する権利がある。テロリズムの場合には、この権利は予防的……自衛の権利にすらつながりうる。仮定ではなく、実際に攻撃を受けつつあると考える根拠があ

るなら、本質的にいえば、その場合、あなたは、攻撃を見越して先に行動することができる。[29]

主権に対するこうした二重のアプローチは、「地球全域で」自由を守ることがアメリカの責務であると謳うブッシュの新しい安全保障戦略のなかに見事に表現されている。ブッシュは言う。「善悪を語ることは、どことなく非外交的であるし、無作法であると心配する人がいる。しかし、私はそうは思わない。異なる状況では異なる方法が必要となるのであって、異なる道義が必要となるのではない[30]」、と。新しい安全保障戦略に関して憂慮すべきことは、新しい概念を駆使するなかでブッシュ政権が、軍事行動を発動する権限をきわめて広範に委ねるよう要求したことである。第一に、敵はもはや明確ではない。敵は、テロリストである可能性がある者や、大量破壊兵器（WMD）を入手した可能性がある者である。一九九〇年代を通じて、新しい「最悪のシナリオ」と、ソ連に代わる新しい脅威を「想像する」ことに並々ならぬ努力が払われた。ソ連の軍産複合体が崩壊したことによってアメリカの戦略家たちは、アメリカを攻撃する際に活用される可能性のある、これまでにない新しい方法のすべてを洗い出した。すなわち、ウイルスを撒き散らす、水道システムに毒物を混入する、金融システムの崩壊を引き起こす、航空管制を混乱に陥れたり電力供給システムを崩壊させたりといった方法を洗い出した。とくに重視すべきは、国家が支援するテロリズムという考え方であり、テロリズムを支援し、WMDのほか、長距離ミサイルも手にする「ならずもの国家」という概念である。崩壊しつつあるロシア、あるいはイスラーム原理主義に発するこうした新しい脅威は「非対称」脅威と呼ばれ、大いに議論を呼んだ。アメリカの脆弱な部分を攻撃すべくWMDやその他の恐るべき技術を開発することで、通常戦力面での劣位を相殺しようとする、より脆弱な国家もしくは集団が「非対称」脅威である。こうした概念は九月一一日の攻撃以降、具体的な内実を与えられてきたように思われる。「敵」という概念もさらに拡大され、私たちが必ずしも知っているとは限らないものまで指すようになった。すなわち、「脅威にもとづくアプローチ」から「能力にもとづくアプローチ」への転換である。「われわれは既知であると知っていることがある。また、未知のことが知られていることがある。つまり、知らないことを知っていることがある。しかし、未知のことが知られていないこと、知らないことを知らないこともある……。年を追うごとに少しずつではあるが、こうした未知のことが知られていないことにわれわれは気づく(31)」。ラムズフェルドはそう述べている。

第二に、こうした新しい未知の敵に対してアメリカは新しい教義を練り上げた。抑止に代わって「先制攻撃」を、拡散防止に代わって「拡散に対抗する積極的措置」の教義を発展させた。ブッシュによれば、抑止はもはや機能していない、それが九月一一日の攻撃の教訓であった。「伝統的な抑止の概念は理不尽な破壊をもたらし、罪のない人びとを標的にする戦術を公言しているテロリストという敵には通用しない。テロリストのいわゆる兵士たちは殉死することを求めており、彼らのもっとも有効な防御策は国家を持たないことだからである(32)」。それゆえ、合衆国は、先制的に行動する権利を保留し、テロリストを匿っているように思われる国家に対して、あるいは、WMDを所持しているように思われる国家に対して「見世物的な戦争」という手段を行使する。興味深いことに、このレトリックは、自国民を脅威にさらす国家（圧政者）と、合衆国を脅威にさらす国家（WMDを所持することによって、あるいはテロリストを支援することによって）を切り替えているように思われる。

軍事行動を発動する権限をこのように拡大することは、冷戦を彷彿とさせる永続戦争に向けた行動計画を策定することを意味する。そこでは、定期的な勝利が戦争への世論の支持を持続させ、大義の正しさが異議を抑え込む。「テロとの戦いのための国家軍事戦略計画」（NMSP－WOT）を読むと、イラク戦争さなかのイラク情報相の語り口にかなり似ていることがわかる。ラムズフェルドとピーター・ペース統合参謀本部議長の手になる序論は、第二次世界大戦時の言葉をかなり連想させるものである。ペースは言う。「わが『国』は、長期にわたる戦闘行動を開始してから五年目を迎えようとしている。これまでの戦いに成功を収めることができたのは、明らかに、国境のなかと世界中で任務に就いているわが『国の陸海空軍の兵士、海兵隊員、そして沿岸警備隊員』の献身的で勇敢な働きのおかげである……。本当に彼らは、もっとも貴重で重要なわが『国』の財産である」[33]、と。

しかし、ブッシュの取り巻きたちが考えている以上に、軍事的に強制することはかなり難しい、これが事実だとしたら、「見世物的な戦争」がテロリズムを打ち負かすことができるとは思えない。むしろ、「見世物的な戦争」はテロリズムの拡散を促してしまう可能性がある。というのも、この戦略は、政治的に正統なものであるとの自らの主張を自身の手で汚してしまうからである。それは、以下の三つの理由による。第一に、この十字軍、すなわち「テロとの戦い」は、テロリストへの注目度を高め、犯罪者としてではなく敵としての威厳を彼らに与えてしまう。ブッシュが九月一一日に起きたことを、「人道に対する罪」としてではなくアメリカに対する攻撃として描き出す道を選択した瞬間、彼はこの出来事を伝統的な戦争のパラダイムのなかに堅く位置づけてしまった。「戦争」という言葉を使うことによってブッシュは、彼の有名な宣告、「われわれにつくのか、テロリストの側につくのか」にその極みが表われている、社会を分断させる言葉を組み立てた。[34] さらに、「テロとの戦い」という言葉は世界中に広がり、さまざまな場所で繰り広げられている「テロとの戦い」（ほんの数例をあげれば、チェチェンやパレスチナ、カシミール、カラバフでの戦いである）を一括して正当化する機能を果たした。

第二に、ブッシュ政権は、テロリズムと戦うためにグローバルな有志連合を結成したが、それは、国際的な原則を遵守することではなく、アメリカを支持することがその加入基準であるような冷戦型の同盟にすぎなかった。その加入基準が国際的な原則を遵守することであったなら、この有志連合が真の意味で多国間の取り決めであることを示す、またとない証となったことだろう。サウジアラビアやパキスタン、ウズベキスタンといった非民主国家や、イスラエル、ロシアといった大規模な人権侵害に手を染めた国々がこの連合に加わったことで、正当な大義を追求しているのだとの主張は説得力を弱めてしまう。しかも、「テロとの戦い」という言葉が使われることによって、監視強化と権利制限を正当化する動きも加速した。[35] いわゆる「新しいヨーロッパ」の一件で露見したように、アメリカは国際刑事裁判所（ICC）との絡みで自国を除外することに同意するよう諸国に圧力をかけた。現に、多国間の取り決めを土台から蝕んでしまうのは、この種の圧力なのである。

そして最後に、第三の理由であるが、テロリズムを敗北させるための戦いは正統なものであると謳うどのような主張も説得力に陰りが見える。というのも、「見世物的な戦争」は死傷者を出す危険を冒さないからである。アメリカによる攻撃は精度の高いものだが、「付随的損害」や「ミス」を回避することはできないし、戦争の結果起こりうる人道上の破局を防ぐこともできない。アフガニスタンでの戦争では、「付随的損害」による民間人の死傷者はおよそ一〇〇〇人から一三〇〇人であったが、そのほかに何千人もの人びとが、悪化しつづける人道上の危機の結果、死亡した。また、およそ五〇万人もの人びとが家を追われ、さらに、何千人ものタリバーン兵やアルカーイダの戦闘員が死亡した[36]。二〇〇三年三月の侵攻開始から二〇〇六年七月までのイラクの死者は六五万五〇〇〇人を超えている。このうち六〇万人は暴力を直接の原因とする死者であり、およそ二五パーセントは有志連合軍の攻撃による死者であった[37]。イラク人の死者の大半は民間人であった。それとは対照的に、二〇〇七年四月までに殺害されたアメリカ兵はおよそ三三一六名、イギリス兵は一四四名であった[38]。

くわえて、グアンタナモやアブグレイブでの捕虜の扱いや、多くの西洋諸国で起きている市民的自由の制限、そして安全管理体制の強化と出入国管理の強化のすべてが二重基準《ダブル・スタンダード》であるとの思いを人びとに抱かせ、西洋民主主義の卓越性に対する信頼を失わせる原因となっている。

暴力と道徳を組みあわせるその特徴を踏まえていえば、アルカーイダやその他の宗教的原理主義者の側にも似たような特徴が見受けられる。相称的だと言いたいのではない。にもかかわらず、両者に類似性が見られることは重要な意味を持つ。というのも、それは、双方が互いに補強しあう関係にあることを示すものだからである。宗教は、妥協を排し、ルールや手続きを無視する暴力を正当化する。見世物的な性格を見せる、九月一一日の攻撃やバリ島での爆破テロといった攻撃は、敵を敗北させること、あるいは勝利を収めることを狙っておこなわれるものではない。むしろ、こうした攻撃は、善と悪との闘争の証であり、支持者を動員するための手段である。闘争そのものが重要であり、聖なる戦いに加わっているとの感覚が重要なのであって、勝利や敗北が重要なのではない。マーク・ユルゲンスマイヤーは、つぎのように述べている。「こうしたテロ行為の実行犯が期待し、実際に歓迎していることは、その行為そのものと同じくらい獰猛な反応である。彼らは、テロにはテロで応じるよう世俗権威を刺激することによって、以下の二つのことを達成したいと望んでいる。ひとつは、世俗的な敵は怪物であるとの自らの主張の正しさを証明するような明白な証拠を手にすることである。もうひとつは、偉大な戦争——隠された、しかし現実の戦争であると彼らの潜在的な支持者らに告げる、そのような戦争——を表面化させることである(39)」、と。

ラムズフェルドとブッシュにとって「知ることのできないもの」に対する戦争は、どことなくこれと同じ性格を持つ。「見世物的な戦争」は、アルカーイダや他の集団が喧伝する永遠の戦いという概念を確証させ、テロリズムという行為をさらに正当化してしまうように思われる。同様に、アルカーイダや他の集団が見せるこのような反応は、アメリカに脈々と流れる、冷戦の経験から引き出された聖戦メンタリティを持続させ、翻って共和党右派の立ち位置を支えることになる。そして、軍事予算のさらなる増大を正当化してしまうことになるのである。

新現実主義者と反帝国主義者

アメリカの対外政策決定過程にはつねに緊張関係がある。理想主義者と現実主義者のあいだでの、アメリカの使命はアメリカのやり方を広めることであると考える人びとと、アメリカは他国と同様に大国であり、生存を確保するための戦略を追求しなければならないと主張する人びととのあいだでの緊張関係がそれである。前者にとって冷戦とは善と悪との戦いであり、民主主義と全体主義との戦いであった。後者にとって冷戦とは、二極性——「長い平和」と表現する人もいる戦略的な秩序——がもたらした不

可避的な結果であった。(40)

私は「新現実主義者」という言葉を、国益の冷徹な追求を支持し、人道上の問題は概して関わりのないことと見なす潮流を表現する言葉として使っている。新現実主義者は単独行動主義者である。なぜなら、国際的なルールによって是認されているか否かに関係なく、アメリカは武力を行使できると彼らは考えているからである。また、ブッシュの取り巻きたちと同じように、強制することはいまだに可能であるとの前提のもとに議論を展開しているからである。新現実主義者は、彼らがアメリカとソ連の関係はよりよく管理できるはずだと主張した一九七〇年代と一九八〇年代に目立つようになった。第一次戦略兵器制限条約（SALT・I）の交渉をおこなうべく一九七二年にリチャード・ニクソンとヘンリー・キッシンジャーがモスクワを訪問した際、クレムリン宮殿のゲートでデモ行進をしていたユダヤ系住民を彼らが無視したことはよく知られている。

新現実主義者は、ブッシュの戦略はアメリカの国益に適うものではないと考えているため、彼の戦略に批判的である。新現実主義者の多くはイラク戦争に反対した。サダム・フセインは圧政者ではあるが、現在のところ合衆国に対して直接的な脅威を及ぼしてはいない、と考えたからである。しかも、イラクで戦争を起こせば、アルカーイダという主要な脅威からイラクへと資源を割かざるをえなくなる。新現実主義の父と見なされることもあるケネス・ウォルツや、「強制」という概念の考案者であるトーマス・シェリング、そして「長い平和」で知られるジョン・ミアシャイマーといった著名人を含む三四名の国際研究の学者らが、イラク戦争に反対する意見広告を『ニューヨーク・タイムズ』紙に掲載した。(41)

もちろん、新現実主義者といってもさまざまな見方がある。キッシンジャーのように、地政学的な理由からイラクとの戦争を支持した論者もいれば、軍事的なパワーを単独行動主義にもとづいて行使する権利を留保しつつ、今日では軍事的パワーはさほど重要ではないと考える論者もいる。たとえば、元国防次官補のジョセフ・ナイは、軍事的パワーと経済的パワー、そして彼の言う「ソフト」・パワーの三つにパワーを分類する。今日、権力資源は、軍事的パワーから経済的パワーと「ソフト」・パワーへと転換している。軍事的パワーの配分状況は、アメリカが優越的な地位を占める単極構造になっているが、経済的パワーの配分状況は多極構造である。「ソフト」・パワーは、「政府の管理の及ばない国境を横切るトランスナショナルな関係の領域である……。［ソフト・］パワーは広く分散しており、単極性や多極性、あるいは覇権について語ることではまったく理解することができない」[42]。ナイにとって、価値観は国益の一部である。にもかかわらず、彼は、彼の言う優先順位リストC、すなわち、合衆国の国益を脅かさない、ボスニアやルワンダのような場所で繰り広げられている戦争は、優先順位リストA、すなわち、「同等の競合者」が合衆国に及ぼす直接的な脅威や、優先順位リストB、すなわち、ペルシャ湾や朝鮮半島といった場所での合衆国の戦略的利害を脅かす脅威に比べれば重要ではないと考えている。だからこそアメリカは、単独行動主義にもとづいて行動することができなければならず、合衆国の部隊が犯した「戦争犯罪が不当に非難される」恐れのある国際刑事裁判所（ＩＣＣ）のような束縛を受け入れることはできないのである[43]。

左派の反帝国主義者は、新現実主義者とは逆の見方を示している。彼らによれば、アメリカは、石油をはじめとする地政学的な利益を追求する大国、もしくは帝国である。ブッシュ政権の理想主義（そして実際には、ブッシュ政権の以前の政権にもみられた理想主義）は、自国の利益を最大化すべく抜け目なく行動するその姿勢を覆い隠すものか、正当化するものでしかない、と彼らは主張する。軍事的な強制はいまだに有効であるとの想定が彼らにはある。ピーター・ゴーワンの一節に即していえば、以下のものに対する深い疑念が彼らの視線からは感じられる。それは、

過去一〇年間にアメリカ政府が推し進めてきた戦略構想の主要部分である。その構想は、冷戦が終結したことを受けてNATOの規模を縮小するのではなく……創設以来はじめてとなる展開活動をバルカン諸国で実施し、その後、ロシアの国境まで一気にNATOを拡大させる、というものである。いうまでもなく、アメリカの戦争機械は、九月一一日の攻撃以降、「軍事革命」(RMA)によっていっそう遠くへと、これまで誰も想像したことのない未知の領域へと踏み込んでいった。すなわち、すでに押さえてあるユーラシアやアフリカ、そしてオセアニアの八〇カ国に加えて、中央アジアの五、六カ国に基地があり、コーカサスには前線部隊が駐留しているのだ。地球を武器で取り巻くというこの驚くべき規模の構想は、こうした経緯を経て実現されたものなのである(44)。

新現実主義者と反帝国主義者の主張をうまく説明するとすれば、資源戦争(主に石油をめぐる)への新たな関心に両者が動かされている点があげられる。新現実主義者も反帝国主義者も多くの場合、「テロとの戦い」の裏に潜むのは、石油供給源と石油輸送路を支配しようとする戦略的な利害関心であると主張する。このような主張を支えようとたびたび引用されるのが、エネルギーに関するディック・チェイニー報告〔新国家エネルギー政策〕である。この報告書は、予見できる未来にわたってアメリカが自国への安価な

石油供給を確保しつづけるためには、ペルシャ湾に代わる新たな石油供給源（アラスカやカスピ海）を捜し出す必要があると訴えるものであった[45]。

二〇世紀の戦争においてつねに戦略の中核的部分を占めていたもの、それが石油供給の支配であったことは紛れもない事実である。フォーディズム期において石油は、生産の原動力であっただけでなく戦争行為の原動力でもあった。グローバルな闘争のなかでさまざまな陣営は、この必需品の供給を断つことで敵を締め上げる方法を模索した。とくに第二次世界大戦は、石油を燃料とする戦車や航空機、艦船の大規模な動員に依存した戦争であった。ドイツと日本は、独自の石油供給源を確保せねばならないという強迫観念に取りつかれてしまった。だが、今日の世界は、以前の世界とは大きく様変わりした。石油市場はいっそうグローバル化され、戦争はいっそう局地化された。たしかに、石油供給を脅かす脅威はいまもなお存在している。しかし、その脅威が、石油を敵対的に支配しようとする危険な企みに由来するケースはきわめて稀であり、不安定化と紛争、すなわち「新しい戦争」に由来するケースが大部分を占めている。現に、とりわけ、たとえば南コーカサスでは、実際に地政学的な利害が局地的な紛争を激化させ、石油供給を不安定化させていると論じることができる。むろん、そこには私利の要素が絡んでいる。石油会社はブッシュ政権に強い影響力を持っており、基地の取得を、契約を獲得するために影響力を行使する手段と見なしている。この点からも、貪欲な私的利害の介在をうかがい知ることができるだろう。とはいえ、こうした要素は国益や地政学的利害と同じである。イラクとの戦争に踏み切った主な理由は石油であると論じる者もいる。しかし、それが事実であったとしたら、石油を確保するより容易な、戦争以外の方法など存在しないことになるのではないだろうか。

石油の重要性を強調することで反帝国主義者は、単独行動主義にもとづいて行動することを正当化する現実主義の論法を是認していると考えられる。一九九一年の湾岸戦争の際、〔ブッシュの父である〕ジョージ・H・W・ブッシュは、サダム・フセインが西洋向けの石油供給を制限する可能性があることを重視することができた。

新現実主義者と反帝国主義者は、ジョージ・W・ブッシュの取り巻きたちと同じように、これまでの戦争から引き出された、軍事的パワーをめぐる時代遅れの考え方をとっている。おそらく彼らは、ブッシュの取り巻き連中に比べれば慎重なのであろう。彼らは、ブッシュの取り巻きたちとは違って、主権についても時代遅れの見方を示している。〔このことは何を意味しているのだろうか。〕反帝国主義者に関していえば、たいがい、彼らは、人権侵害やテロリストによる攻撃をそれほど真剣には受け止めておらず、こうした問題は帝国主義を正当化する論拠になるだけだと見なしていることを意味している。新現実主義者に関していえば、アメリカを脅かすテロリストの脅威は重要であるが、他国で起きている人権侵害や他国を脅かすテロリストの脅威は重要ではない、と彼らは考えている。

新現実主義者と反帝国主義者の違いのひとつは経済分野にみられる。新現実主義者はリベラルな世界経済を支持する傾向がある。それに対して、反帝国主義者は多くの場合、保護貿易論者であり、帝国主義による搾取から身を守る最善の方法は主権であると考えている。

協調的安全保障

ヨーロッパの指導者らは、たびたびアメリカの単独行動主義を非難する。ヨーロッパの多国間協調主義の潮流のひとつは現実主義的な立場を採りつづけている。すなわち、ヨーロッパの現実主義者は、世界は主権国家から構成されているが、一連のルールや規範にもとづいているとの見方を示している。こうした見解を支えているのは、フーゴー・グロティウスをはじめとする初期の国際法学者の流れを汲む、いわゆるイギリス学派――ヘドリー・ブルやマーティン・ワイトといった人びと――の哲学である。イギリス学派によれば、単一の世界大国など存在しないにもかかわらず世界社会は存在する。というのも、アナーキーな状況にあっても国家は一定の原則――そのなかでもっとも重要な原則は不干渉原則である――に従って行動しているからである。

こうした考え方こそ、アメリカの理想主義に深い疑念を抱いていたヨーロッパの社会民主主義者らが他に先駆けて実施した、一九七〇年代と一九八〇年代のデタント政策を支えたものであった。彼らは、東側諸国との関係改善を望んだだけでなく軍縮や軍備管理を強く支持したが、人権を尊重するよう強く働きかけることには難色を示した。私は、かつて労働党政権下で国防相を務めたデニス・ヒーリーが、ポーランドの連帯運動が最高潮に達していた一九八〇年代初頭に語った言葉をいまでも覚えている。彼は語った。「連帯より安定がよい」、と。

アメリカの国際法学者らも同様の議論を展開し、イラク戦争とブッシュ政権の先制攻撃論を批判する。たとえば、ノースウェスタン大学のダグラス・カッセルはつぎのように述べている。「こうした状況下での先制攻撃は、第二次世界大戦以降、築き上げられてきた国際法の枠組みを破壊するものであり、その意図が今回のアメリカとはまったく異なる強力な国家による将来の侵略行動に前例を与えてしまうことになるだろう」[46]、と。起こりうる例をあげるとすれば、中国による台湾への攻撃や、インドによる、もしくはパキスタンによる他方への攻撃、あるいは、ロシアによるグルジア侵攻が先例を手にすることになる。

ロバート・ケーガンは、ヨーロッパの弱さが反映されているとの理由から多国間協調主義の構想を批判してきた。ヨーロッパ人が多国間協調主義のような考え方をとることができるのは、彼らがアメリカの軍事力に依存することができるからである、と彼は論じている。[47] いうまでもなくケーガンは、強制は機能しており、アメリカの軍事力は安定をもたらすと想定している。しかし、彼は、ヨーロッパの弱さについてよいところを突いている。人道に対する罪やジェノサイド、大規模な人権侵害に直面している今日、不干渉原則を貫くことができるのだろうか。イラクの人びとは、イラク戦争に参加した国々に対してと変わらぬ不信感を、イラク戦争に反対した国々——ロシアやフランス、ドイツ——に対して抱いていた。それは、これらの国々はサダム・フセイン体制を裏で支えている、と彼らは考えていたからである。ナイのリストCに分類される脅威は、世界の他の国々に影響を及ぼしうる。だとしたら、このような脅威に関心を抱かなくてよいのか。結局のところ、「新しい戦争」は、犯罪者や難民、そしてテロリストを生み出すブラック・ホールをつくりだす。見世物的な戦争は、その解決策ではない。しかし、それに代わる手段はあるのだろうか。

コスモポリタニズム

コスモポリタンな立場の核心にあるのは、さまざまな形態の原理主義や排他主義の代わりとなるものを提供する新しい形態の政治的正統性が構築される必要がある、との考えである。コスモポリタンな立場は、理想主義的であり、多国間協調主義的である。それは、一七九五年に刊行されたイマヌエル・カントの永遠平和の研究から着想を得ている。カントは主張する。永遠平和が実現されうるのは、共和政（民主政）を基礎とし、国家が互いに恒久的な平和条約に署名しあう（不干渉の原則）ものの、コスモポリタンな権利（人権）が主権より優先される諸国家からなる世界においてである。コスモポリタンな権利は唯一、歓待の権利、すなわち、外国人は寛大に扱われ、尊厳をもって接せられる権利があるとの考え方に制限される必要がある、と。「どこかで権利が侵害されれば、すべての場所でその感覚が共有されうる(48)」といえるくらいまでに、グローバルな共同体は縮小された。こうした認識を示した人物こそ、カントだったのである。

それゆえ、コスモポリタンな理念は、人道主義的な原則と規範への関与、そして人間は平等であるとの想定に、差異の承認と、さらには多様性の称揚とを結びつけたものである(49)。理想主義的であることは非現実的であることを意味しない。強制がもはや有効ではない世界にあって唯一の代替策は封じ込めである。しかも、この封じ込めは、政治的な手段と法的な手段を通じて実行に移されなければならない。政治的にいえば、コスモポリタンな理念は、過激派への支持を弱めることができる代替策を提示しなければならない。宗教的原理主義とウルトラ・ナショナリズムは、およそ人気がない。これらに代わる代替策が脆弱だからこそ、こうしたイデオロギーに支持が集まる。これら排他的なイデオロギーは、排除された人びとの絶望を糧としながら、それらの国々に特有の現象ではないが、主として「脆弱」国家や「失敗」国家で醸成される。つぎに、法的にいえば、コスモポリタンな理念は、あらゆる個人に平等に適用され、公正であると見なされうる、多国間で是認された一連のルールや手続きのなかに位置づけられなければならない。

こうしたコスモポリタンな構想において軍事的手段は役割を果たすが、それはあくまでも封じ込めの役割であって、見世物的な戦争ではない。コスモポリタンなグローバル共同体は、たとえばルワンダでのように、ジェノサイドが発生した場合にそれを傍観するような態度はとれない。しかし、軍事的な任務は、民間人の保護と戦争犯罪者の逮捕に限定されるべきであり、しかも、多国間で認められた適切な手続きを通じてその権限が与えられるべきである。通常、これが意味しているのは、国連安全保障理事会による権限の付与であるが、一連の例外原則もあってしかるべきである。つまり、こうした原則が破られた場合には異議を申し立てる手続きが存在していなければならないだろう。また、軍事的に封じ込める任務には空軍力も含まれるだろうが、それはあくまでも保護軍を支援する戦術的な戦力として見なされなければならない。したがって、見世物的な戦争や古典的な平和維持活動のための訓練を受けていない軍隊を育成する防衛変革は必要であるが、それはあくまでも役割と戦術の変革であって技術の変革ではない。軍事的な封じ込めは、戦争行為としてではなく国際的な法の執行として理解される必要がある。

それゆえ、コスモポリタンは、主権は状況依存的なものであると考える点で、ブッシュの取り巻きたちと見解を同じくしている。しかし、この依存性はすべての国家に当てはまるものである。さらに、その状況は、単独行動主義によって決定できる類のものではなく、多国間で同意された一連の手続きを通じてのみ決定されうるものである。たとえば、コスモポリタンは、刑事責任の対象からアメリカ人を除外することを意図した二国間の取り決めを広げていくことで国際刑事裁判所（ＩＣＣ）を弱体化させようとする現在のアメリカの企みを徹底的に批判する。除外されるということが暗に意味しているのは、アメリカ人が並はずれた特権を手にしているということ、すなわち、人間は平等であるとの根本的な前提に真っ向から挑戦する立ち位置を手にしているということである。したがって、アメリカがICCから除外されることはありえない。

コスモポリタニズムは、現状に代わる現実をつくりだすことができなければならない。逆説的なことに、ブッシュ政権とその敵は、「テロとの戦いのための国家軍事戦略計画」(NMSP-WOT)で示されたような非現実的な世界構想でもってこの場を切り抜けようとしている。彼らにとって戦争は、日常生活から人びとの目を逸らすある種の現実逃避である。とりわけ、宗教的原理主義者やウルトラ・ナショナリストにとって戦争は、物質的な現在よりも精神的な価値に重きが置かれる、より純粋で、生きやすい過去を人びとに想起させる手段であり、ある種のノスタルジアを人びとに抱かせる手段である。多くの場合、宗教的原理主義者やウルトラ・ナショナリストは、遠くから自由に新しいメディアを操作し、テレビ放送やビデオカセット、ラジオ放送を使って自分たちのメッセージを伝える。

この点こそ、経済計画もコスモポリタンには必要であると言わねばならないもうひとつの理由である。リベラルな世界経済に関与するだけでなく、グローバルな社会正義の実現に向けて献身的に努力する多国間協調主義の姿勢が必要なのである。コスモポリタンな原則にもとづく、国際的次元での法の支配への関与とグローバルな安全保障への関与。これは、日常生活を改善していくにあたっての前提条件である。人権には経済的・社会的権利も含まれていたはずである。

ヨーロッパの多くの社会民主主義者は、反帝国主義者の一部と同じように、多国間協調主義のこうした側面を強調している。このような主張は、九月一一日の攻撃の余波を受けてにわかに勢いを増した。たとえば、トニー・ブレアは、グローバルな正義の実現を新たな政治課題とすることが必要だ、と強く訴えた。アメリカを訪問した際に、彼はつぎのように述べた。「九月一一日の出来事に関して、あるひとつの幻想が粉砕された。それは、われわれは世界のほかの地域の状態にかかわらず、西洋流のよい暮らしを送れるということである。……紛争の種は不正な悪、何年もうずいたまま放置されていた紛争、失敗国家、そして貧困や収奪の豊かな土壌に植えられている」(50)。また、ジョージ・ソロスもつぎのように述べた。「九月一一日に発生したテロリストによる攻撃は、世界がいかに相互依存的な世界になったのかを、他国にはびこる国内事情がわが国国内の安全保障にとっていかに重要なものなのかを悲劇的なやり方で私たちに痛感させた」(51)、と。フランス政府は、国境を越えた金融取引にトービン税〔4〕を課し、その税収をグローバルな公共財に回すことを提案した。また、イギリス政府とスカンディナヴィア諸国政府は、債務救済だけでなく、開発援助額の倍増とその紐なし化《アンタイド》を推し進めている。二〇〇五年にグレンイーグルズで開催された主要国首脳会議（G8サミット）での合意、すなわち、債務救済と援助額増加の約束や、アフリカ開発のための新しいパートナーシップ（NEPAD）も、グローバルな正義への関心の現われである。とはいえ、こうした方向性には肯くところがあるものの、これらの努力はいまのところ控えめな内容のままであり、ブッシュ政権の真剣な反応をほとんど引き出してはいない。さらにいえば、とりわけヨーロッパのケースでは、リベラルな世界経済への関与は、人びとの自由な移動にまではいまのところ広がっていない。

結論

テロとの戦いは、うまくいっていない。本章を執筆している時点でイラクは、旧イラク体制の残党と共同戦線を張るようになったあらゆるイスラーム教ジハード主義者にとっての安全地帯になっているように見える。サダム・フセインとアルカーイダのつながりを指摘したブッシュの主張は、かくして自己達成的予言と化した。[52] アフガニスタンでも、ほとんど同じことが起きているように思われる。同国では、再起したタリバーンがアルカーイダと結び、NATO軍と交戦している。二〇〇三年五月にカサブランカとリヤドで発生した爆弾テロは、七〇名を上回る死者を出した。バリ島のサリ・ナイトクラブの爆破テロ事件や、モスクワの劇場に侵入し、人質を取って立てこもったチェチェン武装勢力の脅威はいうまでもなく、パキスタンやイエメン、そしてケニアでも「急襲」が発生した。（九月一一日の攻撃から二年と半年目にあたる）二〇〇四年三月一一日にマドリードで起きた爆弾テロと、二〇〇五年七月七日にロンドンで発生した爆弾テロは、人びとの不安感を増幅させた。アメリカ連邦捜査局（FBI）は、何百万ドルにものぼる資産を凍結し、工作員の疑いがある者を含む何千人もの工作員を拘束し、指導部のおそらく三分の一の構成員を殺害した。[53] 航空機に対する攻撃は挫折してきたといわれている。にもかかわらず、誰に聞いても、アルカーイダとして知られるネットワークは拡大しつづけているという。重要なのは、若者をその大義へと引き寄せるアルカーイダの能力である。というのも、それこそが細胞の増殖を可能にさせるものだからである。ジェイソン・バークが述べているように、「アルカーイダは、主に男性の若いムスリムが共有し、ますます共有者を増やしているイデオロギーであり、基本方針であり、世界を考える方法である。そうとしか捉えられない[54]」。

少なくとも、暴力が発生する新たな原因を封じ込めることができるのはコスモポリタンな構想である、私はそう主張してきた。領域を孤立させることはもはやできないがゆえに、特権を享受してきた人びとの集団が非生産的な集団と化している世界に私たちは生きている。私たちが生きるこの世界は、軍事力の効用が以前とは比べものにならないほどに制限されている世界でもある。政治的で法的な、そして社会的なアプローチが、テロリズムに取り組む方法として、かつてないほど重要なものとなっている。その富と巨大な軍事力にもかかわらず、アメリカのパワーは、コスモポリタンな枠組みのなかでしか効果的なものとはなりえない。だからこそアメリカ人には、リチャード・フォークの言う「コスモポリタン的愛国者[55]」になってもらいたいのである。

テロとの戦いは、グローバル経済にとっては有益なものとなり、アメリカの景気後退を防ぐ一助になるだろうと論じられることもある。戦争支出は政府の赤字財政政策を許容する、予算超過はグローバルな成長を刺激するのに役立つ、と。だが、冷戦の初期とは異なり、もはやアメリカは対外収支の黒字を享受してはいない。当時、世界はドルを切望していた。対外軍事支出は他国の経済成長を促すとともに、アメリカの輸出を増加させる一助となっていた。今日、アメリカの実質経常収支は赤字であり、大きな負債を抱えている。海外の投資家はアメリカの高い生産性の伸びに魅力を感じているので、このことは問題ではない、そう論じる者もいる。しかしながら、対外支出の増加、とりわけ、法の支配が弱く、ガバナンスが適切に機能していない国々への進出は、結局のところ、赤字総額を膨らませるだけである。新たな「黄金時代」を築くためにアメリカに必要なのは、多国間で同意された援助計画を通じてグローバルな成長が促進されることである。正統な権威が構築しなおされる可能性は、ここから生じてくるはずである。

では、アメリカのパワーに新しい方向性を与えられる可能性はあるのだろうか。冷戦の遺産という拘束衣を脱がせ、コスモポリタンな一連の目標のためにアメリカのパワーを活かすことができる見通しはあるのだろうか。『ル・モンド』紙でさえも、私たちはすべてアメリカ人であると宣言した九月一一日の攻撃の直後、多くの人びとは、こうした方向転換が起きるものと期待した。脅威が現実のものとなったからである。戦争は多くの場合、劇的な再構築を引き起こす。すぐに、というわけではないが、劇的な再構築をもたらす。テロリズムが拡散しつづける限り、イラクとアフガニスタンでの戦争が悪化しつづける限り、経済が回復できずにいる限り、そしてとりわけ、アメリカの民主主義が少しでもそこに生きつづけている限り、変化は起こりうる。一方で、新しい形態の戦争は社会を分断し、双方の過激派の基盤を強化してしまう傾向がある。これは、バルカン諸国や中東で現に起きていることだ。他方で、イラク戦争に反対するグローバルな抗議行動は前例のないものであった。およそ一五〇〇万人もの人びとが世界各地でデモをおこない、アメリカでもデモが起きた[56]。アメリカの厭戦ムードは高まっており、戦争の限界を理解している将官と、その利潤がグローバルな安定に左右されるグローバル企業、そして移民集団、とりわけムスリム共同体とのあいだに新たな結びつきが生まれようとしている。

それゆえ、冒頭で引用したアジアの人権活動家の指摘は間違っていると結論づけたい。もし、アメリカの政治システムが、見世物的な戦争を通じた世論操作によって歪められつづけるのであれば、もはやこのシステムは、建国の父たちが提起し、世界の他の国々がそれに大きく感化されてきた民主的な熟議という理念を具現してはいない。たしかに、「見世物的な戦争」という現在の戦略には民主主義を抑圧する効果がある。しかし、もしアメリカが真に開かれた理性的な社会でありつづけたいと願うのであれば、世界の他の国々での民主主義がアメリカには必要である。一国民主主義などもはや存在しない。

第3章　ナショナリズムとグローバリゼーション

現在押し寄せているナショナリズムの波は長くは続かないだろう、エリック・ホブズボームはそう論じている。彼によれば、ナショナリズムは、産業化と印刷技術が優勢だった過去の時代にもっとも適した時代遅れの遺物である。多く引用される一節のなかで、彼はつぎのように述べている。「知恵を運ぶミネルヴァの梟《ふくろう》は夕暮に飛翔するとヘーゲルは言う。いま、梟が旋回しているのは、間違いなくネーションとナショナリズムのまわりである(1)」、と。

アンソニー・スミスは、これとは正反対の見方を示している。彼は、グローバルな時代においてネーションは超越されたとは考えていない。むしろ、世界のさまざまな場所で見受けられる現在のナショナリズムの波は、ネーションという概念の永続的な性格を立証するものである。この概念は、人間心理の深層に蠢《うごめ》く何らかの要求に応えるのである。

ナショナリズムは早晩、鎮静化するとか、ネーションが超越されるのも時間の問題だと予期するのは愚かであろう。ナショナリズムもネーションも、相互依存が深まりを見せる世界とマス・コミュニケーションの文化の欠かすことのできない要素である。というのも、グローバルな文化は、集合的信念や尊厳、希望に類するものを提供することができないように思えるからである。それらを提供できるのは、「宗教に代わって同じような役割を果たすことができるもの」だけなのである。この代用物は、世代を超えた領域的な文化的共同体の約束を通してそれらを提供する。前例のないほどの社会的変化の時代にあって、非常に多くのネーションと国民国家《ネーション・ステート》を持続させるのに貢献してきたもの、技術的な均一性と組織的効率性が求められる時代にあって、運から見放された存在に見える非常に多くのエスニック・マイノリティを再生させるのに貢献してきたもの、それは、死と忘却をものともしない集合的・領域的な不死の約束である。この約束は、エスニシティを基盤とするナショナリズムが与えることのできるいかなる政治的・経済的な利益をも超越する。(2)

この論争を扱うに際して、ナショナリズムの政治的な性格を強調しておきたい。ナショナリズムの必然的な属性のひとつに、超越した性格のようなものがあるとスミスは考えているが、私はそうは思わない。エルネスト・ルナンと同じく、私はナショナリズムを、政治過程として、「日々の人民投票」として、主体的な確認と再確認として捉えている。ナショナリズムは、個人や運動、そして集団がナショナリストであろうとする限りで持続するものにすぎない。他方で私は、グローバリゼーションの時代にあってナショナリズムは必然的に姿を消すことになるだろうとも考えない。私たちは、政治的な実験が試みられている時代の真只中にいる。かつての政治理念や政治制度は、劇的な社会経済的・文化的変容によって蝕まれてしまった。現在、市場原理主義やグローバル・イスラーム主義、コスモポリタニズム、ヨーロッパ主義、そしてもちろんナショナリズムなど、さまざまな政治的イデオロギーが競合の渦中にある。こうしたイデオロギーのなかには、前向きの、もしくは改良主義的なもの、すなわち、諸個人がグローバリゼーションから恩恵を受けられるようなかたちで根本的な構造変容との折り合いをつけようとする政策的処方箋を示すものがある。他方で、後ろ向きの、もしくは退行的なもの、すなわち、想像上の過去に訴え、現在起きているさまざまな変化のなかの少なくともある部分を覆そうと提案するものもある。今後の展開は、この競合の結果によって決まるだろう。嘆かわしいことに、より前向きのイデオロギーが後ろ向きのイデオロギーに対して勝利を収めるだろうといえる先験的な理由は存在しない。

こうしたイデオロギーのひとつがナショナリズムである。私の言う「新しいナショナリズム」は、一括してグローバリゼーションと表現されるさまざまな現象によって形成されるとともに、それらの現象を形づくりもする。私はつぎのことを主張したい。「新しいナショナリズム」は退行的であり、それが持続する限り、暴力と不平等によって特徴づけられるグローバリゼーションの凶暴で無秩序な形態に寄与することになるだろう、と。グローバル・イスラーム主義やヒンドゥー・ナショナリズム、あるいはシオニズムといった、ある種の政治的な宗教運動も「新しいナショナリズム」の一部と見なすことができる。「新しいナショナリズム」を退行的なものと見なすこのような分析を示すことによって、モンセラート・ジベルノーが述べたような、前向きの控えめなナショナリズムの可能性に目をつむるつもりはないが、こうした控えめなナショナリズムは、より視野の広いコスモポリタンな視座のなかに自らを位置づけることが必要だと、私は主張しておきたい。

こうした主張を展開していくにあたって、本章では、ナショナリズムをめぐる理論的な論争について若干の予備的な所見を述べることから始めることにしたい。その際に、変容しつづけているグローバルな状況がこの論争のパラメーターに変更を迫っていることについても、同様の所見を述べることにする。つぎに、「新しいナショナリズム」を特徴づける重要な性格のいくつかについて説明を試みる。グローバル・イスラーム主義は新しい現象であり、新しいナショナリズムの特性のすべてではないにせよ、そのいくつかを兼ね備えている。このグローバル・イスラーム主義にとりわけ注目しながら、右の説明をおこなうことにしたい。そして最後に、コスモポリタンな、および／またはヨーロッパ的なイデオロギーの可能性について考察していくことにする。それを踏まえ、むすびの部分では、異なるイデオロギーの組み合わせがもたらすであろう、今後に起こりうるシナリオについて略述していくことにしたい。

近代主義的なパラダイムを擁護する

スミスが近代主義的なパラダイムと呼んだのは、ナショナリズムは近代的な現象であり、近代国家の勃興、そして産業化と不可分の関係にあるとするパラダイムである。永遠主義者《ペレニアルスト》や原初論者《プリモディアリスト》、そして民族象徴主義者《エスノ・シンボリスト》は、いくつかの理由からこの近代主義的なパラダイムを批判している(3)。

第一に、近代主義者、とりわけアーネスト・ゲルナーの研究は機能主義的すぎると彼らは主張する。

ゲルナーによれば、近代国家と近代産業は、彼の言う「取り換え可能な人間」(modular man) を必要とする。「モジュラー」という言葉は、全体の調和を維持しながらいろいろな方法で部品を組みあわすことができるモジュール式の家具から着想を得たものである。取り換え可能な人間は、共有された言語を含む一定の基礎的なスキルを備え、近代社会を構成するさまざまな位置に自らを適合させることができる。この取り換え可能な人間は、「高度に多様化した務めを、同じ一般的な文化の言語《イディオム》のなかで果たすことができ、必要とあらば、問題となっている文化の一般的な標準スタイルで、特殊な職務のマニュアルをやりなおすことができる」(4)。ナショナリズム、すなわち、文化的な単位と政治的な単位とは一致すると主張する原理は、取り換え可能な人間を製造するにふさわしい理想的な集団的イデオロギーである。彼らが国家や近代産業と日常的に接触するための条件をつくりだすのは政治的権威であるが、それを可能にするのがナショナリズムなのである。

ゲルナーは、近代《モダニティ》に特有の、領域を基盤とする垂直的な国民文化を、伝統的社会のより多様な文化と対比する。印刷技術が考案され、自国語で書かれた書物が普及する以前においては、概して宗教と、ラテン語やペルシャ語、サンスクリット語といった学識的な書記言語に基礎を置く水平的、非領域的な文化、すなわち「ハイ・カルチャー」と、地域性《ローカル》をもつさまざまな垂直的文化、すなわちロー・カルチャーとを区別することができた(5)。国民文化の出現は、近代国家の勃興と初等教育の普及に関係している。数ある地域的《ローカル》な文化のひとつが印刷技術と教育を通じて上層へと運ばれ、国家によって境界づけられた領域的な範囲に広がっていったのである。

私がみるところ、この機能主義であるとの批判は、エージェンシーと構造のあいだの複雑な関係を考慮できていない。近代主義的なパラダイムを特徴づける構造的な主張は必ずしも決定論に陥っているわけではない。むしろ、こうした主張が指摘しているのは構造の変化の重要性であり、異なる政治構想やイデオロギーが構造的な条件によって支えられたり妨げられたりするという点である。政治はつねに実験に従事する。政治組織の正統性を高めるという意味で成功する政策もあれば、失敗する政策もある。政策が成功するかどうかは、少なくともある程度までは、背景をなす構造的な条件に依存する。近代主義的な議論が妥当だといえるのは、ナショナリズムと産業化のあいだに、あるいは近代国家の勃興とのあいだに直線的な関係を見いだしているからではない。たとえば、産業化のひとつの側面である印刷技術の発達がナショナリズムを出現させるうえで重要な役割を果たしたことには私も同意するが、ナショナリズムは、産業化を開始させる条件をつくりだすために出現したとか、それは、産業化がもたらした不可避的な結果であるとか主張する必要はない。ネーションという概念は、さまざまな要因が絡みあうなかで自律的に立ち現われたものといえる。むしろ重要なのは、ネーションという概念が近代国家と産業化に適合したイデオロギーだという点である。ナショナリズムと産業化、そして近代国家は、必ずしもつねに調和のとれたものではないにせよ、互いに補強しあう関係にある。

続いて、関連する第二の議論を取り上げることにしよう。近代主義的なパラダイムは道具主義的すぎると批判される。ナショナリズムは、国家による文化の統制、とくに言語政策と教育を通じて上から吹き込まれたものである。ゲルナーやホブズボームのような近代主義者は、そう主張する。たとえば、ホブズボームは「社会的な設計」や「創作」について語っている。ベネディクト・アンダーソンが提示した近代主義の変種、すなわち、ネーションは、新聞や小説といった、自国語で書かれた世俗的な印刷物の普及を通じて「想像された」ものであるとの主張でさえも、不自然さを理由に批判される。[6] 批判者たちは、上からの動員が一定の重要な役割を果たしたことは認めているが、こうした動員だけではナショナリズムは成功しないと主張する。すなわち、世間一般の人びとが共有し、民俗的《フォーク》な記憶と伝統、慣習に由来する「真正な」感情に訴えかけることで人びとの共鳴を多少なりとも得られた場合にのみ、ナショナリズムは成功する、と。市井の人びとをナショナリズムが惹きつけるためには、彼らの感情を反映したものでなければならない。私も同じ意見である。だが、その感情は必ずしも、文化的、もしくはエスニックなものとは限らない。実際のところ、一般の人びとはエスニックな象徴、あるいは文化的な象徴を必要とするという見方は、私には非常に父権主義的な見方にみえる。政治的な要求――たとえば、民主主義を求める要求や反植民地主義の訴え――にもとづく人びとの感情もありうるからだ。こうした違い、すなわち、ナショナリズムの政治的な基盤と文化的な基盤との違いは、シヴィック・ナショナリズム[5]とエスニック・ナショナリズムの区別や、西洋のナショナリズムと東洋のナショナリズムの区別を反映している。ハンス・コーンによれば、

［西洋の］ネーションは、市民が自発的に結合したものとして生まれた。個人は自らの意志を、契約や誓約、人民投票のなかで表明した。統合は政治的な概念を軸に成し遂げられ、ネーションの普遍的な類似性がとくに強調された。それに対し非西洋の世界では、ネーションは、非合理的で、文明化される前の民俗という概念を軸に形成された政治的単位と見なされた。ナショナリズムは、その結集点を民俗共同体のなかに見いだし、理念としての威厳を持つものへと、神秘的な装いのある

ものへと高めた。(7)かくして、ネーションの多様性か、その自己充足性のどちらかが強調されるにいたったのである。

スミスは、この区別は誇張されており、どちらのナショナリズムにも政治的な要素と文化的な要素が見いだせる、と主張する。おそらくその通りであろう。しかし、私はつぎのように主張したい。開かれた民主的な社会であればあるほど、ナショナリズムが前向きの政治的企図となる可能性は高くなる、権威主義的で閉鎖的な社会であればあるほど、人びとを動員する手段として文化的・宗教的な伝統が上から再創造される可能性が高くなる、と。

道具主義であるとの批判に関連するものとしては、近代主義は「過去を切り捨てる現在主義」であるとの批判がある。すなわち、近代主義者は現代の人びとだけに焦点を据えている、と。ナショナリズムは、エスニシティにもとづく市井の人びとの共感を多少なりとも獲得しなければならない。このように論じる人びとは、ネーションには、いくらかの前史がなければならないと主張する。彼らによれば、ナショナリズムは創作されるものでも設計されるものでもない。むしろそれは、過去をもとに再建され、創作しなおされるものである。「文化性を感じさせる」古い「破片や布切れ」のどのようなものも、ナショナリストの目標に奉仕する。(8)スミスはこのようにゲルナーを強く批判する。スミスが言うには、

私たちはナショナリズムを、倫理的な共同体であるという全体の意思と、先祖伝来の共同体であるとの共有された感情にもとづいた集合的行為の一類型として捉える必要がある。そして、このこと

は、ネーションを、市民からなる聖なる共同体の政治的な形態として理解することが必要だということを意味している。(9)

しかし、私が考えるに、この種の議論には「現在を切り捨てる過去主義」の懸念がある。ネーションの歴史や前史に焦点を据えることは、多くの場合、現代の人びとの日常的な経験や関心事から目を逸らすことを意味する。たとえば、近代化されていない、それゆえ文化的には豊かな多くの社会ではそうであるように、何世紀にもわたって共生してきた人びとが互いに衝突しあうようになるのはなぜなのだろうか。非常に抑圧的なものとなりうるある種の決定論、すなわち、人びとは彼らのエスニシティ上の過去から逃れることはできないという考えも、この種の議論には見え隠れしている。

近代主義にまつわる第三の議論は情動に関するものである。近代主義者はナショナリズムの情動を説明することができない。スミスはそう述べている。人はなぜ、ネーションのために命を捧げるのか、この問いに彼らは答えることができない、と。スミスにとってその答えは、共有された記憶と祖先からなる「聖なる共同体」にある。私は別の答えを示すことにしたい。それは戦争である。スミス自身が論じているように、情動、そして実際には宗教的感情も死と密接に結びついている。とはいえ、私は、この議論を転倒させ、戦争がナショナリズムをつくりだすのであって、その逆ではないと主張したい。ナショナリズムの物語において非常に重要な部分を占めるもの、それは軍事的な英雄と戦闘だからである。ナショナリズムは、緊密な関係にある近代国家と戦争の結節点として理解されなければならない。これは、チャールズ・ティリーとマイケル・マンの二人によって展開された議論であり、私自身の主張でもある。国家による暴力の独占は、一八世紀と一九世紀に戦争を通じて成し遂げられた。その結果、税率が高まり、徴兵が強化され、戦時国債の発行額が増加し、行政活動の範囲が拡大し、その効率性が向上しただけでなく、「ネーション」という概念も強化された。この概念は、戦争を想定した徴兵と軍事教練を通じて再生産されたのである。「ネーション」という概念と「他者」という概念は、戦争のなかでその内実を与えられた。それ以前の戦争は、宗教の争いか、重複し競合するさまざまな主権（封土や都市国家、藩王国など）の争いであり、忠誠の形態も多様で複雑に入り組んでいた。しかし、一八世紀および一九世紀には、ヨーロッパにおいて、国家間のナショナルな戦争が戦闘行為の支配的な形態となった。カール・フォン・クラウゼヴィッツは、戦争のために人びとを動員する過程から生まれる過激な論理をうまく説明している。

国家の対内的機能と対外的機能を明確に区別する発想は、この時代から始まった。国家の対内的機能は、法の支配の維持や公益事業、文化・社会経済政策、そして、少なくとも西洋においては、個人の権利と市民権の尊重に関わるものであった。それに対し、国家の対外的機能は、全体としてのネーションを守ることであった。

現代の思想家たちは、ナショナリズムと戦争が結びついていることを十分に理解している。「ネーションが真の意味で、そして精神的にも結束したものとなるのは、祖国のために英雄的な行為を共同で遂行するなかでのみである」。ナショナリズムの最古の論者のひとりハインリヒ・フォン・トライチュケは、そう主張した。G・W・F・ヘーゲルの影響を感じさせながら、彼は、戦争と勇ましさが集合的な概念を支える役割を果たしていることを強調している。「個人は自らの自我を忘れ、自身が全体の一員であることを感じなければならない。つまり、一般の福祉に比べれば自分の命など何の意味もないことを認識しなければならない。……個人は、彼自身がその一員であるより高次の共同体のために自らを犠牲にしなければならない。人間の外部にある共同体のなかで最高位のもの、それは国家である」[10]、と。

むろん、ナショナリズムをリベラリズムの観点から捉える思想家たちもいた。ジョン・ステュアート・ミルやヴィクトル・ユゴー、ジュゼッペ・マッツィーニといった思想家たちである。彼らは、ナショナリズムを民主主義的な企てと理解し、ナショナリズムが拡散すれば戦争は終結するであろうと考えていた。しかし、彼らもまた近代主義者であった。彼らにとってナショナリズムは、情動ではなく理性に関わるものであり、いずれ消えゆくであろう一時的な歴史的現象としてネーションの未来を考えていたのである。

ナショナリズムは、現在の構造的な条件にもはや適合しない束の間の現象であるというホブズボームとその他の論者らの主張は、近代主義的なパラダイムの弱点を表わす証拠として、このパラダイムの批判者らに時に利用される。たとえば、ジベルノーはつぎのように述べている。同質性を求める産業主義の要請によって「文化的に混じり気のない純粋なネーション」が生まれたというゲルナーの主張は、「グローバリゼーションの過程によって文化的な相互連関が絶え間なく生じている世界に適用するにはあまりに単純すぎる。「ゲルナーの主張が正しければ、画一的な単一の世界ナショナリズムへと向かう傾向を目の当たりにしているはずである。だが、実際には、まさに正反対の結果となっている」[11]、と。しかし、グローバリゼーションをめぐるこの描写は、あまりに単純すぎる。そもそも、近代主義的なパラダイムが関心を寄せているのは、構造的な変容という文脈のなかでイデオロギーが構築されているという点である。グローバリゼーションの過程によって生じているのは、文化的な相互連関だけではない。文化的なつながりの解体、分離も生じている。グローバリゼーションは国民国家の同質性を破壊する。グローバリゼーションには、画一性だけでなく多様性が、グローバルなものだけでなくローカルなものが内包されている。ナショナリズムの今後を占ううえで重要な意味合いを持つ三つの変化を、とくに指摘しておこう。

第一に、情報を基盤とする経済が出現したことによって、領域を基盤とする鉱工業生産の重要性が低下している。グローバル経済は、よりトランスナショナルな、そしてよりローカルなものになっている。金融や研究開発（R&D）といった経済の成長部門は、ますますグローバルなものになっている。しかも、低コスト大量生産（規模の経済）ではなく、分化した市場への特化（範囲の経済）から多くの利潤が引き出されるようになるにつれて、市場はますます分化し、ローカルなものになってきている。私たちが目にしているのは、分業面での根本的な変化である。一方で、ロバート・ライシュの言う「象徴分析者」の階級が、すなわち、金融や科学技術、教育、福祉の分野で抽象的な象徴を扱う人びとが増加の一途をたどっている。彼らは、進学率が爆発的に増加した第三次教育〔大学レベルの教育〕の卒業生であり、国境を越えてコミュニケーションをはかり、概してグローバル言語を、通例は英語を話す。他方で、この新しい象徴分析者のために働き、非公式《インフォーマル》部門で労働に従事し、文化的な多様性のなかで、さまざまなつまらない仕事を通じてやりとりしている下層階級の人びとが増えている。ナショナリズムというイデオロギーの中軸を占めてきた古典的な産業労働者は、ますます周縁へと追いやられている。

第二に、その転換はあまりに早急すぎるので、うまく描き出すことはできないかもしれないが、印刷技術から電子コミュニケーションへの転換は重要な意味合いを持っている。グローバリゼーションの分析者の多くが指摘しているように、一方で、インターネットや衛星テレビ放送、ファックス、航空旅行は、新しいグローバルな仮想《バーチャル》共同体を可能にしている。(12) 他方で、ラジオ放送とテレビ放送は、読書の習慣のないローカルな共同体に働きかけることで、いっそう迅速かつ大規模に政治的動員をはかることを可能にした。

そして最後に、第三の変化である。戦争の性格に重大な変化が生じている。一八世紀から二〇世紀初頭にかけて頻発してきた国家間戦争は、ますます生じなくなっている。グローバリゼーションが意味しているのは、国民国家の衰退ではなくその機能に変化が生じたということである、とスミスは述べているが、この指摘に異論はない。「私たちが目の当たりにしてきたのは、国家機能と国家権力の転換である。すなわち、経済的・軍事的な分野から社会的・文化的な分野への転換であり、対外主権から対内的な国内社会の統制への転換である」(13)。しかし、対外主権の後退と軍事的な機能の低下は、ネーションという概念を再生産するための能力を弱めてしまう。スミスはこの点を過小評価しているようだ。私たちが経験しているのは戦争ではない。ローカルでもありトランスナショナルでもある新しい類の政治的暴力、すなわち、テロリズムや「新しい戦争」、アメリカによるハイテク戦争である。しかも、こうした新しい形態の暴力は、以下で論じるように、新しいイデオロギーを構築しているのである。

ナショナリズムの理論家らがしばしば無視してきた展開のひとつにブロック主義がある。ブロック主義は、少なくともヨーロッパにおいて五〇年ものあいだ、ナショナリズムに取って代わった。一九四五年の著作のなかでE・H・カーは、ナショナリズムが攻撃を受けていると述べている。

道徳性の平面においてそれ〔ナショナリズム〕は、その本質的に全体主義的な性格を非難し、その名にふさわしいいかなる国際的な権威も、ネーションではなく個々の人間の権利と福利に関心を向けなければならないと声高に主張する人びとから攻撃を受けている。パワーの平面においてそれ〔ナショナリズム〕は、軍事的・経済的な組織化の単位としてのネーションを廃れさせた現代の科学技術の発展によって弱められている。この発展によって、実効性のある決定と制御をおこなう力は、巨大な多国籍集団の掌中へと急速に集中している[14]。

この「巨大な多国籍集団」は、それまでネーションが実行してきたいずれのものもはるかに凌駕する大規模な想像上の戦争から構築された、新しい非民族主義のイデオロギーによってまとまった。西側ブロックは、全体主義に対する民主主義の想像上の戦いのなかで結合した。他方、東側ブロックは、その戦いを社会主義と資本主義の戦いと位置づけた[15]。私が見るところ、ブロック主義は、水平的でトランスナショナルな結合という新しい「ポストモダンの」要素と、領域に重点を置く伝統的な要素とが結びついた過渡期の現象であった。ブロック主義は、フォーディズムと呼ばれる大量生産の大規模なモデルと理念上一致していた。このブロック主義が力を失ったのは、新しいコミュニケーションが、閉じた領域的な単位のなかでイデオロギーを保持することを不可能にさせたことと、戦争が差し迫っているとの概念を維持することができなくなったことの二つの理由からであると、私は主張したい。ブロック主義の衰退が生み出したイデオロギーの空白に、さまざまな新しいイデオロギーがなだれ込んだ。そのなかのひとつが、復活したナショナリズムだったのである。

現代のナショナリズム

〔エリザベス女王戴冠五〇周年〕記念式典の折り、ナゴルノ・カラバフ出身の友人がイングランドを訪れていた。ナゴルノ・カラバフは、アルメニア系住民が多数を占める、アゼルバイジャン領内の飛び地である。彼は、ソヴィエト時代の末期に設立され、カラバフはアルメニアの一部であると主張するカラバフ委員会の創設者のひとりであった。ソ連が解体した後、血なまぐさい戦争が勃発した。およそ一万五〇〇〇人から二万人もの人びとが殺害され、一〇〇万人を超える人びとが家を捨て避難することを余儀なくされた。ナゴルノ・カラバフだけでなく、アルメニアやアゼルバイジャンの人びとも移動を強いられたのである。私の友人は、メル通りに集まった人びとのなかに加わり、女王と王族が通り過ぎるたびに旗を振った。その後で「ところで、イギリスのナショナリズムはどう思う」と尋ねたところ、彼はこう答えた。「あれはナショナリズムではないよ。ソヴィエトの群衆だ。ナショナリズムというのは情動の問題だからね」、と。

ソ連でのメーデーのパレードや、空母上でイラクでの勝利なるものを宣言した際のブッシュの映像と同様、この記念式典は、現代ナショナリズムのひとつの形態、いわゆる「見世物的《スペクタクル》なナショナリズム」である。見世物的なナショナリズムは、二〇世紀の前半に席捲した、より好戦的なナショナリズムから進化したものである。見世物的なナショナリズムは公式のイデオロギーである。すなわち、現行の国家を正当化する役割を果たすイデオロギーである。それは、テレビ放送を見たり群衆に加わったりといった受動的な参加を求めるが、税金を払ったり戦争に命を懸けたりといった能動的な参加を動員する能力は非常に低い。見世物的なナショナリズムは、意識的に作られたもの、すなわち、記念式典のような見世物的イベントをともなうが、「平凡なナショナリズム」(banal nationalism)[6]と共通する部分がある。

　私の言う新しいナショナリズムは、ナゴルノ・カラバフやボスニア・ヘルツェゴヴィナといった場所に見いだされ、不安全《インセキュリティ》と暴力の状況のなかで醸成されている。新しいナショナリズムは排他的である。すなわち、ナショナリティの異なる他者を排除する。それゆえ、新しいナショナリズムは、宗教的教義には厳格に従うべきであり、他者にも強制すべきだと主張する宗教的原理主義にかなり似ている。現に、好戦的な民族主義運動と宗教的な政治運動はかなり重なる。[16]これは、ナショナリズムの宗教的な性格に起因するだけではない。多くのネーションが宗教的な観点から規定されており――たとえば、ボスニアのムスリムやヒンドゥー・ナショナリスト――多くの宗教がネーションの観点から表現されている――たとえば、ユダヤ教やイスラーム教――ことにも起因しているのである。

　過去二〇年間に、こうした集団の政治的なプレゼンスは増大してきた。それは選挙を通じてであったり、[17]テロリズムや戦争といった暴力的な事件への関与を通じてであったりした。こうした運動は、過去への逆戻りと捉えられるべきではない。むしろ、現代の構造的な条件に密接に関連した現象として理解される必要がある。従来のナショナリズムが近代の第一段階の観点から説明される必要があるのと同じように、新しいナショナリズムは、グローバリゼーションやポスト・モダニティ、あるいは後期近代《レイト・モダニティ》とさまざまに表現されるものによって形成され、それを形づくる。新しいナショナリズムは冷戦期に抑圧もしくは凍結されていたが、冷戦の終結を機に突如噴出したにすぎない、しばしばこのような主張を見聞きする。私の答えは否である。むしろ、新しいナショナリズムは冷戦後に構築、もしくは考案された。電子メディアと新しい形態の暴力が、この構築に際して重要な役割を担ったのである。

従来のナショナリズムと同じように、新しいナショナリズムの好戦的な性格は「上から」と「下から」の双方向でつくられた。政治的指導者は、政治的な動員をはかる他の手段が失敗した場合に、民族主義的で宗教的な訴えを利用する傾向がある。こうしたイデオロギーのための空間を開いたのは概して世俗指導者であった。たとえば、インドの国民会議派は、インド人民党（ＢＪＰ）が創設されるはるか前からヒンドゥー教のレトリックを利用しはじめていた。旧ユーゴスラヴィアやソ連では、それ以外のイデオロギー競争が排除されていたために、中央計画経済体制を構成する行政単位のなかでナショナリズムが成長した。アフリカでは、世襲指導者が、政府の乏しい資源を割り当てる手段として部族のネットワークを利用した。そして中東では、アラブ・ナショナリズムの失敗が、多くの指導者をして宗教的アイデンティティとイスラエルとの対決姿勢を強調させた。

アンソニー・スミスは、記憶と伝統に由来する人びとの感情に多少なりとも訴えかけることなくして、政治的な動員をはかるこうした努力は成功しない、と論じるであろう。暴力の記憶、とりわけ、それほど遠くない過去の暴力の記憶が動員を容易にするというのは間違いなく正しい。今日のヒンドゥー教徒とムスリムの衝突は、前の世代の衝突を再生産するものである。旧ユーゴスラヴィアでは、第二次世界大戦中におこなわれた残虐行為の鮮明な記憶が、現代のナショナリズムを噴出させる豊かな源泉となっている。概して、多文化的な環境のなかで育った今日の世代が、なぜこれほどまでに排他的なイデオロギーに対して脆弱なのか。より説得力のある説明を提供してくれるものとしては、やはり、劇的な構造変容に起因する不安全と不満をおいてほかにはない。過去二〇年間に多くの地域で目にしてきたのは、国家供給と公的な職業斡旋の実質的な減少であり、急速な都市化と、犯罪化した非公式経済の成長、そして、地方から都市への、貧困国から工業化した西洋への大規模な移動である。こうした運動に加わる人びとの多くは、不安に苛まれた若者である。多くの場合、彼らは、国家や産業部門の衰退によってもはや存在していない職務の教育・訓練を受けてきた経験を持ち、現在は収入がないために結婚することもできない。あるいは、唯一の収入源となりうる、完全に犯罪とまではいえない擬似犯罪活動を正当化する必要に迫られている場合もある。民族主義集団や宗教集団の一員になることは彼らに意味を与える。それらの一員になることは、歴史とのつながりを感じさせるとともに、冒険心を満たしもするのである。

グローバリゼーションとの出会いは不安感を呼び覚ます。日常生活に影響を及ぼす重要な決定が遠く離れた場所で下されるとき、無能感が押し寄せる。九月一一日の攻撃で自殺した若者たちは全員が西洋で教育を受けた。これは、民族主義的・宗教的な過激派の多くに当てはまる特徴である。セルビアの過激な民族主義政党の指導者であるヴォイスラヴ・シェシェリは、ミシガン大学で過ごしたことがある。動員された人びとの多くは、地方から都市に移動してきた人びとか、南側から西側に移動してきた人びとである。彼らは、自分たちの出自とのつながりを失う経験をしたが、新しい故郷との一体感をまだ持てずにいる。

こうした運動を衝き動かすイデオロギーは近代的であり反近代的である、と表現することができる。大部分の新しいナショナリストは、領域的な基盤をもつ主権の存在を信じている。彼らの目標は、ネーションや宗教の名のもとに現行の国家を支配するか、新しい国家を建設することにある。だが、彼らのイデオロギーは、近代社会の特徴である疑問と質問を拒絶する点で反近代的である。すなわち、純粋で穢れのないものとして過去を位置づけるその考え方と、ネーションや宗教の熱望がかなえられた黄金時代へのノスタルジア、そしてとりわけ、こうした運動に共通してみられる最大の特徴である、善と悪の永遠の戦いという概念ゆえに反近代的である。近代的な、すなわち、グローバリゼーションが起きる前の国民国家観に立ち戻ることを望んでいる点で、こうしたイデオロギーは後ろ向きである。

他方で、こうした運動の組織と戦略のかたちは「後期近代」の特徴であり、グローバリゼーションとして知られるさまざまな現象を活用している。組織面でいえば、新しいナショナリズムはトランスナショナルな形態となる傾向がある。その目標はたいていローカルなものであるが、その組織は、他国にある移民共同体——多くの場合、ディアスポラは重要な役割を担う——を含む、支持者の水平的なネットワークの構築に依存する。概して、こうした運動は、国家供給の減少によって取り残された空白を満たす類似した組織体——たとえば、神学校や人道NGO——を創設する。その資金は、ディアスポラの裕福な支持者からか、あるいは、広範な犯罪・非公式活動を通じてもたらされる。

ネットワークをつなぎ、政治的な動員をはかるために、こうした集団のすべてが「新しいメディア」——テレビ放送やインターネット、ビデオカセット——を利用している。自前のテレビ・チャンネルやラジオ・チャンネルを有している集団も多い。ヒンドゥー・ナショナリストは、新しい衛星放送チャンネルであるスターTV〔現在のスター〕から利益を得ている。セルビアのテレビ放送は、ユーゴスラヴィアでの戦争へといたる数年のあいだ、民族主義的なプロパガンダを流布し、現代の出来事を第二次世界大戦や一三八九年のコソヴォの戦いと交差させるうえで重要な役割を担った。ウサーマ・ビンラーディンの演説はビデオカセットを通じて世界中に流れる。アフリカでは、ラジオ放送は文字どおり魔法である。ルワンダでのジェノサイドを煽動したのは、ラジオ・ミレ・コリンズの憎悪のラジオであった。

こうした運動の多くにとって暴力は、政治的な動員をはかるための中心的な戦略である。従来の戦争やゲリラ戦においては、領土の奪取やラジオ局、当局の重要人物への攻撃のように、暴力は戦略的な標的に対して行使され、明確な戦略の一部として行使された。政治的な動員は、この戦略を実行に移すために必要とされたのである。今日、暴力は、象徴的な意味合いを持つ標的や民間人に対して行使される。象徴的暴力はメッセージのひとつであり、自らの意思を相手に伝える手段のひとつとなっている。民間人に対するテロリストの攻撃は「象徴的暴力」の典型である。「度を越した」暴力が「故意に」行使され、しばしば気味の悪い手段が選ばれる。ウガンダの「神の抵抗軍」は耳や唇を切り落とす。ハマスの自爆テロ犯は、できるだけ多くの人びとを殺すために爆弾のなかに釘を入れる。マーク・ユルゲンスマイヤーは「象徴的暴力」を芝居になぞらえる。こうした暴力は、彼の言う「パフォーマンス行為」——「暴力のパワーをあからさまに誇示するやり方で実行された、気絶させられるような、異常で常軌を逸した謀殺」——であり、これは「紛争の壮大なシナリオと宣言のなかで定められている」(18)。こうした攻撃の標的となるのは、多くの場合、重要な象徴である。たとえば、世界貿易センターとオクラホマの連邦ビルは、繁栄と銃規制の象徴であった。また、アヨドヤのモスクは「〔ヒンドゥー・ナショナリストにとって〕象徴的な施設であった。こうした「暴力の儀式」は、来世にまつわる意味を帯びている。これは戦いであり、最後の大決戦《ハルマゲドン》もしくはジハードであり、永遠の戦争であるとの感覚を研ぎ澄まさせる効果を発揮する。

実行犯の多くは、その行為を遂行するのは彼ら自身ではないかのように、特別な服装をして人びとを殺害する。たいがいの暴力の芝居じみた性格、その劇場性は、この点に如実に表われている。ボスニアとコソヴォでの残虐行為の責任を問われた悪名高いフレンキーズ・ボーイズは、スキー帽にカウボーイハットを被り、インディアン風の縞模様を顔にペイントしていた。彼らのトレードマークは、セルビアのチェトニクの印であり、破壊された都市のシルエットに英語で「シティ・ブレイカーズ」と書かれていた。また、神の抵抗軍の指導者であるジョセフ・コニーは、飛行士用サングラスをかけ、首まで伸びた髪の毛を紐で結い、ビーズを編み込んでいる。また、彼は女性の服を纏《まと》うこともある。

だが、暴力は、単に象徴的であるだけではない。ハマスのひとりの活動家が自爆テロ犯を表現した「イスラエルへの手紙」という言葉で言い尽くせるものではない。近年の武力衝突の多くで目標とされたのは、意図的な「他者」の排除であり、実のところその殲滅であった。ルワンダのフツ族は、アドルフ・ヒトラーがユダヤ人を駆除しようとしたように、ツチ族を駆除しようとした。旧ユーゴスラヴィアや南コーカサスでの戦争が目標としていたのは、エスニシティの観点からみて純粋な領域をつくりだすことであった。これらの事例では、度を越した暴力が故意に行使された。人びとが自分の故郷に憎しみの感情を抱くよう、暴力は故意に激しく行使されたのである。たとえば、旧ユーゴスラヴィアでの組織的なレイプは広範囲にわたっておこなわれた。それは、戦争がもたらした副次的効果ではなかった。むしろ、戦争で使用する兵器として意図的に実行に移されたものだった。レイプされた自分は恥ずべき穢れた女である。女性に、とりわけムスリムの女性にそう思わせることで、故郷に戻りたくないとの思いを彼女たちに抱かせること、これが組織的なレイプの狙いであった。また、象徴的な標的に対する暴力は、「他者」の文化のいかなる痕跡も除去することを目指してもいた。ボスニア戦争のさなかのバニャ・ルーカでは、オスマン帝国支配下の一六世紀に建てられた比類のない二つのモスクが徹底的に破壊された。金曜日に爆破された後、月曜日にはブルドーザーが入り、芝生で覆われてしまったため、かつてその場所にモスクがあったことなど、あなたにはわからないはずである。

こうした新しい形態の暴力は、過激な集団が過激な感情をうまく動員する手段として理解することができる。恐怖と憎悪、情動と偏見が政治的な選択を左右する可能性がいっそう高まるのは、不安が社会全体に広がっている状況下においてである。たとえば、パレスチナの自爆テロ犯を、パレスチナ国家を実現するための手段と解釈するには無理がある。それは、イスラエルの残忍な対応を、安全保障を高めるための手段と解釈するには無理があるのと同じことである。だが、暴力の目的が過激な感情——ハマスや過激なシオニズム組織を支持する人びとの感情——を増幅させることにあるとしたら、現に起きていることを無理なく解釈することができるはずである。

旧ユーゴスラヴィアにおいては、さまざまな衝突のなかで繰り広げられてきた殺人と強制移住が、紛争の原因であったと考えられているイデオロギーそのものを生み出した。殺人と強制移住は、恐怖と憎悪という遺産を、失われた親族の記憶という遺産を残した。この遺産が、戦争が勃発する以前とは比べものにならないほどに広がっている草の根の民族主義的情動を煽り立てていく。実際には、これがその暴力の狙いとしたところだったのかもしれない。同じようなことがナゴルノ・カラバフでも起きた。政治的に支配できるかどうかは、ナショナリティが異なる人びとを追放できるかどうかにかかっている。

ある解説者は、「紛争の規模と激しさが増すにつれて」このような考え方が「広がっていく」。「先手を打たれるかもしれないという恐怖と、過去に流れた血の記憶によって」この考え方は「憎悪に満ちたイデオロギーへと変換され[19]」ていった、と述べている。

一九九〇年代末、これまでにない特徴を持つ新しいナショナリズムの新種が姿を現わした。ビンラーディンとアルカーイダが広めたグローバル・イスラーム主義というイデオロギーである。たしかに、グローバル・イスラーム主義は宗教運動のひとつである。しかし、その唱道者たちは「イスラーム国家《ネーション》」について語っている。しかも、共通の文化であるイスラーム教を軸に統一されるというその基本的な考え方は民族主義的な理念である。それは、多くの「新しい戦争」――ボスニアやパレスチナ、チェチェン、カシミール――の犠牲者であるムスリムは選ばれし者であるという主張にもとづいた、ムスリムの政治的な権利なるものと結びついた考え方である。グローバル・イスラーム主義は、グローバル時代の典型的なネットワークのひとつである。それは、新しい形態のコミュニケーション（航空旅行だけでなく、インターネットやビデオカセットの循環、アルジャジーラのような衛星テレビ放送の活用）と新しい形態の暴力闘争を通じて形成された。

とはいえ、このイデオロギーは、スーダンで活動していたビンラーディンが、東南アジアやボスニア、さらにはチェチェンで戦っていた人びとを含むさまざまなイスラーム教徒の集団と接触した一九九〇年代の中ごろには、すでに姿を現わしていたように思われる。このイデオロギーを新しい現象として際立たせる要素としては、以下の三つがあげられる。

●一つめは、この言説のグローバルな性格である。同じイスラーム教徒の集団であっても、その教義と目標は非常に多岐にわたる。政治的な色合いがもっとも濃い集団の場合には、たいていローカルな組織でありつづけようとする。ビンラーディンが英雄視していた人物は、一二世紀にイスラーム集団をまとめあげ十字軍に対抗したクルド人司令官、サラディンであった。ビンラーディンの目標は、サラディンに倣い、本質的に異なるこうしたイスラーム集団をグローバルな闘争を進めるなかで糾合することにあった。一九九六年八月に、彼は「二つの聖地を占領しているアメリカ人に対する『世界宣言』」を発表した。これは、イスラーム世界の個々の国家ではなく、政治的なイスラーム集団がアメリカに狙いを定めた初のケースであった。「『シオニスト・十字軍同盟』とその協力者どもがおこなった侵略と悪行、そして不正によってイスラームの人びとが苦しんできた事実を隠匿すべきではない。……パレスチナとイラクで［ムスリムの］血が流れている。レバノンのカナでおこなわれた大虐殺の身の毛もよだつ光景は、記憶にまだ新しい。タジキスタンやビルマ〔ミャンマー〕、カシミール、アッサム、フィリピン……オガデン、ソマリア、エリトリア、チェチェン、そしてボスニア・ヘルツェゴヴィナ……での大虐殺は、われわれを震えさせ、良心を動揺させる」(20)。その「宣言」には、そう記されている。

●二つめの新しい要素は、「急襲」に際して「殉教者」（自爆テロ犯）を使う見世物的な暴力に焦点を据える点である(21)。暴力の標的は、もはやローカルなものではなくグローバルなものである。そして「急襲」は、メディアに及ぼす影響力を最大化すべく計画される。それゆえ、標的は象徴的な性格を持つものでなければならず、民間人の死傷者を多く出す方法が選ばれなければならない。

急襲は、「聖約であるジハード」と見なされ、信仰やネーションのために自己を犠牲にする行為がいかに素晴らしいものであるかを観客の目の前で実演してみせる。

三つめは、ローカルな文脈で権力を獲得することに関心を寄せていた、政治的なイスラーム集団のこれまでの変種とは比べものにならないほど、グローバル・イスラーム主義が「反政治的」であるという点である。アルカーイダの登場は一面において、政治的なイスラーム集団が周縁化されていたことを物語る出来事である。多くの解説者が述べてきたように、政治的なイスラーム集団の全盛期は一九八〇年代の終わりころであり、以後、退潮傾向が続いてきた。現在のグローバル・イスラームは、特定の目標を達成するよりも政治的な動員をはかることに大部分の力を割いている。むろん、ビンラーディンらは特定の要求を表明してはいる。すなわち、サウジアラビアからのアメリカ人の撤退、あるいは、中東におけるカリフの地位をムスリムに与えることである。だが、ビンラーディンが一九九九年に述べているように、「われわれがおこなおうとしていることとは、［イスラーム］国家《ネーション》が立ち上がり、自らの土地を解放するよう促すことである[22]」。世界貿易センタービルのタワーに対する攻撃は、グローバル・イスラームの理念を世界に知らしめることに成功した。それはおそらく、犯人たちの想像を超えるものであっただろう。二〇〇一年一二月にアルジャジーラが入手したビデオテープのメッセージのなかで、ビンラーディンはつぎのように述べている。「ウサーマの生死にかかわらず意識の覚醒が始まった。アラーを称えよ[23]」、と。同じようなことは革命的テロによっても引き起こされうる。この言説は、怒りと不満に任せたニヒリスティックな行為を正当化する。そして、その理念が千年王国的なものである、すなわち、人びとが解放される理想郷がいつか将来到来するだろうとの考え方を軸に据えた理念であるならば、重要となるのは特定の目標を実現することではない。動員そのものなのである。

組織としてのアルカーイダの全盛期は、一九九六年から二〇〇一年にかけての時期であった。その時代、アフガニスタンにあったアルカーイダの施設は、相対的に自律した活動を展開していたように見える種々のローカルな集団を訓練し、その活動を経済的に支え、専門的な助言をおこなう拠点としての役割を果たすことができた。(24) この施設は二〇〇一年に破壊されたが、そのイデオロギーは以前にも増して強力になったように見える。アメリカによる「テロとの戦い」は、永遠の戦いという概念を強化し、アメリカの敵としてふさわしい存在へとこの運動を高めた。このイデオロギーがその魅力をいまだに失っていないということは、イスラームの過激派が公然とイラクに集結しているさまを見れば明らかであろう。ジェイソン・バークが述べているように、

正当化する言説、すなわち、怒れる若者を人間爆弾に変換するこの重要な要素は、いまや世界のいたるところに存在している。あなたはモスクやインターネットで、あるいは友人から、もしくは新聞紙上でそれを聞くことだろう。この急進化していく過程を修了するために、わざわざアフガニスタンに赴く必要はない。あなたがいるフロントルームやイスラーム・センター、あるいは公園で修了することができる。(25)

コスモポリタンあるいはヨーロッパ主義の政治

もちろん、現代のナショナリズムには別の形態も存在する。それは、ネーションの同質化が不完全であった国家に生きるエスニック・マイノリティの控えめなナショナリズムである。このナショナリズムは、これまで述べてきた新しいナショナリズムとは異なり、非暴力的で開かれた包括的なものである。思うに、スコットランドやカタロニア、あるいはトランシルヴァニアのナショナリズムは、この控えめなナショナリズムの典型である。ハンス・コーンによる西洋のナショナリズムと東洋のナショナリズムの区別が誇張であるのと同じように、こうしたナショナリズムと新しいナショナリズムを区別することは、不自然さを拭い去れない。そう論じる者もいることだろう。だが、この区別は重要である。というのも、文化的な同質性の対極にある文化的な多様性に関わる区別だからである。新しいナショナリズムは、大規模なもの（ヒンドゥー・ナショナリズムやグローバル・イスラーム主義、もしくはヨーロッパにおける反移民主義）も小規模なもの（クロアチア人やアブハジア人、チェチェン人）も文化的な同質性を好む。それゆえ、このナショナリズムは閉鎖的で排他的である。それに対し、控えめなナショナリズムは、ローカルなレベルで民主主義を強化し、文化的な多様性を擁護するものにもなりうる。むろん、スコットランドやトランシルヴァニアのような場所にも、競合する二つの陣営が存在してはいる。とはいえ、これら二つの地域では、エスニシティにもとづく分断が民主主義の過程によって乗り越えられる傾向を見せてきた[26]。新しいナショナリズムと控えめなナショナリズムを区別することは、コスモポリタニズムとは何かを説明することにつながる。だからこそ、両者の違いを強調することが大切なのである。

近代主義的なパラダイムを批判する者は、コスモポリタンな理念も批判する傾向がある。それは近代主義者が、ネーションは一時的な現象だと主張するからである。「『ネーション』は永久不変のものではない。始まりがあったからには終わりもあるだろう[27]」。したがって、近代主義者は、グローバリゼーションと結びついた構造的な条件にいっそううまく適合する、より前向きのイデオロギーと彼らが見なすものを支持する傾向がある。

近代主義的なパラダイムを批判する者が、コスモポリタンで暗にヨーロッパ的な理念に対して投げかける批判には、主に二つの種類がある。ひとつは、グローバルな文化のようなものは存在しない、たとえ存在するとしても、それは、情動からくる忠誠を生み出すことができない陰鬱な文化、均一の技術文化でしかない、との批判である。このような批判は、「コスモポリタニズム」という言葉の意味をそもそも誤解している。文化的な観点からいえば、コスモポリタニズムは、異なる文化への開かれた態度を意味している。ジョン・アーリによれば、コスモポリタニズムとは「異なる文化に属す人びとや場所、経験に対する『開放性』、とりわけ、異なる『ネーション』に属すそれらに対する『開放性』という知的・美的態度をともなう文化的な傾向」である。「コスモポリタニズムは、優位性や均一性を切望する姿勢ではなく、社会間の違いを探し出し、それを楽しむ姿勢をともなうべきものである[28]」。政治的観点からいえば、コスモポリタニズムと人道主義は区別されなければならない。人道主義は、普遍的な人間の価値、いまで言う人権に関わるものである。それに対してコスモポリタニズムは、人道主義と、人間の多様性の称揚とを組みあわせたものである。その政治的な意味の由来である『永遠平和のために』のなかでイマヌエル・カントは、コスモポリタンな権利が主権より優位に立つような、国民国家からなる世界を描き出している。永遠平和を実現するためには、コスモポリタンな権利が歓待の権利によって制限されなければならない、カントはそう主張する。彼の言う歓待の権利とは、尊厳をもって外国人を扱うことである。一八世紀末の時代状況のなかで〔『永遠平和のために』を〕著わしたカントは、植民地主義に反対しただけでなく、ヨーロッパからの訪問者を酷く扱う、現地の古くからの居住者をも批判した。歓待の権利は、人権の尊重と差異の尊重の両方を意味する概念なのである。

「コスモポリタン的愛国者」[29]と題する論文のなかで、クウェイム・アンソニー・アッピアも同様の主張を展開している。アッピアは、「ルーツのあるコスモポリタン、すなわち、彼／彼女のホームランドと文化を愛し、そのホームランドをよりよい場所にする責任が自分にはあると感じている人」という概念が重要である、と語っている。しかし、コスモポリタンは、彼／彼女が住む場所と自身が加わる実践を自由に選ぶこともできる。つまり、あなたは、何ら圧力を受けずに自らの選択で自由に移動することができ、ある伝統を尊重しつつも、それ以外の伝統は尊重しないことも選ぶことができる。愛国心は、排除ではなく自由を意味することができる。コスモポリタンとは、人権のグローバルな保障と、文化の存続を促すグローバルな戦略の双方が必要だと主張する人を指す言葉であろう。たとえば、サラエヴォを活気に満ちた場にせしめたのは、異なる文化が非常に長きにわたって共存してきた――モスクやギリシャ正教会、カトリック教会、そしてシナゴーグのすべてが互いに二〇〇から三〇〇ヤードしか離れていない距離で点在している――という事実そのものである。コスモポリタンは、こうした多様性を誇りに思う。コスモポリタンは、こうした異なる実践を尊重し、それらが共存しうるという事実を喜ぶ。

続いて、二つめの批判は、コスモポリタンな、あるいはヨーロッパ的な文化は記憶を持たない、というものである。アンソニー・スミスによれば、

永遠のグローバルな文化は、生きた要求に応えないし、いかなる記憶も思い出させない。アイデンティティにとって中心的なもの、それが記憶であるならば、形成されつつあるグローバルなアイデンティティも、それを求める熱望も確認することはできないし、コスモポリタンな「浅い」文化が現存する「深い」文化に取って代わるかのような集団的健忘症のいかなるものも確認することはできない。後者は、一部の知識人だけが抱いている夢のままである。階級やジェンダー、地域、宗教、そして文化の習慣的共同体に分かれている大多数の人びとに思い出させるものは何ひとつ存在しない。(30)

実のところ、スミスはさらに一歩進んで、ヨーロッパ的な文化は、これまで起こってきた都合が悪い出来事——戦争や帝国主義、ホロコースト——をすべて忘却しなければならないと主張する。この驚くべき主張が明らかにしているのは、近代主義を批判する者はイデオロギーの政治的な性格を無視する傾向があるという点である。西ヨーロッパにおいてネーションのイデオロギーが民主主義の要求から生まれたのと同じように、ヨーロッパ主義というイデオロギーは、人権の要求と戦争の終結を求める要求から生じている。主にヨーロッパ主義は、戦争の惨事を受けてハーグでヨーロッパ運動が産声を上げた一九

四五年以降と、平和運動や人権運動との協力がもたらした成果である一九八九年と冷戦の終結以降の二つの時期に高まりを見せた。

これらは、新しいコスモポリタンな記憶の基礎をなす。むろん、ヨーロッパが歴史上経験した恐ろしい出来事を忘れないかたちで。ローランド・ロバートソンとマーティン・ショーはともに、つぎのように論じている。[31] ホロコーストとヒロシマは、自分はグローバルな共同体の一員であるとの私たちの理解を支えるグローバルな記憶となってきた、と。また、ダニエル・レヴィとナタン・スナイダーは、ホロコーストの記憶が博物館や教育、学術会議を通じて再生産されており、こうした記憶の構築が人道的な思考に影響を与え、ボスニアとコソヴォでの介入につながった点を明らかにしている。[32]

西洋の人びとはもはや、見世物的なナショナリズムのために進んで死のうとはしない。人権活動家や人道機関がすでにおこなっているように、人権のために進んで命を危険にさらすようなことはおこなうべきではない。スミスはそう主張するが、私にはその理由がわからない。警察官と消防官は、他人の命を救うために自らの命を危険にさらす。結局のところ、その人のナショナリティは彼らの行為に影響をもたらさない。むろん、人権を擁護することは、人びとが自ら命を危険にさらそうとするだけでなく、自らのネーションのために進んで敵を殺し、破壊しようとするナショナルな戦争と同じものではない。確かにいえることは、この種の情動はないほうがましだということである。

結論

ナショナリズムは構築された、もしくは想像上の理念であり、その成功は、その理念が近代と結びついた構造的な条件に適合していたという事実に由来する。近代主義のこのような主張を私は擁護してきた。ナショナリズムは、近代国家と近代産業を可能にした接着剤の役割を果たしたのである。また、私はつぎのような主張も展開した。ナショナリズムの強度は、文化にだけでなく政治にも左右される。開かれた民主的社会において重要となるのは、文化よりも政治である、と。その際、私は、ナショナリズムと結びついた情動を、文化の強さの観点からではなく戦争の結果として説明し、ナショナリズムを構築するにあたって戦争が重要な役割を果たすことを明らかにした。

近代的なナショナリズムを生み出した構造的な条件は変容してしまった。情報を基盤とする経済が産業主義に取って代わりつつあり、以前とは比べものにならないほどにさまざまな労働力を必要としている。電子コミュニケーションの重要性はいまや印刷技術のそれを圧倒し、新しい水平的な、もしくは国境を越えた文化的共同体を可能にしている。国家間戦争は時代遅れとなりつつあり、新しい形態の暴力が、新しい、そして好戦的なイデオロギーである民族主義的・宗教的なイデオロギーを構築している。

国民国家の垂直的で同質的な文化は、ある種の見世物的なものとして存続する。この形態のナショナリズムは、新しい水平的なイデオロギーによって補完されている。一方で、私たちは、ナショナリズム

（ディアスポラによって今日のナショナリズムは、ローカルでもありグローバルでもある）やグローバル・イスラーム主義を含む、排他的で原理主義的な新しい政治的ネットワークを目にしている。他方で、開かれた控えめなナショナリズムを含む、コスモポリタンでヨーロッパ主義的なイデオロギーが広がりつつある。こうしたイデオロギーが上からだけでなく、人権運動と平和運動によって下からも広がりつつあるのである。

では、ナショナリズムが超越されることはあるのだろうか。これは政治的な問いである。新しいナショナリズムやグローバル・イスラーム主義との戦いという概念に見世物的なナショナリズムが依存する、アメリカに見られるような世界は、根本的な社会経済開発に対立するものである。というのも、これらのイデオロギーは後ろ向きであるからだ。グローバル時代にあって、ナショナルな社会を閉じた状態におくことはきわめて難しい。あえてそれができるとしたら、暴力とテロを通じてでしかない。だが、もし見世物的なナショナリズムと控えめなナショナリズムが、現代の状況の複雑さを反映したコスモポリタンな政治と結合しうるものだとしたら、このことは、文化的・民主的な分権と結びついたグローバル・スタンダードを斟酌したものとなろう。コスモポリタンな世界は、情動に対立するものとして理性と熟議を優先する。残念なことに暴力は、理性と熟議のための空間を圧迫する。ほかのイデオロギーにも増して、コスモポリタニズムは進歩に寄与する可能性が高い。それはなぜなのかをうまく説明することができるという事実は、このような世界が生まれるということを意味するものではない。

理念型として示されたこれら二つの世界のどちらが選ばれることになるのかを決めるのは、個人や集団、そして運動の行動である。つまり、その選択は、このような論争に依存するのである。近代主義的なパラダイムを批判する人びとと私は見解を異にしている。というのも、このパラダイムは、以前のナショナリズムについてはうまく説明しているように思えるからだ。しかし、ひとりの後期近代主義者として、もしくは再帰的《リフレクシブ》近代主義者として私が抱く未来のイメージは、近代主義的なパラダイムの一部の主唱者が抱いていたそれとは比べものにならないほど陰鬱である。私は未来について大いに疑念を抱いている。

第4章　バルカン諸国における介入——未完の学習過程

西バルカンにおける戦争は、冷戦終結後のあるべき介入の姿を模索する実験場であったと考えられるだろう。過去一〇年間にここでは五つの紛争が起きた。すなわち、スロヴェニア紛争（一九九一年）とクロアチア紛争（一九九一－九二年）、ボスニア・ヘルツェゴヴィナ紛争（一九九二－九五年）、コソヴォ紛争（一九九九年）、そしてマケドニア紛争（二〇〇一年）の五つである。グローバルなメディアの関心と市民社会の圧力の結果として、外部の大国は、相互連関性に彩られたグローバル化した世界に、介入の形態を馴染ませることを学んできた。

バルカン諸国での介入を導いてきた安全保障の哲学は、二つの類型に大別することができる。一つめは、伝統的な地政学的アプローチである。この場合、安全保障は領域の防衛として理解される。この地政学的アプローチは、外交的圧力と経済的圧力、そして軍事的圧力を行使することによって政治指導者や戦闘当事者に影響力を及ぼそうとするトップ・ダウンの傾向を帯びがちである。それに対し、二つめはコスモポリタン・アプローチである。この場合、安全保障は個々の人間の防衛として理解される。このアプローチは、人権の尊重や市民社会への支持、経済援助、そして地域協力に力点を置く。それゆえ、このアプローチはボトム・アップと表現することができる。もちろん、トップ・ダウンのアプローチはいまも重要だ。しかし、優先権を持つのはボトム・アップのアプローチである。地政学的アプローチは、コスモポリタン・アプローチの優位性のもとで形成されるのである。

　グローバリゼーションという状況下で安全保障への地政学的アプローチは、予想に反した結果、すなわち、分裂と不安定をもたらすと私は主張したい。現に、旧ユーゴスラヴィアが解体していく過程から浮き彫りになるのは、領域と境界に対する執着である。概してアメリカは、地政学的な介入形式を追求する傾向がある。それに対しEUは、地政学的アプローチとコスモポリタン・アプローチの双方を適用する傾向があったが、時がたつにつれて、バルカン諸国での経験の結果としてコスモポリタン・アプローチを突出させるようになった。

　EUそのものがひとつの実験形態である。それは確かであろう。EUは、形成途上にある新しいヨーロッパ国民国家《ネーション・ステート》でもなければ、伝統的な政府間レジームでもない。多くの論者はこの点で一致する。しかし、結局のところ、この新しいタイプの政体の正体については、明確な見解の一致はみられない。EUは、両者の中間に位置するものなのであろうか、それとも、新しい「ネットワーク国家」[1]なのであろうか。ヨーロッパでは、国民国家は戦争を通じて建設されてきた。国家が領域を掌握し、国内の私的競合者を排除し、外部の競合者から国境を守ってきたのは戦争を通じてにほかならなかった[2]。これに対してEUは、戦争への反発から生まれた。その創設者たちは、経済と社会の、そして最終的には政治の漸進的統合がヨーロッパでの戦争を防止するはずだと考えたのである。EU自身の発展は、それが加盟国の外の領域〔域外〕にどう関わるかで大きく左右される。EUは、自らの境界を国民国家の境界と見なす伝統的な地政学的アプローチを適用するのであろうか、それとも、EUの内的な発展過程で採用されてきた方法を適用するのであろうか。したがって、バルカン諸国で起こっていることは、EU自体の性格に計り知れない影響を与えることになるだろう。実際、EUの未来は、バルカン諸国に対してコスモポリタン・アプローチを真剣に適用する用意があるかどうかにかかっているのである。

こうした主張を展開していくにあたって本章では、まずバルカン諸国での戦争の特徴を述べることから始めることにしたい。この一連の戦争は、グローバリゼーションが引き起こした反応のひとつだと理解することができる。その理由について、最初に説き明かすことにしたい。つぎに、これまで追求されてきた、戦争に対する地政学的アプローチとコスモポリタン・アプローチを分析する。そして最後に、将来の方向性についていくつかの結論を導き出すことにする。

バルカン諸国における新しいナショナリズム

バルカン諸国における安全保障への地政学的アプローチは、国家主義的な先入観に由来するバルカン戦争の解釈に大きく基礎づけられてきた。ひとつの支配的な解釈、とりわけヨーロッパにおける支配的な解釈は、これらの戦争は「古くからの対立」によって説明できるとの考え方に立っている。すなわち、バルカン諸国での戦争は、その源流が歴史の霧のなかに消えてしまっている、国家権力をめぐって競いあう民族《エスニック》集団間の古くからの対立の再燃である、という考え方である。冷戦期に影を潜めてしまったように思われた「バルカン」という言葉自体、多彩でエキゾティックな状況のイメージを想起させるだけでなく、暴力と不安定さのイメージを呼び覚ます。(3) 当時のユーゴスラヴィアを旅行して著わした著書のなかでレベッカ・ウェストは、「暴力は、私がバルカン諸国で知ったすべてであり、南スラヴについて知っているすべてである」(4)と述べている。そして、このような、バルカン諸国にまつわる紋切り型のイメージを現代の指導者、とりわけ一九九七年までのイギリスやフランスの指導者は抱きつづけてきたのである。

しかし、バルカン地域のほとんどの学者が指摘してきたように、一九世紀までこの地域は、ヨーロッパの他の地域ほど暴力に覆われていなかった。(5) 近代《モダニティ》との接触とロマンティックなナショナリズムの理念、そして国家権力を求める欲求こそが、一九世紀と二〇世紀のバルカンでの戦争と「民族浄化《エスニック・クレンジング》」の第一ラウンドを導いた。アーノルド・トインビーは一九二二年にこう記している。「これらの人びとのなかに西洋の公式［ナショナリズムの原理］を持ち込んだことが大虐殺をもたらした。……こうした大虐殺は、互いに欠かすことのできない隣人どうしが繰り広げる民族闘争の極端な形態にすぎず、この致命的な西洋の理念にけしかけられたものであった」(6)、と。さらに、一九四五年から一九九〇年までの期間、西バルカンは平和と安定を享受した。この点に関して「古くからの対立」論を唱える人たちは、つぎのように主張する。ヨシップ・ブロズ・チトーのユーゴスラヴィアは抑圧的であったが、このような傾向を排除することはなかった。それゆえ、いったん「蓋」が取れてしまうと、「沸騰したポット」——お決まりの隠喩――であるこうした憎悪が一気に噴き出してしまう、と。しかし、そうであるなら、イングランドとフランスのあいだの憎悪や、（当時、同じように猛威をふるった）イギリスとドイツのあいだの憎悪はなぜ消え失せてしまったのであろうか。そしてたとえば、チェコスロヴァキアの体制はチトーのユーゴスラヴィアよりもはるかに抑圧的であったのに、なぜドイツとチェコ共和国のあいだの憎悪は爆発しなかったのであろうか。

この戦争の初期の段階でアメリカとドイツに支持されたもうひとつの解釈は、この紛争は民主主義と全体主義との戦いであるという考え方であった。スロボダン・ミロシェヴィッチは共産主義の最後の遺物と見なされた。それに対し、スロヴェニアとクロアチア、後にはボスニア・ヘルツェゴヴィナの指導者が掲げた自決の要求は、セルビアの支配に抵抗する民主主義を求める要求であると見なされた。この主張の問題点は二つある。ひとつは、ミロシェヴィッチ体制の「新しい」性格を考慮に入れていない点である。もうひとつは、民主主義的であると考えられた体制、とりわけクロアチアのフラニョ・ツジマン体制が見せる権威主義的で排外主義的な性格を見落としている点である。ミロシェヴィッチは当時、コソヴォのアルバニア系住民の要求に対して向けられた、まったく新しい形態の敵意に満ちたナショナリズムを利用して、一九八七年にある種のクーデターを起こし、権力を掌握した。そのときと同じ選挙綱領にもとづき、彼は四年後に勝利を収める。セルビアの共産主義体制が崩壊した後の一九九一年におこなわれた選挙で、ミロシェヴィッチは勝利を収めた。ツジマンは共産党組織を受け継ぎこそしなかったものの、権威主義的で排外主義的なナショナリストであるという点ではミロシェヴィッチに引けを取らなかった。ユーゴスラヴィアを継承した国々の多くは、旧ソ連を継承した国々がそうであるように、ポスト全体主義の権威主義的な傾向を実によく表わしている。

「古くからの対立」にせよ、「民主主義対全体主義」にせよ、これら二つの解釈はともに、社会関係の集団主義的な見方に由来している。前者の場合には、戦争は、国家権力をめぐって競いあう共同体間の戦いであると認識されている。それに対し、後者の場合には、戦争は、異なるイデオロギーを表象する国家間の戦いであると認識されている。前者の場合には、五つの戦争はひとつの「内戦」と理解されているが、後者の場合には、五つの戦争は、五つの連続した「国際戦争」として理解されている。このように、双方の解釈には違いがあるが、現在の状況が見せる特殊性を、とりわけ、かつての権威主義国家にグローバリゼーションがもたらした影響力を考慮していない点では同じである。ユーゴスラヴィアは、他の共産主義国家が国境を開くはるか以前から国境を開いていた。市民は旅行を許され、他の共産主義国家よりも十数年早く、「構造調整」の枠組みのもとでさまざまな自由化措置が導入された(7)。いいかえれば、ユーゴスラヴィアは、体制移行がもたらす結果のいくつかをすでに事実上経験していたのである。

私は、バルカン諸国における戦争の性格を説明するにあたって、「新しいナショナリズム」という言葉を用いることにしたい。かつてのナショナリストが古くからの対立の歴史を「創作した」ように、新しいナショナリズムの政治家は、自らの権力要求を正当化するために第一次バルカン戦争(一九一二―一三年)と第二次世界大戦の記憶を呼び覚ます。つまり、「新しいナショナリズム」は、一九世紀のロマンティックなナショナリズムを利用するのである。とはいえ、「新しいナショナリズム」のルーツは、遠い過去にあるよりはむしろ共産主義の直近の歴史と、グローバリゼーションがもたらした影響力にある。新しいナショナリズムは、ナショナリズムを装いながら前体制の全体主義的潮流を再生産していく。

そのため、国家間ではなくむしろ国内で、全体主義と民主主義との対立が生じる。「他者」の新しいイデオロギーが、失墜した過去のイデオロギーに取って代わり、継承された国家装置に対する統制を正当化する。旧共産党をモデルとしながら、社会を統制するメカニズムとして新しい民族主義政党が創設される。

旧ユーゴスラヴィアでは、旧ソ連の場合と同じように、民族的差異が「憲法上尊いものとされた」[8]。共和国や州への行政面での分割はナショナリティにもとづいておこなわれた。計画経済のもとでも競争は存在していたが、それは市場競争というよりも官僚間の競争であった。一九七四年以降、こうした行政単位は大幅な自治権を手にした。ナショナリティは、自由な公的論争が認められない状況のなかで資源を獲得する手段となったのである。ユーゴスラヴィアをひとつにまとめたのは共産党とユーゴスラヴィア人民軍（ＪＮＡ）であった。一九八九年以降、これらの組織が解体しはじめると、ナショナリズムは、旧共産党指導者が権力を保持するためのメカニズムを提供することになった。

グローバリゼーションがもたらした影響力は、経済的な側面からある程度は説明できる。国際通貨基金（ＩＭＦ）の政策の影響下で進んだ財政規模の収縮と税収の低下、そして貿易の自由化は、都市と地方の格差を、地域間の格差を生み出した。すなわち、それぞれが別々の民族的アイデンティティを保持した村落と多文化的な世俗的都市とのあいだの緊張が高まり、資源に対する地域の要求が強まったのである[9]。並行市場[7]の台頭は、犯罪や腐敗の増大と結びついた。つまり、新しいナショナリストの多くは闇の活動に従事し、その活動を正当化する方法を模索したのである。最後に、共産主義世界では前例のない高い失業率が生存への不安感をかき立てた。この不安感を和らげ、癒しの機能を果たしたのがナショナリズムのレトリックだったのである。

しかし、相互連関性という意味でのグローバリゼーションは、新しいナショナリズムの性格にも影響を及ぼした。新しいナショナリズムを広げる手段として電子メディアを用いた最初の人物は、ミロシェヴィッチであった。彼は電子メディアを通じてセルビア人に二つの規定食を与えた。ひとつは、一三八九年にはじめてトルコ人によっておこなわれ、ごく最近ではアルバニア人によっておこなわれているコソヴォでの「ジェノサイド」である。もうひとつは、近年の事態の推移がところどころに散りばめられた第二次世界大戦中の出来事、すなわち、クロアチアとボスニア・ヘルツェゴヴィナでのホロコーストである(10)。事実、セルビアの民衆は、実際の戦争が始まるはるか前からバーチャルな戦争を経験していた。バーチャルな戦争は、真実と虚構を見分けがたくする。それゆえ、戦争はひとつの連続体となり、一三八九年のコソヴォの戦いと第二次世界大戦、そして現代のユーゴスラヴィアにおける戦争は、すべて同じ現象の一部と見なされるようになった。セルビア人は、ヨーロッパの政治家と同じように、「古くからの対立」というテーゼを吹き込まれてしまったのである。

クロアチアでは、ツジマンが、世界に散らばったクロアチアのディアスポラと、彼の政党であるクロアチア民主同盟（ＨＤＺ）の北アメリカ支部を利用した。ディアスポラは資金や技術、アイディアを提供した。事実、ディアスポラは、別の形態の仮想現実《バーチャリティ》を持ち込んだ。海外のクロアチア人は過剰な影響力を通して、実際の現実ではなく、彼らが国を出たときにまで遡る理想的な国のイメージをクロアチアに押しつけようとしたのである。ボスニアやコソヴォで戦うためにドイツやスイスからやってくる「週末戦闘員」の場合も同じであった。彼らは日常の現実としてではなく、作られた冒険や一種の戦争旅行として戦争を経験したのである。

この解釈にもとづけば、「新しいナショナリズム」の戦争は一種の政治的動員だと理解することができる。クラウゼヴィッツが言うように、国民国家間で繰り広げられる古典的な戦争においては、その目的は「わが意志を達成するよう敵に強制すること」にあった。概してそれは、領土の軍事的な占拠と戦闘における勝利によって達成された。人びとは、戦争準備に参画する、すなわち、軍隊に入隊する、もしくは武器や制服を製造するよう動員された。ユーゴスラヴィア戦争では、人びとの動員こそが戦争準備の目的であった。暴力は敵に向けられたものではなかった。むしろ、その目的は、新しいナショナリズムの政治を揺るぎないものにすることであった。政治的手段を使って領域を支配することが目的であり、この支配に挑戦するかもしれない人びとを殺し、追放し、沈黙させるために軍事的手段が用いられたのである。戦争は、正規軍――JNAの残党と、クロアチアとボスニア・ヘルツェゴヴィナで新設された国軍――と、アルカンの虎や（コソヴォの悪名高い）フレンキーズ・ボーイズ、あるいはクロアチアの「狼」といった準軍事組織、そして、ムジャーヒディーンや、冷戦終結後の余剰人員の整理という状況のなかで新たな収入源を求めて移動するイギリス兵やフランス兵、ロシア兵のような外国の傭兵、あるいは、自分たちの家を守るために部隊を創設したツズラやゼニツァの義勇兵のような自衛軍からなる混成部隊によって戦われた。同様に、コソヴォのコソヴォ解放軍（ＫＬＡ）やマケドニアの民族解放軍（ＮＬＡ）も、異なるタイプの勢力、すなわち、古典的な左翼ゲリラ集団と準軍事組織、および自衛軍の混成部隊であった。戦闘当事者間の戦いは滅多におこなわれなかった。むしろ、領域の支配は、住民の強制移住、すなわち民族浄化によって達成された。大虐殺や、組織的なレイプを含むさまざまな残虐行為、さらには歴史的建造物の破壊にまで及ぶテロの技術は、少なくともセルビア側とクロアチア側にとって、意図的に考え出された戦争戦略であった。その目的は、恐怖と憎悪を撒き散らすことによって政治権力を獲得すること、テロの風潮をつくりだし、穏健な主張を排除し、寛容を打ち負かすことにあったのである。

こうして、排外的ナショナリズムの政治的イデオロギーが暴力によって生み出された。古くからの対立が戦争の原因なのではなく、むしろ戦争が実際におこなわれるなかで、古くからの対立がつくりだされたのである。ボスニア人は、あなたに語るだろう。「私たちは互いに憎しみあってはいなかった。だからこそ戦争は血塗られたものでなければならなかった。私たちは互いに憎しみあうように教え込まれたのだ」、と。人道法や人権法に対する違反は、戦争がもたらした思わぬ結果などではなく、バルカン諸国における戦争の中心となる手口であった。だからこそ、犠牲者の九〇パーセント以上は民間人だったのであり、難民や避難民の数が非常に多かったのである。この戦略を主唱したのは主にセルビア人とクロアチア人であった。ボスニア（ボスニアのムスリム）も戦争犯罪を犯したが、彼らの戦略はより防衛的なものであった。KLAとNLAは、地域《ローカル》住民の支持を取りつけることによって政治的な支配権を掌握しようとする傾向があった。彼らも同じように民族浄化に手を染めたが、兵士と警察官を標的に据える傾向があったのである。

バルカン諸国における戦争は経済動向を悪化させ、その犯罪化と非公式化を促した。戦争は大規模な物理的破壊と貿易の途絶をもたらした。国内総生産（GDP）は劇的に落ち込み、税収水準も同様に落ち込んだ。それゆえ、戦闘当事者は資金調達の代替手段を見つけなければならなかったのである。この手段には、ディアスポラからの送金とならび、強奪や略奪、麻薬や不法移民、煙草、アルコールの密輸、そして人道援助に対する「課税」が含まれていた。こうした類の経済活動はすべて略奪的であり、社会に不安全《インセキュリティ》があるからこそ広がりをみせる。現にバルカン諸国は、グローバル化した非公式経済《インフォーマル》――これは、グローバリゼーションの裏面であるトランスナショナルな犯罪経済、完全に違法とまではいえない灰色経済であり、新しいナショナリストを社会につぎつぎと補充する培養槽である――に組み込まれていったが、そのスピードを加速させたのはユーゴスラヴィアにおける戦争だったのである。

　このように、旧ユーゴスラヴィアにおける一連の戦争は、新しいナショナリストの立場を政治的にも経済的にも強化した。戦争のトラウマは、恐怖心と不安感、罪悪感と不信感――こうした感情は容易には和らがず、民族的《エスニック》一体化の外見上の確かさに安らぎを求めようとする――の跡を残してしまった。旧ユーゴスラヴィア経済は、ユーゴスラヴィアの解体と戦争の結果として破壊され、ＧＤＰは劇的に落ち込み、失業率は多くの地域で四〇－五〇パーセントにのぼるなど未曾有の水準に達した。地域をまたいで広がる犯罪組織のネットワークや準軍事組織と結びついた非合法の非公式経済が確立され、多くの人びとがいまだにその活動に依存している。しかも、この非公式経済は、これまで民族主義政党の「保護」を受けてきた。そして最後に、市民社会や非民族主義の政治勢力は戦争によって弱体化していた。ユーゴスラヴィアでは、一九九〇年から九二年までの時期に、とくに都市部で民主主義的な政治形態が発展しはじめていたが、民主政治の潜在的な基盤となる、都市部に住む教育を受けた世俗的な人びとは取り残され、殺されてしまうこともあった。ボスニア・ヘルツェゴヴィナとクロアチア、セルビアで、とくにそうであった。

コソヴォとマケドニアでの戦争や、セルビア南部のプレセヴォ渓谷における小規模戦争はいずれも、それ以前の戦争の遺産として理解されなければならない。コソヴォの場合、一九九六年から九七年にかけてKLAのとった戦術は、コソヴォのアルバニア系住民の非暴力戦略を覆すために戦争を引き起こすことであったと考えられる。にもかかわらず、ミロシェヴィッチを取り巻く新しいナショナリストたちの政治的・経済的な既得権が、セルビアで台頭しつつあった民主的な対抗勢力と対決し、新たな資金源を見つけ出すために新たな暴力を必要としていたという点は、この戦争を説明するに際して広く無視されてきた論点であった。マケドニア紛争の場合も同様である。マケドニア紛争は、「アルバニア問題」はいまだに解決されていないという事実を露呈させるために、KLAの歴戦の兵士たちが勃発を促したコソヴォでの戦争が波及したものとして理解されなければならない。しかし、この点も相対的に無視されてきたように思われる。

このように、私の解釈によれば、旧ユーゴスラヴィアにおける戦争は、犯罪化した非公式経済と結びついた排他的ナショナリズムという新しい現象を撒き散らす戦争であった。この解釈にもとづけば、下からの介入をともなわない上からの介入は結局のところ、「新しいナショナリズム」を強化してしまうことになる。

外部からの介入が果たす役割

一九九九年までにおこなわれた外部からの介入の支配的な形態は、地政学的なものであった。「古くからの対立」に起因する戦争として紛争を解釈する人びとは、外交的なアプローチ、すなわち、戦闘当事者間の交渉を支持する傾向があった。それに対し、戦争を民主主義と全体主義との戦いと認識し、セルビアを後者のカテゴリーに配役する人びとは、経済制裁と空爆、すなわち、西側の死傷者を出す危険を冒さずにセルビアに圧力をかけ、いわゆる民主主義者の側につく方法を支持する傾向があった。実際のところ、双方のアプローチは最終的に新しいナショナリズムを強化してしまったのである。

交渉は戦闘当事者に正統性を付与し、戦争犯罪者を交渉相手に変えてしまう傾向があった。合意に達したものに限っていえば、交渉は戦闘当事者の立場を正当化し、排他的な要求のあいだでの非現実的で崩れやすい妥協——もっとも露骨な妥協は、エスニシティにもとづく分離、もしくは分割であった——を反映した。こうしてデイトン合意は事実上、ボスニア・ヘルツェゴヴィナを三つの民族的部分に分割する内容となったのである。国連安全保障理事会の決議一二四四号も同様であった。コソヴォの自治権を認めると同時に、ユーゴスラヴィアの主権も認める内容であった。そして、二〇〇一年八月にマケドニアで調印されたオフリド枠組み合意[8]は、国家機構におけるアルバニア系住民の過小代表を是正すべく彼らの権利を拡大することを認めた。しかし同時に、この合意は、アルバニア人の自治地域を創設することも認めたのである。

遠く離れた外部からおこなわれる介入の形態である制裁と空爆は、現地の情勢を変えることはなかったが、民族主義的な思考態度の醸成に一役買った。とりわけ、自分たちは犠牲者であるとのセルビア人の確信を強める結果となった。クロアチア人やムスリムも同等に責任を負っている戦争で、自分たちだけが罰を受けている。そうした思いを抱いているセルビア人の被害者意識を強める結果となった。それだけではない。物理的・経済的な社会的生産基盤を破壊することによって、制裁と空爆は並行経済の成長をも促した。(11) 長期間にわたるボスニア戦争を最終的に終結させたのは空爆であり、ミロシェヴィッチの終焉を最終的に導いたのは空爆と制裁の組み合わせである。アメリカ人はそう主張する。たしかに、ボスニアの場合、空爆は、セルビアを交渉のテーブルに着かせるための さらなる弾みとなったかもしれない。しかし、実際に起こったのは現状の正当化であった。つまり、民族浄化は事実上達成されたのである。デイトン合意はすべての戦闘当事者に必要とされたが、とくにセルビア人とクロアチア人は現状を正当化するためにこれを必要とした。コソヴォ戦争とその結果に関していえば、ミロシェヴィッチはたしかに敗北した。だが、それは、戦争と一九九〇年代の恐るべき出来事に対する彼の責任によるのではなく、大セルビアの約束を果たすことができなかったからである。ミロシェヴィッチを倒したのは、セルビアの旗とシンボルを手にした労働者であった。しかし、このことは、たとえミロシェヴィッチ後の体制がより民主的であったとしても、民族主義感情の敗北を意味するものではなかった。

これに代わる安全保障へのコスモポリタン・アプローチは、国際的なメディアからの圧力を受けて、さらには、ボスニア・ヘルツェゴヴィナとヨーロッパの他の地域の市民社会からの圧力を受けて、ボスニア戦争のさなかに展開されはじめた。人権を重視する新しいアプローチの可能性を示す一連の重要な手法が導入された。この手法には人道回廊や安全地帯、飛行禁止区域のほか、旧ユーゴスラヴィア国際戦犯法廷の設立や、国際的な管理、もしくは保護という考え方が含まれる。こうしたアプローチのすべては、主に民間人が標的となる戦争において彼らを保護することを目的としてきた。問題が生じることもあった。一方では、こうした手法を実行に移す際の責任の欠如によって、他方では、この新しいコスモポリタン・アプローチと、これと同時に進められる上からの地政学的アプローチのあいだの矛盾によって問題が発生することもあった。安全地帯の設置をはじめとする、要請されたさまざまな任務を十分に遂行できるような部隊が存在していないと論じられることもあった。たしかに、そうかもしれない。だが、より重要なのは政治的な意思の欠如であり、制限された権限である。その専門用語が表わしているように、兵士が「堅牢に」行動できるのはどの程度までかを制限するもの、それが後者である。さらに、外交レベルで進んでいる交渉は、日々の作戦行動をテーマとするものではなく、最終的な解決策を見いだすことをテーマとしていた。つまり、民間人を攻撃している人びとは同時に、敬意を払うべき交渉相手でもあったのである。交渉が現地情勢をさらに悪化させた場合もあった。戦闘当事者が交渉を有利に進めるために、特定の地域を制圧すべく戦闘をおこなったケースである。最悪の事例は、一九九五年七月のスレブレニッツァの陥落である。このときオランダの平和維持部隊は、およそ八〇〇〇人の成人男性と少年をセルビア人部隊に引き渡してしまった。そして、彼らは全員殺されてしまったのである。

コスモポリタン・アプローチと地政学的アプローチのあいだの緊張は、デイトン合意が結ばれた後も続いた。一方で、デイトン合意はボスニアを二つの実体――ひとつはセルビア系であり、もうひとつはクロアチアとムスリム系である――に分割し、国際社会とともに履行責任を負う勢力として民族主義政党の地位を固める結果となった。他方で、デイトン合意は、人権と移動の自由、国家の統合を重視する姿勢を明らかにしていた。一九九七年にイギリスの総選挙で労働党が政権を取り、和平履行評議会・シントラ会合が開催されて以降、コスモポリタン・アプローチに大きな力点が置かれるようになった。とりわけ、戦争犯罪者の逮捕や非民族主義政治家への支援が重視されるようになったのである。この戦略はコソヴォ戦争後に強化され、新しい地域的アプローチが開始された。協力を促進し、この地域をＥＵの勢力圏内に組み入れることを企図した安定協定構想や安定化・連合協定、その他の多くの計画をともないつつ、新しいアプローチが開始されたのである。

こうしたすべての努力のバランス・シートとは、どのようなものだったのであろうか。第一に、戦争が終結した。これはもっとも重要なことである。しかし、停戦につながったさまざまな合意（デイトン合意や国連安保理決議一二四四、オフリド合意）は、排外主義的なナショナリストの利害を組み込んでおり、それゆえ、紛争を再発させる可能性を内包していた。とりわけ、デイトン合意と安保理決議一二四四は、相当大きな国際社会のプレゼンスがなければ長期的な解決策として機能できない。同じことはオフリド合意にも当てはまろう。

第二に、ほとんどの場合、もっとも過激なナショナリストは権力から外された。ヴォイスラヴ・シェシェリはセルビアで重要な政治的アクターにとどまったが、ミロシェヴィッチとツジマンは権力から去った。ボスニア・ヘルツェゴヴィナでは、社会民主主義者と穏健なナショナリストが暫定的に連立政権を組んだが、再選されるかもしれない。コソヴォでも穏健勢力の連合が権力を掌握している。しかし、草の根レベルのナショナリズムは残存し、戦争が始まる以前よりもはるかに強くなっている。セルビアとクロアチアで起きた国際戦犯法廷への協力に反対するデモや、ボスニアのセルビア人共和国で起きたモスクの再建に反対するデモ、さらには、マケドニアのアルバニア人共同体で起きたＮＬＡを支持するデモのように、人びとが過激な感情を露わにするにつれて民族差別が広がりを見せている。くわえて、ボスニア・ヘルツェゴヴィナで実際に権力を獲得したように、過激なナショナリストが選挙を通じて権力をふたたび獲得する可能性も出てきている。

第三に、ユーロやそれと同等の価値を持った通貨がモンテネグロやボスニア・ヘルツェゴヴィナ、コソヴォで公式通貨になったように、再建と経済協力、および市場改革の面で一定の進展がみられた。しかし、この地域内での人びとの移動だけでなく、ヨーロッパの他の地域とのあいだでの人びとの移動に対しては、依然として広範な制約が課せられている。失業率は地域全体で高く、許容できないレベルにあり、腐敗と犯罪が蔓延している。国境の最終的な地位がいまだに確定されていないために、国際的な意味で法の支配は依然として機能していない。これは、国内的な意味でも同様である。この地域全体を通して、市民社会は戦争以前に比べてかなり弱体化している。

バルカン諸国における弱さは、ヨーロッパ全体の弱さを投影している。EUは域内で、経済・社会統合に力点を置き、市民社会と教育への支援に力を入れることによって、自らの対内政策を反復する努力をおこなってきた。こうした「ボトム・アップ」の政策はコスモポリタン・アプローチの重要な要素であるが、EUは、「上から」の支配的な地政学的アプローチに挑戦する、特色あるコスモポリタンな政治の姿をはっきりと打ち出すことに成功してこなかった。また、EUは、自らの政治制度を正統化しうる、平和と人権に関する一般向けの物語を作ることにも成功してこなかった。EUが右翼的なナショナリズムの風潮に対してきわめて脆い理由は、まさしくこの点にある。バルカン諸国には、ヨーロッパの市民的価値として知られるものを支える重要な思考の糸が存在する。だが、EUは、こうした見方を前向きの現実へと、新しいナショナリズムのレトリックが見せる後ろ向きの仮想性《バーチャリティ》に挑戦できるような前向きの現実へと変えることができなかった。これは、部分的には資源の問題である。すなわち、実際の援助がその約束に見合うものではなかったからである。しかし、より重要なことは、現在の不安定な平和を支えている、痛みをともなった地政学的妥協が覆されかねない問題に取り組むことを、ＥＵが恐れていることである。この恐れこそが、一連の不成功の原因であった。

このように、依然として学ぶべきことは多くある。下からの努力を補完するために、地域全体を対象とする何らかのコスモポリタンな政治的解決策が考え出される必要がある。それは、集団ではなく個人がより生活しやすい状況をつくりだすことを目的とした解決策であり、日々の生活と公式の政治とのギャップをなくす解決策であり、現在のバルカン諸国の大半を特徴づけている分断と小規模な分断を終わらせる解決策である。その目標は、この地域で生活する人びとの運命を改善することにあるが、それはヨーロッパ的理念を強化することにもつながるであろう。

第5章　グローバル市民社会という理念

イマヌエル・カントは普遍的な市民社会の可能性に言及したが、グローバル市民社会という言葉が実際に使われはじめたのはここ一〇年のことにすぎない。この変化は、国家間の相互連関性が高まっていることやグローバル・ガバナンスのシステムが出現したことと深く関係しており、グローバルな、もしくはトランスナショナルな公的論争に従事する運動や集団、ネットワーク、そして組織が激増したことと不可分の関係にある。こうした展開は、国家の解体を意味するものではない。逆に、主権は、以前よりもはるかに状況依存的となり、ますます国内での同意と国際的な尊重に依存することになりそうだ。とはいえ、国家は、主権の法的な容器でありつづけることだろう。むしろ、こうした変化は、グローバル・システム（私は国際関係という言葉ではなくグローバル・システムという言葉を用いる）がますます多様な諸層から、すなわち、国家や国際制度だけでなく、政治制度や個人、集団、そして企業といった諸層から構成されるようになってきているということを意味しているのである。

本章で私は、グローバル市民社会という理念の発展と、国際関係を主として国家間関係と捉える古典的な概念に挑戦するこの理念の意義について考察する。まずは、市民社会の意味の変遷を素描することから始めることにしたい。つぎに、ラテンアメリカと東ヨーロッパで同時に起こった市民社会の再創造を描き出し、それがそれ以前の市民社会の意味とどのように異なっていたかについて論じることにする。市民社会という理念は一九九〇年代にふたたび変化を見せた。そこで、中盤部分では、この点に言及するとともに、この理念をめぐって競合するさまざまな見方と、この概念に対する批判の高まりについて論評することにする。そして最後に、九月一一日の攻撃はこの理念の敗北を、すなわち、国際関係の復権を意味する出来事だったのかを問うことにしたい。

市民社会の意味の変遷

すべての偉大な政治理念と同様、市民社会という概念はアリストテレスまで遡ることができるが、この概念はまずもって近代的な概念である。近代初期の思想家にとって、市民社会と国家のあいだには区別はなかった。市民社会は、社会契約によって特徴づけられる国家の一類型であった。市民社会は、法の前の平等の原則にもとづいて法によって支配される社会であった。そこでは、（少なくともジョン・ロックの見方では）支配者を含めすべての人は、法に、すなわち、社会の個々の構成員のあいだで合意された社会契約に従属する。一九世紀になってはじめて市民社会は、国家とは別のものとして理解されるようになった。市民社会を、家族と国家のあいだの中間領域として定義したのはG・W・F・ヘーゲルであった。個人はそこで公的人間となり、さまざまな組織の成員となることによって特殊と普遍を調和させることが可能となる。ヘーゲルにとって市民社会は「近代世界の成果、すなわち、すべての特異性、才能、誕生と幸運の偶然が自由に活動する、また理性によってのみ規制されつつも、その合間にきらめく情熱の波がほとばしる仲介領域[1]」なのである。こうして、ヘーゲルの市民社会の定義は経済を内包し、市民社会を「歴史の舞台」と見るカール・マルクスとフリードリヒ・エンゲルスによって取り上げられることとなった。

この定義は二〇世紀にふたたび狭められ、市民社会は国家と家族のあいだの領域ばかりでなく、市場と国家と家族のあいだの領域、いいかえれば、文化とイデオロギーと政治的論争の領域として理解されるようになった。イタリアのマルクス主義者であるアントニオ・グラムシは、この定義ともっとも関わりのある思想家である。彼は、イタリアよりもロシアで共産主義革命が起きやすかったのはなぜなのか、という問題に大きな関心を寄せた。彼が出した答えは市民社会であった。引用すると、イタリアでは「国家と市民社会の正しい関係が存在し、国家が震撼するときには、ただちに市民社会の強固な構造があらわになった[2]」。事実、彼にとってイタリア共産党がとるべき戦略は、ブルジョワジーのヘゲモニーに挑戦するために、市民社会のなかに、すなわち、大学やメディアなどのなかに陣地を獲得することであり、同党は一九八〇年代まで、この戦略に従いつづけた。同意にもとづくヘゲモニーと強制にもとづく支配とを区別したのはグラムシであった。

こうした内容の変化にもかかわらず、これらの異なる定義のすべては共通の核となる意味を持つ、と私は主張したい。これらの定義はいずれも、諸個人の同意にもとづくルールが支配する社会、お望みならば、個人間の社会契約にもとづく社会に関するものである。市民社会の定義が変わっていくのは、同意が形成される方法が時代に応じて異なるからであり、重要となる争点が時代に応じて異なるからである。いいかえると、私が定義するところの市民社会とは、個々人が互いに、あるいは政治的・経済的な権威の中枢とのあいだで、交渉しあい、議論しあい、戦いあい、合意しあう過程である。個人は、自発的結社や運動、政党、組合を通じて公的に活動することができる。たとえば、近代初期の主要な関心事は市民権、すなわち恐怖からの自由であった。それゆえ市民社会は、法が物理的強制や恣意的逮捕などに取って代わる社会のことだったのである。一九世紀においては、争点は政治的権利であり、市民社会におけるアクターは台頭しつつあったブルジョワジーであった。二〇世紀においては、アクターは国家に挑戦する労働運動であり、経済的・社会的な解放が争点であった。こうして市民社会の意味はさらに狭まっていく。

これらすべての定義は、こうした意味の共通の核を有していただけでなく、市民社会を領域に縛られたものと捉えてもいた。市民社会は領域国家と不可分に結びついていた。それは、東方の帝国のように、強制によって特徴づけられる他の国家と好対照をなしていた。しかもそれは、スコットランド高地人やアメリカ・インディアンの社会のように、国家を持たず、個人主義の考え方もとらない前近代的社会とも好対照をなした。とりわけそれは、単一の権威が存在しないがゆえに自然状態と等置された国際関係と好対照をなしていた。多くの市民社会論者は、国内の市民社会は国外の戦争と結びついていると考えた。外部の敵に対して団結しうることが市民社会を可能にするのである。著書『市民社会の歴史に関するエッセイ』が市民社会に関する重要なテキストのひとつとなっているスコットランドの啓蒙主義思想家、アダム・ファーガスンが近代個人主義に対して深い懸念を抱いたのは、こうした理由からであった。彼は、他のスコットランドの啓蒙主義者たちと同じように、社会現象研究への科学的なアプローチを発展させることを願い、他の社会の経験的な研究を通してこれをおこなわなければならないと考えた。彼は社会の進歩を理解するために、スコットランド高地人とアメリカ・インディアンを研究し、近代社会は共同体精神と自然との交感、そして人と人との親愛の情を失ってしまったと確信するようになった。彼は、スパルタを例にあげつつ、愛国心と好戦的な精神は個人主義の危険性を克服するひとつの方法であると考えた。この主張をいっそう推し進めた見解を示したのがヘーゲルである。彼は、「人間の倫理的健康」を保つために戦争は必要であると考えていた。「……ちょうど大洋の流れが恒久的な凪の結果である腐敗を回避するように、持続的もしくは恒久的な平和がもたらした腐敗を、人びとは戦争によって回避する」(3)、と。もちろん、市民社会論者のすべてがこうした見方を示していたわけではなかったが、この見方が支配的な見解であることに変わりはなかった。ただし、カントはもっとも重要な例外である。すなわち、彼は、普遍的な市民社会の文脈でのみ国家は完全に形成されると考えていた。

市民社会の再創造

思うに、一九七〇年代と一九八〇年代における市民社会理念の復活は、国家と市民社会のつながりを断つものであった。興味深いことに、この理念はラテンアメリカと東ヨーロッパで同時に再発見された。私は東ヨーロッパでの論議に深く関わってきたし、この言葉を再創造したのは東ヨーロッパでのそうした議論であったと、いつも考えていた。しかしその後、私は、ラテンアメリカの人びとが以前からこの言葉を使っていたことに気がついた。この言葉を使っていた中心人物のひとりがフェルナンド・エンリケ・カルドーゾ（ブラジル元大統領）である。私の知る限り両者のあいだには接触はなかった。むしろ反対に、両者のあいだには広範な不信感が存在していたように思われる。概してラテンアメリカの人びとはマルクス主義者であり、東ヨーロッパの人びとは反マルクス主義者であったからだ。しかし、この概念が二つの別の大陸で同時に有用と見なされた理由を考えるのは、市民社会概念の歴史のなかでもたいへん興味をそそられる仕事である。

どちらの場合でも明らかなことは、「市民社会」という言葉は、軍事化した体制に反対する際に有用な概念だということである。ラテンアメリカの人びとは軍事独裁に反対したが、東ヨーロッパの人びとは、ある種の戦争社会である全体主義に反対した。双方とも「上からの」体制の打倒はありえないという結論に達した。むしろ、社会を変革することが必要だったのである。アダム・ミフニクは、一九七八年に最初に刊行された彼の古典的論文「新しい漸進主義」のなかで、上からの変革をもたらそうとする試み（一九五六年のハンガリーや一九六八年のチェコスロヴァキア）は失敗したと論じ、唯一可能性のある戦略は、国家と社会の関係を変えることで下からの変革を起こすことだと主張した。[4] 彼が市民社会という言葉に込めていた意味は、自治と自己組織化であった。したがって、国家からの退却――市民参画の拠点を創ること――に力点が置かれていたのであり、このような考え方は東ヨーロッパの人びととラテンアメリカの人びととの双方に共有されていた。東ヨーロッパの人びとは、「反政治《アンチ・ポリティクス》」[9]や「真実に生きる」――体制側がつく嘘を拒絶するという考え――、あるいは「パラレル・ポリス」――「善」、すなわち道徳的生（moral life）にもとづく彼ら自身のアリストテレス的共同体を創造しようとの考え方――といった言葉を用いもした（無活動状態を余儀なくされた東ヨーロッパの反体制派の人びと、とりわけ、火夫や窓拭き掃除人にならざるをえなかったチェコスロヴァキアの反体制派の人びとは、古典の政治思想を読んだり討論したりすることに時間を費やした。これこそ、彼らが世代の理念をはっきりと打ち出すことができた理由だと私は考える。革命的な熱気の真只中にあった一九九〇年代初頭のプラハを訪れた際に、友人が私に語ったことを思い出す。「プラトンの『共和国』の一節を理解することが世界でもっとも重要なことのように思えたあの晩をふたたび過ごしたい」、と）。

自治と市民組織に力点が置かれただけでなく、市民社会はグローバルな意味も獲得した。インターネットが出現する以前においてでさえ相互連関性が高まり、コミュニケーションと移動が増えていた時代である。「市民参画の拠点」の出現は、つぎの二つによって可能となった。

一、他国の同じ志を持つ集団との連携。ラテンアメリカの人びとは北アメリカの人権団体の支持を受けた。東ヨーロッパの人びとは、西ヨーロッパの平和団体や人権団体との連携をはかった。これらの団体は物質的に彼らを支え、彼らの身に起きた事件を公表し、政府や制度に圧力をかけた。

二、彼らの国の政府が署名していたために、圧力を行使するひとつの形態として用いることができた国際的な人権立法の存在。ラテンアメリカにとって重要だったのは人権立法であった。東ヨーロッパにとって、東ヨーロッパ諸国の政府が人権条項に署名した一九七五年のヘルシンキ合意は、憲章七七や労働者防衛委員会（ＫＯＲ）のような新しい団体に拠り所を提供した。[10]

いいかえれば、国際的な連携と国際的な権威へのアピールを通して、これらの団体は政治空間を創造することができたのである。マーガレット・ケックとキャスリン・シッキンクは、トランスナショナルな現状改革主義に関する著書のなかで、直接、自国政府に働きかけるのではなく国際社会に向けてアピールすることで、それを言わば政府に跳ね返らせ、一定の活動を容認するよう圧力をかける「ブーメラン効果」について語っている。(5)

市民社会の新しい捉え方があわせ持つこうしたトランスナショナルな、もしくはグローバルな側面は、当時の西側においてはまったく見向きもされてこなかった。それはおそらく、西側の論者たちが、あくまでも彼ら自身の思想の伝統のなかで市民社会を理解していたからであろう。しかし、間違いなく東ヨーロッパの新しい思想家たちは、自身の言葉でこの側面を強調していた。これらの思想家のなかでも私が気に入っているハンガリーの著述家、ジェルジュ・コンラードは、一九八二年に著わした著書『反政治』のなかで「グローバリゼーション」という用語を使った。ヴァーツラフ・ハヴェルは「グローバルな技術文明」についてつぎのように語っている。

ポスト全体主義システムは、ひとつの側面にしかすぎない。それはとくに強烈な側面であり、それゆえにその本当の起源をより明らかにする。すなわち、現代人は一般的に自らの状況を支配する者にはなれないということをさらけ出す。ポスト全体主義システムの自動作用《オートマティズム》は、技術文明のグローバルな自動作用の極端な一例にすぎない。それが映し出す人間の失敗は、人類の一般的な失敗のひとつの変形にすぎない。……伝統的な議会制民主主義は、技術文明の自動作用や産業消費社会に、何ら根源的な反対を提起できないようにみえる。というのは、議会制民主主義もまた、無力に引きずられているからである。人びとはポスト全体主義社会で使われた残酷な方法よりも、非常に微妙で洗練された方法で操られる。……民主主義国家では、人びとはわれわれの知らない個人の自由と安全を享受するが、しかし最終的には、それらは人間には何も益をもたらさない。なぜなら、人間は究極的には同じ自動作用の被害者であり、彼らのアイデンティティにまつわる関心を守ったり、うわべだけになるのを阻止したり、ポリスの運命の創造に真正に貢献しつつ、その誇らしくも責任のあるメンバーとなるために、彼らの自己存在に関する関心を超越したりできないからである(6)。

したがって、市民社会の新しい捉え方は、国家からの退却と、グローバルなルールと制度への接近を表わしている。こうした理念の先駆者となったグループは、ラテンアメリカにおける民主化圧力や一九八九年革命の中核を担った。一九八九年革命には新しい理念などなかった、単に彼らは西側諸国のようになりたいと願っていただけである、そう評される場合もある。しかし、私は、市民社会のこの新しい捉え方こそ、大きな新しい理念、すなわち、一九九〇年代に交わされた新しいグローバルな取り決めに寄与した理念であったと考えている。

一九九〇年代におけるグローバル市民社会

一九八九年の余波を受けて、市民社会の概念はその意味を変え、以前とはまったく違ったかたちで理解されるようになった。大まかにいえば、主として三つの意味に、お好みとあらば三つのパラダイムに大別することができよう。

(1) 第一に、市民社会という言葉は、いわゆる「新しい社会運動」——この運動は、平和や女性、人権、環境といった新しい争点や新しい抗議方式と関連して一九六八年以降に発展した——によって世界中で取り上げられた。市民社会という言葉は、新しい社会運動が見せる非政党政治(non-party politics)のイメージを非常にうまく言い表わしているように思われた。ユルゲン・ハーバーマスが先駆者として使った公共圏に関する理念やコミュニケーション行為の概念は、市民社会の概念とよく共鳴しあっているように見えた。事実、もっとも新しい著作のなかでハーバーマスは、公共圏を市民社会と同一視している。

「市民社会」という表現は、この間に、自由主義的《リベラル》伝統における「ブルジョワ社会」、すなわちヘーゲルが「欲望の体系」として、つまり労働や商品交換を含む市場体系として概念化したものとは、異なる意味をはらんできた。今日、「市民社会」が意味するものは、マルクス主義的伝統での用法とは対照的に、私法によって構成されたり労働・資本・商品などの市場によって方向づけられる経済をもはや含まない。むしろ、その制度的中核は、生活世界を構成する社会のなかの公共圏のコミュニケーション構造をつなぐ非政府的・非経済的連合体や自発的結社によって構成されている。市民社会は多かれ少なかれ、こうした自発的に発生するさまざまな結社や組織や運動によって構成されており、これらは、社会的諸問題がどのように私的な生活領域に反響するかを調整し、その反応を純化し拡大して公共圏に伝達する。市民社会の中枢は結社のネットワークで構成されており、それは組織化された公共圏の内部において問題解決をめざす一般的利益を含んだ諸言説を制度化してゆく。これらの「言説を軸にした構想」は、組織の平等主義的かつ開放的な形態をもちあわせており、この形態はこれらの構想が結晶し、連続性と永続性を与えるコミュニケーションの本質的特徴を映し出す(7)。

「市民社会」という言葉は、新しい社会運動の活動を正統化する拠り所となってきた。この概念は、南アジアやアフリカ、とりわけ南アフリカ、そして西ヨーロッパで熱狂的に取り上げられた。これらの運動は、実際に活動した文脈から国家を相手にしただけでなく——実のところ、政党の優位によって国家レベルで締め出されているとの思いを抱く場合もあった——さまざまな制度（ローカルな制度やナショナルな制度、そしてグローバルな制度）と関わりをもった。この時期のきわめて重要な新しい現象は、地雷や人権、気候変動、ダム、ＡＩＤＳ／ＨＩＶ、企業責任といった特定の争点をめぐって寄り集まった活動家たちのトランスナショナルなネットワークの出現であった。私は、こうしたネットワークがグローバル・ガバナンス、とりわけ人道的な分野でのグローバル・ガバナンスの過程を強化するのに重要な影響を与えたと考える。第1章で論じたように、人道的な規範は主権に優先するという考え方や国際刑事裁判所（ＩＣＣ）の設置、および人権意識の強化は、新しい多国間のルール、いわゆる人道レジームを構築するに際してきわめて重要な役割を演じた。一九九〇年代末ごろに、いわゆる反グローバリゼーション運動——これは、グローバルな社会正義に関わる運動である——が出現した際にも、同じやり方で市民社会の概念が用いられた。私は、市民社会のこうした捉え方を「活動家的解釈」と呼ぶことにしたい。

（2）第二に、この言葉は、グローバルな制度や西側諸国の政府によって取り上げられた。それは、いわゆる新政策アジェンダの一部となった。市民社会は、西側が手にしているものとして理解される。すなわち、市民社会は、市場の改革と議会制民主主義の導入を促すメカニズムと見なされる。私は、市民社会のこうした捉え方を「ネオリベラルな解釈」と呼ぶことにしたい。ハーバーマスや彼の言う公共圏とは対照的に、この捉え方は、「第三セクター」（レスター・サラモンとヘルムート・アンハイアー）やコミュニタリアニズム（アミタイ・エツィオーニ）、あるいは社会資本（ロバート・パットナム）についてのアメリカ的理念にもとづいていた[8]。とくにパットナムの研究は、ボーリング・クラブやピクニックから教会や労働組合にいたるまでの厚みのある結社活動が、民主主義と経済発展に寄与することを論証しているように思われた。市民社会のこうした捉え方は、公共圏の概念よりもはるかに非政治的で消極的である。市民社会は主として自己組織化に関わるものであって、コミュニケーションに関わるものではない、とされる。つまり、市民社会は、国家に対して影響力を行使する手段ではなく、国家の代替物を、国家の過剰な介入に代わるものを提供するものとなる。これらの思想家たちは口を揃えて言う。自分たちの理念は、アレクシス・ド・トクヴィルと彼が導いた以下の洞察にまで遡る。「人が文明人でありつづけ、また開明されるには、諸条件の平等が増大するのに比例して、人びとのあいだに結社をつくる術が広まり、完成されていかねばならない(9)」との洞察に。

市民社会にまつわるこの解釈の主たる担い手は、社会運動ではなくNGOである。私はNGOを「飼いならされた」社会運動と見なす。社会運動にはつねに浮き沈みがある。沈むと、社会運動は制度化され専門化される、すなわち「飼いならされる」か、周縁化され消滅するか、暴力に頼るかのいずれかとなる。「飼いならされる」とは、敬意を払われる反対者に、つまり交渉相手にあなたがなることを意味する。歴史的に社会運動は国家の枠組みのなかで飼いならされてきた。一九世紀に選挙権や奴隷制の廃止を求めて戦った人たちは自由主義《リベラル》政党に吸収されてしまった。労働運動は、最初のうちは普遍主義的で国際主義的であったが、公認の労働組合や労働党、社会民主主義政党へと変貌してしまった。反植民地運動は政党へと姿を変えてしまった。

一九九〇年代で意義深かったのは、新しい社会運動がグローバルな枠組みのなかで飼いならされるようになったことである。反奴隷協会や赤十字国際委員会（ICRC）のような国際NGOはつねに存在してきた。しかし、公的な財政支援の結果もあって、一九九〇年代に国際NGOの数は劇的に増えた（その数については、ロンドン・スクール・オブ・エコノミクス［LSE］で発行している年鑑のなかに、私たちが集めたデータが掲載されているので、そちらを参照されたい)[10]。実際、NGOは、国家機能を代行する点で、ますます準政府組織のように見えてきたし、互いに競合しあう点で市場のようにも見えてきた。NGOが幅をきかしてしまったことから、市民社会という概念に幻滅してしまった活動家もいる。デリー大学の市民社会論者であるニーラ・チャンドホークは、つぎのように述べている。市民社会は「歓喜の言葉」となり、「平凡なもの」になってしまった。「たとえば、この概念の支持者らに訪れた悲劇を見よ。権威主義体制と戦う人びとは市民社会を求め、彼らはNGOを手にした。……労働組合や社会運動、国連、国際通貨基金(IMF)、金融機関から排外主義的な国家と民主主義国家までの誰もが市民社会を現代世界の病に対する最新の万能薬と認め、重宝しているとしたら、確実に何かが間違っている」[11]、と。そして、アフリカの政治学者であるマフムード・マムダーニは、「NGOは市民社会を殺している」[12]と述べている。

(3) さらに、グローバル市民社会の第三の概念は、私がポストモダンの解釈と呼ぶものである。社会人類学者は社会という概念を、ヨーロッパ中心的で、西洋の文化的な文脈から生まれたものであると批判する(この主張によれば、ラテンアメリカと東ヨーロッパは文化的にヨーロッパの一部である)。非西洋社会は市民社会に似た何かを経験しているか、経験する可能性をもつが、必ずしも個人主義にもとづいているわけではない、彼らはそう主張する。たしかに、すべての文化が人間の尊厳と寛容を大事にし、理性と公的論争の効用を手にしていることは間違いない。ネルソン・マンデラは自伝のなかで、彼の民主主義の捉え方は、彼が子どものときに村でおこなった討論に由来していると述べている[13]。同様に、イスラームの全盛期であった中世の古典的なイスラーム教の思想の多くは、西洋の啓蒙期の市民社会理念を先取りしている。たとえば、古典的なイスラーム思想は、「イスラームの世界」（*dar al-Islam*）〔平和の家〕と「戦争の世界」（*dar al-harb*）〔戦争の家〕とを区別した。イスラームの世界は政治的権威によって特徴づけられる共同体であり、その権威は法の支配（*shari'a*）と社会契約（*Bay'a*）に由来する。イスラームは、クルアーン〔コーラン〕とハディース（預言者ムハンマドの言辞と実践）に包含された価値の体系であり、バザール（*bazaar*）と慈善的寄進制度（*waqf*）によって独自の資金をまかなうイスラーム法学者〔もしくは法官〕（*Ulama*）によって解釈される。それは、個人の認識と、人間の意識に刻み込まれた神の意思の自覚に由来する人間理性の観念にもとづいており、この観念が後に啓蒙思想に取り入れられた。イスラームの世界と戦争の世界の区別は、啓蒙思想における市民社会と自然状態の区別に相当する。実際のところ、市民社会のアラビア語表記である *Almujtamaa Almadani* は、都市を表わす言葉とメディナに由来している。メディナは、ムハンマドが最初に建設したイスラーム社会／都市国家であった。一四世紀末の有名な歴史家であるイブン・ハルドゥーンの著述は、ファーガスンの先駆者のように読める。ハルドゥーンの中心的な主張は都市の建設に関わるものであり、未知の人びとによる新しい形態の社会的な連帯が部族的連帯に取って代わる必要がある、との主張であった。イスラームの価値は、こうした連帯のための基礎を提供しているのである[14]。

　市民社会はすべての人間に適用できる世俗的な概念である。したがって、こうしたイスラーム社会の概念と同じものではない、そう論じられる場合もある。しかし、イスラーム教もまた、どの人間社会に対してもグローバルに妥当性を持つと自称する普遍的な信条であった。とはいえ、実際には双方とも、境界づけられた概念である。市民社会は領域によって境界づけられている。それに対し、イスラーム社会は、たとえそれがある程度、宗教的な多元性を認めていたとしても、やはり信条によって境界づけられており、領域によっても境界づけられている。これらの共同体のなかでは非暴力が実現されており、正義をともなう平和が確立されていると考えられていた。暴力に覆われた外部の世界とは対照をなす世界だったのである。

かくして、ポストモダニストはつぎのように主張する。それ以外の世界にあった、より啓発された伝統を抑圧してきたのは多くの場合、西洋による支配であった、と。たとえば、マフムード・マムダーニとパルタ・チャタジーは、市民社会を社会契約の観点から理解していたのは都市部に住む植民地のエリートであり、それ以外の人びとに対しては、伝統を西洋の観点から理解し、それにそぐわないものを厳格に排除する発想に支えられた抑圧的な統治システムが押しつけられた、と論じる。(15) 彼らは「市民社会」という用語を拒否し、「政治社会」という用語を用いるよう主張する。また、グローバル市民社会はほかの伝統との関わりをもつことで、世俗的で近代的で個人主義的な市民社会の捉え方の質を高めることのできる市民性の観念を取り戻さなければならない、と主張する者もいる。(16) したがって、ポストモダニストにとって、ここ一〇年のあいだに劇的に増えてきた新しい宗教運動やエスニック運動は、対話に巻き込んでいく必要のある過激な変種も含め、グローバル市民社会の重要な構成要素である。グローバル市民社会は「上品で、行儀のよい北側の運動」ではありえない。

市民社会は、つねに、規範的な内容と記述的な内容をあわせ持つ。私が最初におこなった定義は、規範的な定義であった。市民社会は合意が生み出される過程であり、個人が政治的・経済的権威の中枢と交渉したり、戦ったり論争したりする場である、先に私はそう定義した。今日、こうした中枢にはグローバルな制度や国際組織、企業が含まれる。私は、三つの解釈のすべてがこの概念に含まれなければならないと考える。国家の財政支援を受けるNGOは、国家から自律的なものではないので排除されるべきだ、そう論じることもできよう。また、市民社会という概念の核心は個人の解放であるので、宗教運動や民族主義運動の場合のように、強制をともなう共同体主義《コミュナリズム》集団は排除されるべきだし、暴力を唱導する集団も排除されるべきだ、そう論じることもできるだろう。しかし、これは、市民社会の定義を活動家的な解釈に限定することを意味している。その場合、市民社会を構成するのは、政治的に活動する自律的で非暴力的で自発的な集団だけとなり、狭義の意味での活動家の解釈へと市民社会の定義は縮減される。もしも、グローバル市民社会という言葉がグローバルな発展を促す足がかりになりうるとしたら、その定義には、ネオリベラルな解釈とポストモダンの解釈が含まれなければならない。ネオリベラルな解釈は、この言葉を見栄えのよいものにし、より急進的な集団（NGOのような「内部にいる者」と、社会運動のような「外部にいる者」）が権力に接近することができるような場を提供する。ポストモダンの解釈は、世界でもっとも排除された人びとの多くに資する基盤を提供する。さらにいえば、現に存在している市民社会にあって、包容されている人びとと排除されている人びとのあいだに境界線を引くことは、実際のところほとんど不可能である。

私がみるに、一九九〇年代に起きたのは、国家と国際制度を包含するグローバル・ガバナンスのシステムが出現したことであった。それは単一の世界国家ではなく、国家が、トランスナショナルな性格をもつ一連の取り決めや条約、ルールにますます取り囲まれているシステムである。しかも、これらのルールは、国家間での同意だけでなく、グローバル市民社会を通して生み出された世論の支持にもとづいている。私の考えでは、とくに重要なのは、発展しつづけているコスモポリタンな法体系である。私の言うそれは、人道法（戦争法）と人権法からなる。[17] コスモポリタンな法は、国家のみならず個人に対しても適用される国際法であり、かつて国際関係論の理論家たちが途方もなく理想主義的だと見なしたものである。コスモポリタンな法は、第二次世界大戦が終結した直後の時期と一九九〇年代に拡大し、強化された。主としてそれは、グローバル市民社会が及ぼした圧力の結果であったといえよう。

いいかえれば、グローバル市民社会は、民族集団や宗教集団だけでなく、活動家（もしくはポスト・マルクス主義者たち）やNGO、ネオリベラリストが住む場所であり、グローバルな事態の推移を方向づける取り決めをめぐってこれらが議論し、それに賛成する（もしくは反対する）運動を進め、交渉し、あるいはロビー活動をおこなう場なのである。グローバル市民社会はひとつではない。多くの市民社会が存在し、人権や環境といった多様な争点に影響を及ぼす。思うに、グローバル市民社会は民主的ではない。グローバルなレベルでの選挙の過程が存在するわけではないし、存在することもできないだろう。というのも、そのためには世界国家が必要となるからである。しかも、そのような国家は、たとえ民主的に選ばれたとしても全体主義的な国家となるであろう。それは不公正で、北側に支配される国家でもある。にもかかわらず、こうした現象が現われたことは、個人に潜在的な力を、解放へと向かう可能性を与える。東ヨーロッパとラテンアメリカで起きたように、それは閉鎖社会を開放し、グローバルな争点をめぐる論争に参加する機会を提供する。「国際関係」という言葉がかなり不適切な表現となってしまっているのは、こうした現象が立ち現われてきたことに、すなわち、新しいグローバル・システムが立ち現われてきたことに原因がある。

グローバル市民社会を批判する人びと

グローバル市民社会の理念は、かなり多くの批判的な文献を生み出してきた。そうした文献が主に焦点を据えるのは、以下の二つの論点である。ひとつは国家の終焉に関わるものであり、もうひとつは「グローバル市民社会」という言葉の規範的な内容に関わるものである。

多くの批評家が出発点とするのは、市民社会と国家との本質的な関係である。市民社会は、憲法秩序という概念から切り離すことができない。憲法秩序のもとで国家は安全を提供し、それによって人びとは自由に、そして恐怖を抱くことなく政治に携わることができる。翻って市民社会は、国家の全体主義的傾向をチェックする。それでは、世界国家が存在しないなかで、どうすればグローバル市民社会は存在できるというのか。これは、クリス・ブラウンが基本的に提起した議論である。彼は、ヨーロッパ・大西洋（Euro-Atlantic）は平和な地域であるので、その市民社会について語ることは可能だと主張する。(18) 同様の主張はデヴィッド・チャンドラーにもみられる。彼は言う。世界市民のようなものは存在しない。なぜなら、市民権は義務をともなった制度の存在を前提としており、国家だけがこの種の制度だからである、と。人権は世界市民権であると主張する論者もいるが、強制メカニズムが存在しないのだからこれは当てはまらないと、チャンドラーは論じる。[19] チャンドラーは、このような強制メカニズムに反対しているようにも思われる。というのも、彼は、人道的介入という考え方を真っ向から批判しているからである。

これと関係してくる点は、世界レベルで民主主義が存在していないことである。チャンドラーは国家レベルで民主主義を回復させることを望み、このレベルに活動家は焦点を据えるべきだと主張する。同様に、ケン・アンダーソンとデヴィッド・リーフは、グローバル政治のどのような考え方も傲慢さを拭い去れないと批判する。グローバルなレベルで代議制が存在していないことを考えれば、グローバル市民社会という理念は危険な誤りである。自らを「グローバル市民社会」と呼ぶさまざまな集団や組織は、世界世論を代表していると自称し、国家レベルで代議制民主主義が果たしている機能を代行していると主張する。これはきわめて反民主的な主張である、と。とくに彼らが主張しているのは、グローバル市民社会が、コスモポリタンな普遍主義者と表現できるであろう特定の集団、すなわち、「環境保護主義やフェミニズム、人権、経済的規制、持続可能な開発」の唱道者たちと同等視されているということである。[20] これらの「社会運動の伝道師」は正統性があると称してきたが、それはあくまでも僭称にすぎない。それらが手にしているという正統性は、世界中の諸個人の熱望を反映したものではないし、反映できるものでもない、と。

平和と民主主義に関する懸念に加え、グローバル市民社会はグローバル市場を正統化する手段であると見なす批評家もいる。ロニー・リプシュッツは、ミシェル・フーコーの民治性（governmentality）概念を用いて、グローバル市場を規制しようとするグローバルNGOの活動を描き出している。こうした

ＮＧＯは、国家による規制がないなかで、労働基準や環境基準の導入を求める運動を通してグローバル市場を規制しようとする。効果もないのに。[21] こうした活動は結局のところ、グローバリゼーションの構造の一部となってしまい、現行のグローバルな取り決めを暗黙のうちに受け入れる思考様式となってしまう。つまり、このような活動は、グローバルなレベルでの権力の行使の基礎をなすガバナンスの「思考方法」を生み出してしまうのである。グローバルＮＧＯの活動は、グローバルな権力の構成に挑戦するものではない。むしろ、権力が配分される仕方に挑むだけである。グローバリゼーションとは国家権力の終焉と市場の優越に関わるものであるという考え方が、リプシュッツの議論の根底にある。

こうした主張のすべては、国家の優越性へのノスタルジアを映し出しているように思われる。しかし、国家が優越した時代は、恐るべき戦争と全体主義の時代でもあった。その際、市民社会は、世界のなかの小さな特権化された一部でしか機能していなかった。まさに、境界で仕切られた市民社会の存在は、その外部にある「自然状態」に依存していたといえよう。たとえそれが望ましいことであっても、もはや市民社会を領域的に孤立させることはできない。境界を跨いで広がる新しい共同体と新しい忠誠が、すなわち新しい権威のレベルが存在するのである。暴力を外に向かって行使することも、もはやできなくなっている。それほどグローバルなテロと組織犯罪は、平和と戦争を分かつ空間的な境界を壊してしまう、新しいタイプのグローバルなリスクとなっているのである。

アイリス・マリオン・ヤングは有意義な区別をおこなっている。彼女は市民社会と国家、そして市場を個別の空間もしくは領域と考える傾向は誤解を招きやすい、と指摘する。むしろ、過程と見なしたほうがよい。互いに噛みあうものだとしても、これら三つの言葉は、活動を調整する別々の方法を指している、と。「国家とは、正統な強制的執行装置に裏打ちされた公式的・法的な規制の活動のことである。経済とは、資源と産物、そして富の生産と配分に関わる市場指向の活動を指し示す言葉である。この活動は、利潤や損失、コストの最小化などが考慮されることで制約を受ける。そして、市民社会とは、社会的な価値を高める特定の目的のために自己組織化される活動のことである」[22]。いいかえれば、権限を認められた権力と金、そしてコミュニケーション行為がさまざまな活動の調整をはかる形態、それが国家であり市場であり市民社会なのである。

国家は、権限を認められた権力の唯一の形態ではないし、そうであってはならない。これが私の論点である。グローバル・ガバナンスのシステムの発展は、戦争をおこなう権利や市民を抑圧する権利を含む国家の活動をチェックする。グローバルなリスクの世界では、市民社会はグローバルな現象としてのみ存続することができる。市民社会は、その活動の基盤であるグローバル・ガバナンスのシステムの拡大に依存すると同時に、このシステムの組織化を促す。過去において、国家と境界づけられた市民社会が互いに構成しあう関係にあったのと同じように。東ヨーロッパやラテンアメリカでのように、コミュニケーション行為が閉鎖社会を開放するうえで重要であることは証明されたが、いまだ執行力が弱いのが現実である。実際のところ、執行力は、強制装置に依存するだけでなく、正統性を構築する場としての市民社会の役割にも依存する。強制装置が弱いグローバルな舞台では、グローバル市民社会が果たす役割がますます重要になっている。規制手続きを支えるうえでも、より効果的な執行形態、たとえば、コスモポリタンな法の拡張や「保護する責任」という考え方を強く求める際にも、グローバル市民社会が果たす役割は重要になっているのである。

先に述べたように、世界的規模の民主主義を想像することはできない。それは確かである。だが、補完性の原理や争点ごとの代議制、グローバル時代におけるグローバルな法的基準を組みあわせることによって、民主主義を強化しようする想像力豊かな提案が多く出されている[23]。これは代議制民主主義の理想的な形態に合致していないが、そのもとで市民が、自らの生活を左右する決定に影響力を行使することができる実質的な民主主義、あるいは深みのある民主主義への最良の希望となる。国家レベルの民主政体がどれほど完璧なものであっても、こうした決定が別の場所でおこなわれるなら、実質的な民主主義はもたらされないだろう。

もちろん、グローバリゼーションは、国家的な活動と市場指向の活動とのあいだのバランスを変えてきた。グローバル市民社会の多くのグループは多国籍企業の説明責任に焦点を据えている。しかし、いわゆる反グローバリゼーション運動の内部では、グローバル・ガバナンスのシステムの構築に関心が向けられている。反グローバリゼーションを掲げるグループのなかには、国家の第一義性に回帰するものもある。市場を規制するグローバルな能力の強化を支持するグループもある。グローバリゼーションを変えるというフランス語の語り、「もうひとつのグローバリゼーションを」は、こうした可能性を映し出している。

ほかの批判は、「グローバル市民社会」という理念の規範的な内容に関わるものである。グローバル市民社会について書かれた多くの著作は、グローバル市民社会が肯定的な役割を果たすことを前提にしているきらいがある。グローバル市民社会の年鑑のなかでおこなわれているように、並行サミットやグローバル会合に参加する国際ＮＧＯ（ＩＮＧＯ）の数を数えたり、グローバル市民社会に関わる行事の年表を作るなどして、この概念に実質を与えようとする試みは、「いい奴」(nice guys)——新しいグローバルな活動家——に上席を与えてしまう傾向がある。過激派の運動や政治的支配層の代表者たち、そして、それ以外のさまざまな市民組織もいっしょくたに、同じように扱われてしまう。しかし、グローバル市民社会という概念の規範的な内容は、グローバル市民社会の参加者、もしくはアクターではなく、グローバルな公的論争やグローバルなコミュニケーション行為という観念そのものに由来する。決定がこのような論争によって影響を受ける世界は、現実主義的な国際関係のビスマルク的表現である「血と鉄」によって調整された世界よりもましである、と考えられている。チャンドラーは、グローバルなコミュニケーション空間のようなものは存在しないと反論する。それは「虚構」だ、と。(24) しかし、だとしたら、グローバル都市でのローカルな対面での論争はもとより、グローバル企業の取締役から不法移民にいたるまで、遠く離れた共同体どうしをつなぎあわせる手段であるブロガーやウェブサイト、インターネット・フォーラム、並行サミット、衛星テレビ放送とはいったい何なのか。あるいは、ダヴォスやポルト・アレグレとは何なのか。むろん、グローバル市民社会には、狂信的な市場主義者や多彩な原理主義者だけでなく、この概念を批判する人びとも含まれる。むしろ、グローバル市民社会という理念を規範的に衝き動かしているのは、真に自由な会話、合理的な批判的対話は、グローバル・ガバナンスの、より人道にかなった形態が広がるのを促すことになるだろう、との信念である。もちろん、こうした論争は真に自由なものではなく、富める者や特権を手にした者によってつねに支配される。しかし、アイリス・ヤングが指摘するように、包容の機会が多ければ多いほど、市民社会と見なされうる活動は広がっていく。

とても興味深いことに、こうした主張は、国家の文脈においては当然のことと思われている。国際関係は国家利益に関わるものであって規範や理性的な論争に関連するものではない、つねにそう考えられてきた。おそらく、このことが原因となって、こうした主張はグローバルな文脈のなかでは理想的すぎると考えられてしまうのかもしれない。しかし、もし私たちが、戦争と抑圧の結果として国家に回帰してしまうのを避けると同時に、新しいグローバルなリスクに敢然と立ち向かいたいと願うのであれば、私にはこれが唯一の現実的なアプローチのように思える。

九月一一日以後

最後に、グローバル市民社会という理念は九月一一日の攻撃によってどのような影響を受けたのであろうか。テロや、テロとの戦いは、私が述べてきた事態の推移を逆転させるものなのであろうか。テロとテロとの戦いはともに、グローバル市民社会にとってきわめて有害なものである。テロは、グローバル市民社会に対する直接攻撃であり、市民社会の対極にある恐怖と不安全《インセキュリティ》を生み出す手段であると見なされよう。ジョージ・W・ブッシュの対応は、国際関係をふたたび押しつける試み、すなわち、テロリズムの脅威を国家の枠組みのなかで捕捉しようとする試みであった。アメリカは、グローバリゼーションによって閉じ込められることのない唯一の国であり、自律的な国民国家《ネーション・ステート》として、ハビエル・ソラーナが言うところの「グローバル単独行動主義国家」として行動しつづけることのできる唯一の国家であり、を保有する国家と同一視する。ブッシュは「敵」を、テロリズムを支援する国家や大量破壊兵器（WMD）を保有する国家と同一視する。しかし、イラクとアフガニスタンにおける戦争はテロを減らさなかった。それとは逆に、マドリードやロンドン、中東、そしてアジアでの爆弾テロは、テロとテロとの戦いが互いに助長しあう関係にあることを示唆しているように思える。なかでも、テロと戦争、そしてテロとの戦いという言葉は論争を閉ざしてしまい、異なる政治的立場が自らの意見を表明するための空間を閉ざしてしまう。二〇〇六年にデンマークで起きた諷刺漫画論争――デンマークの新聞がムハンマドを冒瀆する諷刺漫画を掲載し、中東全域での組織的な抗議行動に火をつけた――と、同年に起きたローマ法王の演説をめぐる論争――法王は演説のなかで反イスラーム的な発言をおこなったとされた――は、そのなかにも差異がある、より複雑な諸主張を、アマルティア・センの言う「単一主義の（solitarist）アイデンティティ」が支配するようになることの例証であった[25]。

しかし、ブッシュはグローバリゼーションの過程を逆転できない。国際関係をふたたび押しつけようとした結果は、いっそう不公正で無秩序な、荒々しいグローバリゼーションである。少なくとも現実主義の見方でいえば、それは、国際関係という「外部」が「内部」になってしまう状況であり、もはや市民社会を外部で起きていることから孤立させることができない状況である。つまり、強いブーメラン効果が生じているのだ。市民社会の古典的な理論家がおこなった戦争と国内の平和との区別は、もはや当てはまらない。グローバル市民社会は「内部」を外部に導く約束を与える。テロとテロとの戦いは、正反対の事態をもたらしているのである。

代替策はあるのだろうか。私たちは、グローバル市民社会を批判する人びとが、ありえないユートピアとして切り捨ててしまう、グローバルなレベルで国内政治を想像することはできるのだろうか。だが、これこそ一九九〇年代の一〇年間に起こったことなのだ。テロとテロとの戦いにもかかわらず、グローバル市民社会は消え去りはしなかった。反グローバリゼーション運動や平和運動、そして、さまざまなイスラーム活動家が、これまで以上に運動を推し進めている。イラクでの戦争は多国間協調主義の敗北のように見える。国連もヨーロッパ連合（EU）も分断されてしまった。しかし、たとえば、イランやレバノンとの関係では、国連もEUも、アメリカとは異なる立場をしだいにとるようになった。くわえて、イラクとアフガニスタンでの失敗は、アメリカの国内でさえもグローバルな論争を引き起こしてきたのである。

何が起きるかを左右するのは政治であり、歴史を創造する人びとのエージェンシーである。グローバル市民社会という理念は、解放のための理念であり、すべての個人にこの論争に加わる潜在的な力を与える。思うに、私たちはたいへん危険な時代に生きている。イラクやアフガニスタン、そして中東での戦争は、これまで以上に相互連関性を強めている。また、核兵器が使用される可能性を含みつつ、南アジアで新しい戦争が起きる可能性があり、私たちはすでにグローバル・テロリズムの増大を目にしている。グローバル市民社会は、貧困やAIDS／HIV、環境、その他の絶望的なまでに重要な問題はもちろんのこと、独裁者やテロリズム、大量破壊兵器（WMD）に対処するための代替策となる多国間協調主義の枠組みを採用するよう、どこまで国々を説得することができるだろうか。

多くの解説者は、九月一一日の攻撃は国際法の枠組みのなかで対処されるべきだったと指摘してきた。この攻撃は人道に対する罪として扱うべきであった。戦犯法廷が国連安全保障理事会によって設置されるべきだったのである。たとえ軍事的手段の使用をともなうとしても、テロリストを捕え殺害する努力は、戦争ではなく法の執行と考えられるべきである[26]。それは、イラクでの状況についてもいえることだ。一九八〇年代の東ヨーロッパの経験から得られた方途を使って、イラクに対処する道もあった。国連安保理決議、とりわけ決議六八七は、WMDだけでなく人権と民主主義に力点を置いていたが、ヘルシンキ合意と同じ方法を使って体制に圧力をかけることもできたはずである。兵器査察官に人権監視要員を随行させることもできた。また、一九九一年にイラク北部で発生し、失敗に終わったものの、〔南部でも〕シーア派が起こしたように、万一、イラクの人びとが蜂起した場合には、サダム・フセインの部隊から彼らを守ることを国際社会が明確に打ち出すこともできたはずである[27]。

しかし、こうした方途はとられなかった。このようなアプローチを将来採用すべきだと述べることは理想的すぎるだろうか。私たちは、九月一一日の攻撃以降にとられた対応の誤りから学習することができるであろうか。あるいは、国家権力を再活性化しようとしてもうまくいかない泥沼の深みへと、ずるずると引きずり込まれていくのであろうか。

私は、同意にもとづくグローバルなルールの体系を確立すること以外に、現在の危険な行き詰まりから抜け出す方法を見いだせない。私たちは、近代初期の思想家が国内での暴力を最小化する手段として市民社会を構想したのと同じように、グローバルなレベルでの暴力を最小化する方策を見つけなければならない。そして、このことは、何ができるかについての会話を始めることを意味している。

ジェルジュ・コンラードからの引用で終えたい。彼は核戦争の脅威を、彼の言う「グローバル・アウシュヴィッツ」（コンラード自身、アウシュヴィッツの生き残りである）のリスクを恐れていた。彼の言う「それ」は核戦争を指す言葉であるが、テロとテロとの戦いにも当てはまるように思われる。彼はつぎのように締めくくり、著書の記述を終える。「もちろん、私は巨大さの前では取るに足らないものであり、強力さの前では微弱であり、暴力の前では臆病であり、侵略の前ではためらっている。それは、あまりにも広大で持続的なものなので、ときに私には不滅であるかのように考えられる。『それ』の前では消耗してしまう。私は片方の頬をも、それには向けはしない。私は石を投げたりはしない。私は見て、そして自らの言葉を集めるだけである[28]」。

第6章　正しい戦争と正しい平和

不正な戦争を「犯罪」と称し、正しい戦争を「警察活動」と見なす（理論的に）単純な方法を用いることによって、正戦論はその様態のひとつにおいて戦争を破壊しもする。中国人の言う「正名」〔君臣、父子などの序列を正すこと〕はその好例であるが、実際問題としてそれは、国際社会が根本的に変容したことを前提としている。

——マイケル・ウォルツァー『正しい戦争と不正な戦争』

正戦論は、戦争をめぐる倫理的な思考様式である。これは、キリスト教の伝統のなかで生まれ、近代以降、徐々に世俗化していったものだが、キリスト教以外の宗教、とりわけイスラーム教の伝統においてもこれに相当する思考様式がみられる。本章では主につぎのことを主張したい。正戦論を現在の状況、すなわち、一括してグローバリゼーションと表現されるさまざまな変化の渦中にある現在の状況に当てはめることは難しい。あえて適用すれば無理な解釈を繰り返す結果になる、と。人類はひとつの共同体であるという意識が高まりを見せていること、許容できないほどに戦争の破壊力が増していること、あらゆる分野で相互連関性が増していること、人権規範と人権法の重要性の意識が高まっていること、そして、とりわけ、しばしばグローバル・ガバナンスと表現され、国家や国際制度のみならず市民社会や個人をも包含する、部分的に重なりあった政治的権威の新たな形態が立ち現われていること。大きく変貌してしまった国際社会の状況に正戦論を適用することはできない。たしかに、正戦論は、国際社会が現に、根本的に変容しつつあることを唱えてはいる。しかし、その変化は、題辞として挙げた前述の一節のなかでウォルツァーが示唆しているグローバル国家の設立に帰結するものではない。むしろ必要なのは、正戦論に代わる新たなアプローチである。個人の権利は国家の権利に優先する。したがって、個人に適用される国際法は戦時国際法に優越する。いいかえれば、戦争への正義（*jus ad bellum*）や戦争における正義（*jus in bello*）が優先される戦時においても、平和における正義（*jus in pace*）は停止されない。このような考え方にもとづいた新たな倫理的アプローチが必要なのである。

その場合でも、正統な軍事力は一定の役割を果たす。だが、それが行使される仕方は、戦闘というよりもむしろ国内法の執行に似通ったものとなる。私の言う「人間の安全保障」は、「国家安全保障」とはまったく別のかたちで個人を防衛しようとする考え方のことである。むろん、正戦論のいくつかの原則は、人道法のほとんどの内容がそうであるように、法の執行に関連するものである。しかし、言い回しを変えることが大切だ。正戦論は、正当化しうる武力の行使とは何かを考えるための枠組みを提供してはいるが、そうした武力の行使と正しい戦争とでは意味が違う。私の言う新たな倫理的アプローチは、とりわけ、侵略を、人権をはなはだしく侵害するものとして概念化しなおす、武力に正統性を付与する権限を、国家から多国間の取り決めに移管する、「付随的損害」や「二重効果」、「非意図性」といった〔ウォルツァーの議論ではおなじみの〕概念を拒絶することが必要だ、と考えている点で、正戦論とは一線を画している。

　こうした主張を展開していくにあたって本章では、まず状況を描写することから始めることにしたい。グローバリゼーションとして知られる過程がもたらしたいくつかの重要な変化を最初に描き出していくことにする。それを踏まえ、こうした変化がもつ正戦論にとっての意味合いをつぎに考察することにする。そして最後に、国家ではなく個人の権利に基礎を置いた、正戦論に代わるアプローチ——新たな平和における正義——の鍵となる原則を示すことにする。

グローバルな文脈

「グローバリゼーション」は、多くの異なる現象を指し示す言葉である。とはいえ、その広く行きわたった用法には、国家主権の性格に明確な影響を及ぼす、ある種の根本的な変化が世界秩序に生じているとの意識が込められている。こうした異なる現象を説明しやすくするためにもっとも引き合いに出される要因は技術であり、とりわけコミュニケーション技術と情報技術の広がりである。そう述べたからといって、技術決定論の歴史観を肯定することにはならない。むしろ、新しい技術の出現と進化は、社会的相互作用がもたらした結果にほかならない、と理解することができる。以下では、とりわけ国家主権にとっての意味合いに力点を置きながら、私たちがグローバリゼーションと呼ぶこうした根本的な変化のさまざまな構成要素について述べていくことにする。

人類意識、人権、民主主義

グローバリゼーションのひとつの解釈として、ひとつの人類共同体の一員であるとの意識が高まりを見せていることがあげられる。この点については、これまでの章で論じた。この高まりは、ある程度、グローバルなコミュニケーションがもたらした結果であり、とくに衛星テレビ放送が大きな役割を果たした。そのおかげで私たちは、世界の他の場所で起きている人間の苦難をますます意識するようになっている。宇宙から撮られた地球の映像や、ヒロシマやホロコーストといったグローバルな記憶は、この共有された意識の感覚の一助となっている。

こうした意識の高まりは、第二次世界大戦が終結して以降、人権と人権規範が発達したことからも、うかがい知ることができる。一九四八年の世界人権宣言とそのさまざまな約款、最近の事例としては、旧ユーゴスラヴィア国際戦犯法廷やルワンダ国際戦犯法廷、そして国際刑事裁判所（ＩＣＣ）の設立によって、国家ではなく個人に適用される一群の国際法がつくりだされてきた。そして、市民社会グループとこれに共鳴する政府からなる新しい圧力団体、人権ロビーがこれら国際法を支え、強化してきたのである。

グローバルな意識が高まっているなかで、閉鎖的な権威主義国家を持続させることはますます難しくなっている。サダム・フセイン支配下のイラクにおいてさえ、政府転覆をはかるブロガーや地下活動をおこなう反体制組織が、国外の世界との結びつきを維持しながら活動をおこなっていた。ラテンアメリカやアフリカをはじめ、アジア、東ヨーロッパで発生したいわゆる民主化の第三の波は、グローバリゼーション——反体制組織と外部世界がつながっていること、そして、国際人権法を頼りに行動を起こせる状況があること——がもたらしたひとつの結果だと主張することができる。しかも私たちは、いまにも第四の波が発生しそうな状況下にある。それぞれに特色あるセルビア、グルジア、ウクライナ、キルギスタンでの市民社会の革命的な動き、そして、それ以外の地域での、とりわけ中東での民主化を求める人びとの圧力。第四の波が起きるのも時間の問題と思われる。

こうした事態の推移が事実上示唆しているのは、国家主権がますます「状況依存的な」ものとなっているということである。すなわち、国家主権は、国内の行動と外部世界の合意しだいでその内容が変わりうる概念だということである。

人びとの往来と移動

二〇世紀の最後の数十年は、移動の新しい波が起きたことで知られる。だが、この新しい移民は、コミュニケーションと移動がしやすくなったこともあって、自分たちのホームランドとの結びつきを保つことができる。この点で彼らは、一九世紀末の移動の大きな波のなかで移住した移民とは置かれた状況を異にしている。かつてはユダヤ人に限って使われていたディアスポラという概念が広く使われるようになり、民族《エスニシティ》と宗教にもとづくトランスナショナルな共同体が成長している。国家主権にとってこの現象がもつ意味合いは小さくない。というのも、ピラミッド状に組織され、領域を基盤とする共同体、すなわち、国家に一致する共同体という概念が大きく揺らいでいることを示唆しているからである。よくいわれるように、国家の凝集性は「他者」という概念に依存したものである。カール・シュミットの言う友－敵の区分[1]に依存したものである。しかし、現代では、市民が誓う忠誠の対象は国家に限らない。国家にもはや一致するものではない共同体や、人類といったものにも忠誠を誓う。たとえば、イスラエルとパレスチナ、あるいはセルビアとクロアチアのあいだにみられる友－敵の区分は、先進工業世界のグローバル・シティにおいてしばしば再生産されてしまう。

相互連関性

社会科学においてグローバリゼーションは、経済・政治・文化・社会のあらゆる分野での相互連関性として定義されることが多い[2]。これは事実上、私たちの日常生活に影響を及ぼす決定が、はるか向こうにある多国籍企業や、国際通貨基金（ＩＭＦ）、世界銀行、ＥＵといった国際制度、さらにはアメリカのような強大な外国によってなされることが多い、ということを意味している。「構造調整」、「収斂規準」といった経済政策や、貿易と投資に関する協定、環境に関わるルール、あるいは、国際的なスポーツ行事や文化的な行事でさえも、その領域内での事態の推移を法的に制御する国家の自律性を徐々に低下させている。現在の国家は「中空の国家」（hollow state）であると論じる論者もいるくらいだ。公務員は多くの場合、国内の有権者よりも他国の公務員と意思疎通をはかっている。国内の利害や一般の人びととの複雑な関係を支配するだけでなく、国際制度や他の国家、国際企業、ＮＧＯとの複雑な関係を支配することが政治的指導者の職務なのではない。むしろ、こうした関係を管理することが彼らの職務となっているのである。

極端なケースでは、これらすべての圧力をうまく調整できないと、国家の失敗、あるいは国家の崩壊を導いてしまう。これこそ、今日の世界で起きている多くの深刻な対立の原因である。たしかに、私たちが直面するリスクや脅威は、権威主義国家からよりも失敗国家から多くもたらされるように見える。しかし、多くの場合、失敗国家とは、権威主義と国家の失敗が組みあわさって生まれたものなのである。

戦争の性格の変容

二〇世紀において軍事技術は、その破壊力と精度を増し、より広く利用できるものになった。同様に武装した二つの敵対勢力が繰り広げる戦争、すなわち対称的な戦争は、あまりに破壊力がありすぎて戦うことができなくなってしまった。第二次世界大戦後の時期における核抑止の重要性は、戦争一般の破壊力の増大を指し示す隠喩として理解することができる。とはいえ、このことは、対称的な戦争が二度と起きないということを意味するものではない。一九八〇年代に起きたイラン・イラク戦争は、まさしく対称的な戦争であった。第一次世界大戦の死者数に近い何百万人もの若者の命が塹壕で奪われ、戦争は引き分けで終わった（今日のイラクやイランについて語る際に、私たちはつぎのことをたいてい忘れている。この戦争の記憶が両国の人びとの心のなかにトラウマとして残っていること、そして、この戦争を持続させるにあたって私たちの政府が一定の役割を果たしていたことの二つを、である）。また、たとえば、中国が台湾を攻撃した、あるいは、北朝鮮が日本を攻撃した結果、東アジアで対称的な戦争が起きる可能性があることも広く懸念されている。

しかし、対称的な戦争の破壊力の増大がもたらしたのは、戦争はもはや容認できないという意識の高まりである。この風潮は第一次世界大戦後に生まれた。戦争は、国家が国益を追求する正統な手段である。これは、ウェストファリア条約が締結されて以降、国際社会を支配してきた考え方であった。だが、この考え方は、国際連盟憲章においても、一九二八年に結ばれたケロッグ＝ブリアン協定においても、とりわけ、ニュルンベルク裁判で侵略の罪が重視された第二次世界大戦の直後の時期においても、国連憲章においても否認された。こうした禁止規定は、人権規範と人権規定の場合と同様に、市民社会の圧力、とりわけ先進工業世界における平和運動の発展によって強化されてきた。

いいかえれば、戦争の破壊力の増大と、戦争は許容できないという意識の高まりが意味していることとは、政策手段として戦争を用いるという選択肢を国家はもはや手にしていないということ、したがって、国家は戦争以外の方法で互いに取引をおこなわなければならないということである。むろん、アメリカ（あるいは中国）は、この新しい原則の例外といえる。第2章で述べたように、明らかにジョージ・W・ブッシュ政権は、軍事力を政策手段と見なしつづけている。しかし、例外があるということは規則がある証拠である。イラクはそのことを明らかにしたのではないだろうか。イラクでの戦争から得られる主な教訓には、軍事的手段を用いることの難しさが含まれるだけでなく、軍事技術の優越は決定的な勝利をもたらさない、武力よりも正統性が重要であるとの理解が含まれるだろう。

もちろん、国家間の戦争、すなわち対称的な戦争の破壊力が増大し、戦争は許容できないという意識が高まったからといって、戦争そのものが根絶されるわけではない。事実、新しいタイプの戦争として非対称戦争が生じている。これは、暴力が他の戦闘当事者ではなく、主として非武装で無防備の民間人に向けられるような戦争であり、いいかえれば、テロの手段が恒常的に用いられる戦争である。私の言う「新しい戦争」とは、ゲリラ戦と、通常戦力の集中を避ける方法である「低強度戦争」をもとに考案された戦争を指す。この「新しい戦争」において戦闘当事者は、敵を軍事的に攻撃するよりも恐怖を抱かせることによって領域を政治的に支配しようとする。この戦争には、戦闘行為（政治的暴力）はもちろんのこと、人権侵害と戦争法規への違反（非戦闘員に対する暴力やジェノサイド、大虐殺、拷問、残虐行為、大規模なレイプなど）、通常の犯罪（略奪や強奪、および、密輸をはじめとする不法な戦争資金調達）などさまざまな行為がともない、国家と非国家アクターが関与する。しかも、この戦争では、戦闘員と非戦闘員、実効的な支配をおこないうる政治的権威の存在と欠落、内部と外部といった古典的な区別は通用しない。正戦論にとって不可欠なこれらすべての区別が通用しない戦争なのである[3]。

先端軍事技術は以前とは比べものにならないほど高い精度を可能にしたので、戦争はより均衡のとれたものになり、標的を正確に識別しておこなわれるものになると論じる者もいる。たしかに、アメリカが戦う現代の戦争は、二〇世紀の戦争に比べて付随的損害を大幅に減少させる高精度の武器を使用している。だが、後述するように、「新しい戦争」の文脈では、戦闘員と非戦闘員を区別することは難しいため、付随的損害の発生する可能性が比較的高くなる傾向がある。

グローバル・ガバナンス

こうした変化が結びあわさった結果、「国際社会が根本的に変容した」といえる。国家はいまもなお主権の法的な容器であり、国際制度は、国家間で合意された条約からその法的基礎を引き出している。だが、実際には、国家はグローバル・ガバナンスのシステムに束縛された存在である。このシステムにおいて国家は重要なアクターでありつづけてはいるが、国際制度や、EU、アフリカ連合（AU）といった地域的国際機関をはじめ、多国籍企業やNGO、市民社会、そして個人とともにあるひとつの存在にすぎない。自律的な機関《エージェント》として行動できる国家の能力にはかなりの制約が課せられており、とりわけ、政策手段として戦争に訴えることはいまや禁止されている。

グローバル・ガバナンスのシステムは、「武力を合法的に使用する独占権を手にしたグローバル国家」(4)と同じものではない。現に、グローバル国家が専制国家に帰結する可能性はきわめて高いといえる。その意味でも、グローバル国家は、十中八九、望ましいものではないだろう。だが、グローバル・ガバナンスのシステムは、正戦論が前提としているように思われる世界ともまるで異なっている。少なくとも、ポスト・ウェストファリアの歴史を正戦論が語るとき、その前提にあるのは、国家が個人のように自国の国益を追求しながら行動しているという世界観なのである。外部の侵略から個人を守り、国内においてその生命と自由を保障するのと引き換えに、個人の権利が国家の権利に変形される国内での社会契約。ウォルツァーは、国家の権利はこうした社会契約に由来すると述べている。国際関係論の文献ではおなじみの「大いなる分断《グレート・デバイド》」(5)、すなわち、個人や規範、法、政治が自らの場を見いだす国内の市民社会と、自国の私利を追求する国家が自らの場を見いだす外部の自然状態とを分かつ分断は、国家の権利にまつわるこのような考え方の表われである。前章で論じたように、今日起きているのは、国内における社会契約がグローバルなレベルでの社会契約にますます補完されるようになってきているという事態である。(6)

国家だけでなく個人に適用されるルールや法は、いわゆるグローバル・ガバナンスを構成する個人や集団、そして組織の集合体のなかでの協議のうえ取り決められるようになってきている。だからこそ、内部と外部の区別が、国内と国外の区別が不明瞭になっていると語ることができるわけだ。「大いなる分断」は消え去ってはいないが、もはやそれほどはっきりとしたものでもない。もはや、テロや組織犯罪、あるいは民族《エスニック》・宗教紛争に覆われた外部から内部を隔離することはできない。しかも、その外部は、ますますつぎのような世界となっている。すなわち、国家の権利のみならず個人の権利が適用される世界と化しており、国家が自らの国益を追求するうえで、もはや同じような自律性をもてなくなった世界となっている。私たちは、正しい戦争の教えが適切なものなのかどうかを考えなおすべき状況のもとにある。

正しい戦争という表現をなぜ変えねばならないのか

ジェームズ・ダー・デリアンは、死を見えなくするだけでなく、それを正当化できるよう「死を交換する」「高潔な仮想戦争」(遠距離からの仮想戦争と、美徳もしくは正しい戦争とが結合した戦争)について語っている。(7) 正当な殺人と故意の殺人とのあいだ、犯罪者である兵士と英雄である兵士とのあいだには細い線が引かれている。正しい戦争は、この細い線を管理しようとしている。戦争のルールが絶えず重視されてきた理由は、まさしくこの点にあるのだ。しかし、そうであるならば、正しい戦争は、戦争を正当化するために容易に利用されうるだけでなく、何が許され、何が許されないかをはっきりさせる責任から逃れるためにも利用されてしまうことになる。とりわけ、遠距離からなされる戦争ではその可能性が高くなるだろう。以下では、このような議論を、双方とも、正しい戦争という教義の構成要素である、戦争への正義（戦争をおこなう権利）と戦争における正義（戦争をおこなうに際しての正しい方法、すなわち、戦争における抑制と制限）に対しておこなうことにしたい。

戦争への正義（*jus ad bellum*）

ますます膨らんでいく、正しい戦争という教義において、戦争への正義とはどのようなものを指すのか。ジェームズ・ターナー・ジョンソンによると、それは、正当な大義、正当な権限、正しい意図、戦争は害悪でも善でもないという観念（戦争への均衡）、最後の手段、そして平和を達成する決意からなるという。(8) 以下では、正当な大義と正当な権限に焦点を据えることにしよう。

正当な大義　今日、軍事力を行使する正当な大義としてもっとも一般的なものは、「保護する責任」と呼び名を変えてきた人道的介入である。(9) このような概念の履行は、ジェノサイドや大規模な人権侵害、あるいは人道に対する罪が発生した場合に国際社会が人びとを保護する責任を負うという、現に生成しつつあるグローバルな社会契約を構成する決定的な要素、と論じることができよう。暴力が民間人に向けられる「新しい戦争」の広がりは、人びととの意識の高まりとあいまって、無辜の人びとが恐ろしい悲劇に見舞われた場合には傍観するなという圧力をかなり増大させてきた。

だが、正戦論に関するたいていの説明では、人道的介入は例外的な存在であり、正当な大義をめぐる議論において脚注に入れられるべきものである。正戦論に関する彼の独創的な著作の第三版のなかでウォルツァーは、これは、私が最初にこの本を著わしてから起きたひとつの「大きな、きわめて重大な転換」であると述べている。「『介入』の名のもとに私が論じた問題は、本書の主要な関心事からすれば周縁的な問題にすぎなかったが、中心的な問題へと劇的に移動した……。国際政治の主要なディレンマは、危険な状況にある人びとを軍事力を使って外部から救出すべきかどうかということである[10]」。

二〇世紀において、そして、正しい戦争という教義に関する同時代の説明の大部分において、正当な大義の主たるものは、外部からの侵略に際しての自衛である。これは、二つの世界大戦を経て生まれるにいたった、戦争を禁止する動きを受けたものである。広くそういわれているが、必ずしもそうではない。事実、正戦論の父である聖アウグスティヌスは、道徳的な秩序の回復に主に関心を抱いていた。正しい戦争についてのキリスト教の教えのなかで、隣人愛という概念、他者の保護は重要な要素であった。聖アウグスティヌスによれば、戦争は必要なものである。「正義にもとづく政府によって根絶され、抑圧されるべき悪を破壊することによって放蕩な情念を抑制する[11]」ために。ジョン・ランガンが言うように、戦争を「懲罰」と捉えるこの考え方は、自衛に優先する。聖アウグスティヌスにとって戦争は、公的な目標のために公的な権威によってのみ是認されうるものであった。つまり、戦争は他者を保護するものなのである。したがって、彼の思考の中心にあるのは正義にもとづく政府に従うことであり、たとえ個々人がそのときどきの支配のあり方を否認したとしても、政府に抵抗する権利は彼らにはないと考えられていた。正しい戦争は情念とともに復讐心を取り除きもする。聖アウグスティヌスに次いで中世の学者たち、とりわけトマス・アクィナスも、他者によって引き起こされた名誉棄損や罪を正すことこそ正当な大義であると考えていた。正しい戦争と聖戦（holy war）は区別された。前者は、世俗の権威によって是認されるものであり、戦争における一定の抑制を受け入れたものであった。それに対し、後者は宗教的権威によって是認されるものであり、非キリスト教徒に対して遂行されるものであった。

興味深いことに、古典的なイスラーム思想にもこれに類似した考え方がある。古典的なイスラーム思想は、平和の領域［イスラームの世界（*dar-al-Islam*）］と戦争の領域［戦争の世界（*dar-al-harb*）］とを区別した。ジハードという言葉はよく「聖戦」と訳されるが、実のところジハードは、正しいことのために、そして、たいていは平和を手にするために奮闘する道徳的な義務を指す言葉である。だが、戦争は、それがジハードである場合にのみ正当化されうるもの、すなわち、正当な大義を持つものであった。この考え方は、正当な大義についての聖アウグスティヌスの考え方にきわめて類似したものである。したがって、キリスト教で言う聖戦よりも正しい戦争の考え方に近い。数あるイスラーム教の宗派のなかでもとりわけシーア派は、自衛こそ唯一の正当な大義であると考える。キリスト教の理論においてと同じく、戦争は、正当な権威、すなわち、カリフか、スルタンのような政治的権威によって是認されなければならなかった。だが、どの権威も絶対的なものではなかった。神の意志は個々の人間の意識に刻印されると考えられていたので、いずれの権威もイスラーム法解釈に依存していた。もっとも重要なことは、これがつぎのことを意味していたということである。すなわち、すべての正当な戦争は正しく戦わなければならなかったということを。[12] 現に、イスラーム法学者が心を砕いていたのは、（後述するように）正当な大義にまつわる問題ではない。むしろ、西洋で言う戦争における正義（*jus in bello*）に、用いるべき手段に関心を寄せていたのである。したがって、古典的なイスラーム教には、キリスト教で言う聖戦に直接当たるような考え方は存在していなかった。

ターナー・ジョンソンによれば、近代《モダニティ》に移る過程で「宗教を権威ある地位から退け(13)」、聖戦という考え方を否認する責任を果たしたのは、フランシスコ・デ・ヴィクトリアやフーゴー・グロティウスといった学者たちである。ヴィクトリアは、神によって私たちの意識に刻み込まれる法である自然法を、アメリカ・インディアンのような非キリスト教徒に適用すべきだと、とくに力説した。他方、グロティウスは、正当な大義を博愛と同一視した。グロティウスにとってそれは、現代で言う人道主義に近いものであり、それゆえ古典的なイスラーム思想と同じものである。

世俗権威のみが戦争をおこなう権利を持ち、宗教の戦争は時代錯誤であるとの西洋の考え方は、ウェストファリア条約が締結されて以降、しだいに変化を遂げ、戦争は国家理性にもとづいておこなわれるものであるとの考え方に発展していった。したがって、一八世紀および一九世紀のヨーロッパにおいて戦争は、「共通の裁定者の存在を認めない二つの主権国家間の問題を解決する手段――その意味で、非常に不十分な手段であったが――(14)」と見なされるようになったことになる。当時、正戦論が力点を置いていたのは正当な大義ではなく、むしろ自制と制約であった。しかし、二〇世紀の総力戦は、戦争に制約を課し、自制を働かせることは可能だとする見方に疑念を生じさせただけでなく、国家理性の正統性に疑念を抱かせる結果となった。かくして、自衛のための戦争のみが正当なものであるという現在の国際的な合意が生まれるにいたったのである。

自衛こそが唯一の正当な大義であり、不干渉原則は破られるべきではないとの主張があまりに根強いために、人道的な目的から実際におこなわれている多くの介入は自衛という拘束衣のなかに押し込められてきた。たとえば、一九七一年に起きた、バングラデシュへのインドの介入に際して、インドの国連大使は安全保障理事会に対し、「人類の良心に衝撃を与える」[15]ようなことが東パキスタンで起きていると指摘していた。しかし、インド政府は、「難民による侵略」という脅威を受けているとして軍事力の行使を正当化したのである。国際社会がイラク北部に介入し、国連がクルド人のための安全地帯を設置した一九九一年のケースでは、難民の流出によって引き起こされる「国際の平和と安全を脅かす脅威」が決議(安保理決議六八八)で強調されていた。

だが、内部と外部の、国家と非国家の差異が不明瞭になっている世界において、侵略と人道上の破局との違いは何なのであろうか。理論上では、前者は外国による攻撃であり、後者は、自分たちの国家や非国家アクターによって国民が苦しめられている事態である。しかし、国家が崩壊しつつあり、戦闘当事者のなかに準軍事組織や外国の傭兵、ムジャーヒディーンなどが含まれる新しい戦争に際して、理論上の区別を適用することは想像以上に難しい。

ボスニア・ヘルツェゴヴィナでの戦争は、こうしたディレンマを明らかにする好例である。実際に、この戦争は、ユーゴスラヴィア軍と国土防衛隊の残党と、地元と外国の志願兵、犯罪者と狂信者の双方からなる準軍事組織との混成部隊によって戦われた戦争である。国際的な介入を支持する人びとは、この戦争はボスニア・ヘルツェゴヴィナに対するセルビアとクロアチアの侵略戦争であると主張した。それに対し、国際的な介入に反対する人びとは、この戦争はセルビア人とクロアチア人とムスリムのあいだでの内戦であると主張した。だが、介入の論拠は間違いなく、犠牲者の権利から導き出された。この戦争は、大虐殺や大規模な住民の強制移住、収容所への収容と、大規模なレイプを含む広範な残虐行為をともなう民族浄化《エスニック・クレンジング》の戦争であった。こうした人権侵害をおこなったのはセルビア本国のセルビア人なのか、ボスニアのセルビア系住民なのか、正規軍なのか準軍事組織なのか、あるいは、ボスニア・ヘルツェゴヴィナは独立国家なのかユーゴスラヴィアの一部なのかどうかは、重要な問題だろうか。

九月一一日の攻撃の解釈の仕方の問題は、より多くのことを明らかにする。この攻撃が「人類の良心に衝撃を与える」行為であったことは明白である。ブッシュ大統領は、この攻撃を侵略行為と見なす道を選び、アメリカを第二次世界大戦に引き入れた日本による真珠湾攻撃になぞらえた。そうすることで彼は、「テロとの戦い」という言い回しを使うことができ、アフガニスタンとイラクに対する攻撃を正当化することができたのである。

だが、この攻撃は、外国によっておこなわれたものではない。それは、個人のグループがおこなった攻撃であった。この攻撃が、オクラホマの連邦ビルを攻撃したティモシー・マクヴェイのようなキリスト教原理主義者か、アメリカの市民でもあるイスラーム教原理主義者によっておこなわれたものであったならば、ブッシュ大統領は宣戦を布告していたであろうか。九月一一日の攻撃直後の特集記事のなかで、ウォルツァーはつぎのように述べている。「隠喩とは何かをわかったうえでその言葉を使っているのであれば」、「戦争」という言葉を使うこと「に異論はない」。しかし、「いまのところ敵国は存在していないし、戦場も存在しない」(16)、と。

九月一一日に起きたことは、人道上の破局である。この攻撃は「人道に対する罪」と表現すべきものであり、現に多くの論者が、このような観点からこの攻撃を表現する道を選んでいる。このような表現が示唆しているのは、攻撃をおこなった者は敵ではなく犯罪者であった、ということである。彼らがどこの国の人だろうと関係はないのである。このような恐ろしい犯罪に際しては、その犯罪者を逮捕することが外国に対する軍事行動の論拠になるかもしれない。だが、犯罪者は個人であって国家そのものが犯罪者ではないので、その軍事行動の性格は戦争とは違うものになるだろう。

二〇〇六年七月にヒズボラが八名のイスラエル兵を殺害し、二人の兵士を人質に取ったケースも同様である。これは明らかに犯罪行為である。だが、イスラエルはこの行為を、レバノンによる外国からの侵略と解釈する道を選び、それゆえレバノンを攻撃した。イスラエルは、均衡のとれていない対応をとったとして強く非難された。何百人ものレバノンの民間人が殺害され、経済的・物質的な社会的生産基盤に莫大な損害を与えたからである。だが、もしヒズボラが、たとえばイスラエル国内の抵抗グループであったならば、こうした反応はとられなかったはずである。

正当な権限　中世において戦争（*bellum*）、すなわち、公的な目標のための武力の行使は、決闘（*duellum*）、すなわち、私的な目標のための武力の行使と区別されていた。正戦論は、公的な目標のための武力の行使を正当化する基準について詳細に述べていた。そして、私的な目標のための武力の行使は違法なものと考えられていたのである。現世において自らの上位に立つものは存在しないということを知る政治的権威のみが、宣戦を布告することができた。イスラーム教の伝統においても同じである。政治的権威（カリフ）でもある宗教的権威が戦争を是認することができた。

今日、国家の戦争そのものが違法になりつつある。国益は、グローバルな公益に対立する私益のようなものと見なされつつある。今日、重要視されているのは、人道的な目的のためにおこなわれる武力の行使と、国家の目的のためにおこなわれる武力の行使との区別である。ブッシュ大統領とトニー・ブレア首相は、自分たちの関心事は国家的なものではなく人道的なものであると強調している。しかし、もしもその関心事が人道的なものであるなら、一部の市民を代表するにすぎない一政府が単独で武力の行使を是認することはできないと論じることができる。というのも、その場合、多国間で是認された何らかの権限が必要になるからである。国連憲章第五一条によれば、外国からの侵略を受けた場合には、国家は自衛のために単独で武力を行使する権限を与えられるという。だが、人道的介入を含む自衛以外のあらゆる軍事力の行使を是認しうる唯一の存在は、同憲章の第七章にあるように国連安全保障理事会である。安全保障理事会が封鎖される状況を見越した一連のルールを第七章に書き加える必要があることは確かであるが、自衛以外のすべての軍事力の行使を多国間で是認するという原則は不可欠なものである。

戦争における正義（*jus in bello*）

正戦論と、国際法に成文化されたその考え方が国家に適用されたのは一九世紀後半のことである。中世において、正しい戦争はヨーロッパの君主と他の政治的権威のあいだで戦われたのであって、国内の暴力や、十字軍のような非キリスト教徒との戦争に適用されることはなかった。ターナー・ジョンソンは、正しい戦争を唱える神学者らがそれをはっきりと是認するなかで、国内の反乱が非常に残忍なやり方で鎮圧された多くの事例をあげている。たとえば、一六世紀のドイツで起きた農民反乱〔ドイツ農民戦争〕は自制を働かせることなく鎮圧されたが、マルティン・ルターは正当な権限を理由にこの鎮圧を是認した。植民地への介入の場合も同様であった。一九世紀のヨーロッパで起きた戦争において実践されたさまざまな自制は、決して戦争とは表現されず、むしろ反乱や暴動などと表現された植民地への介入には適用されなかった。たしかに、アメリカ南北戦争の両軍で遵守された行動規則を作成したフランシス・リーバーによる「ゲリラ部隊」を定義する試みはあったし、義勇軍や準軍事組織をも包含する「武力衝突」という概念が国際法に組み込まれもした。にもかかわらず、ブッシュは、このような集団の法的地位は戦時国際法の枠組みにおいて明確ではないという主張を振りかざし、グアンタナモ湾での彼の言う「不法戦闘員」の拘禁を正当化するのである。

正義にもとづく権威に対する反乱は、古典的なイスラーム教においても禁じられていた。だが、キリスト教の伝統とは対照的に、異議を唱えるムスリムとの衝突に際しては戦争における自制がより厳しく求められた。

ムスリムどうしが戦う場合には、逃亡者や負傷者を殺してはならない。ムスリムの捕虜を処刑してはならないし、女性を故意に殺したり人質にしたりしてはならない。捕虜となったムスリムの男性は、戦闘が終結したり、戦闘が続く危険性がなくなったらすぐに解放しなければならない。さらに、ムスリムの財産を戦利品として奪ってはならず、取得したいかなる財産も、戦闘が停止したら返還しなければならない(17)。

しかし、こうしたルールが適用されるのは、その反乱が、イスラーム法源に関する正当な解釈（*ta'wil*）にもとづいた、戦うもっともな理由があると考えられた場合のみであった。したがって、部族的な理由や欲望は、もっともらしいものとは見なされなかった。しかも、反逆者は十分に強くなければならなかった［シャウカ（*shawka*）］。「法学者が言うように、シャウカという要件がなかったならば、無政府状態と無法状態が広がることになるだろう……。シャウカという要件がなかったならば、堕落したどの人物も正当な解釈を捏造したり偽造したりするようになり、バギ（*baghi*, 正当な反乱）であると僭称するようになると法学者は力説する」[18]。

キリスト教の伝統において、戦争における正義が適用されなかったのは国内の紛争だけではない。聖戦にも適用されなかった。というのも、聖戦においては大義の正しさが自制の欠落を正当化することになっていたからである。古典的なイスラーム教の時代にはそれに相当する考え方はなかったという事実にもかかわらず、現代のジハード主義者は自らの戦いを聖戦と規定し、中世のキリスト教の主張と同じような主張をおこなう。すなわち、大義の正しさは自制の欠落を正当化する、と。同じような主張は、たとえばナチズムが敗北した際のイデオロギー戦争でもおこなわれた。中世において、正しい戦争は、概してヨーロッパのキリスト教国家間の戦争に適用された。したがって、中世に発展した戦争にまつわる慣習上のルールは、「同じ文化的背景を共有し、同じ神を崇拝する諸国民のあいだで[19]」適用されるべく構想されたものだったのである。それゆえ、こうしたルールは、ともにキリスト教会に忠誠を誓う戦闘当事者が繰り広げるヨーロッパ内部の戦争においては大なり小なり尊重されたが、その範囲を超える場合には尊重されなかった。実際、十字軍の戦士がエルサレムを攻め落としたとき、彼らは六万五〇〇〇人の「異教徒」を殺害したのである。

今日のたいていの戦争において、いくつかの戦闘当事者の地位ははっきりしていない。こうした戦闘当事者は多くの場合、リーバーや他の人たちによって作成された基準には適合しない。というのも、その基準は、正統な権威を認められることを待っている原初的国家としてそれらを扱っているからである。こうした戦闘当事者を、そのように扱うべきではない。アルカーイダやルワンダのフツ族の準軍事組織のような反乱者もしくはテロリストを、潜在的な権威として、あるいは正統な敵として扱ってしまったら、こうした戦闘当事者の地位を引き上げることになり、正統性の望ましくない資格を与えてしまうことになる。他方で、チェチェンでロシアがおこなったように、あるいは、ブッシュ大統領がグアンタナモの拘留者に対しておこなったように、自制を働かすことなく行動し国際法の枠組みを無視することは、緊張状態を悪化させるだけであり、現実の権威の正統性を傷つけるだけである。「あなたがたの行動があまりにも不正だというのに、誰があなたがたの大義を信じるというのか[20]」。宗教戦争に関して、フランスのカルヴァン主義者はこう書き記している。

正しい戦争という表現よりも法の執行という表現のほうが適切であるとする理由は、まさしくこの点にある。たいがい、人道的介入は、民間人を保護するために外国に介入することを指す。そして多くの場合、人道的介入は戦争と見なされる。人権を侵害した責任があるのは、その国家だからである。だが、国家と非国家アクターによって、国内と国外のアクターによって人権が侵害される状況においては、「戦争」という言葉は適用されない。むしろ、国内秩序の喪失に似た状況として扱われることが望ましい。このような介入を戦争と見なしたり、農民の反乱や植民地での暴動といった陰鬱な状況下で失われた統治をそのままにしておくことを許容したりするよりも、国内のルールの効力を高め、最低限の人権枠組みを適用するほうが望ましい。ウォルツァーが述べているように、「人道的介入は、他のいかなる種類の介入にも増して、国内社会で一般に法の執行や警察活動と見なされているものへと近づいていくことになる」[21]。人権が侵害されているこうしたあらゆるケースでおこなうべきは、民間人を保護し犯罪者を逮捕することであって、敵性国家を打ち負かすことではない。いいかえれば、人道的介入が正当な大義の主たるものと見なされるのであれば、人道上の破局をもたらすものはもはや国家だけではないというのであれば、こうした介入がおこなわれる方法を考えるうえで深い意味合いがこのことにはある。

戦争における正義という原則を適用することの難しさは、内部と外部、友と敵、国家と非国家、そして戦闘員と非戦闘員の違いが、このように曖昧になっていることから生じている。戦争における正義にまつわるルールの根底にある想定のうち、中心となっているのは、非戦闘員や負傷した戦闘員、もしくは捕虜になった戦闘員（ウォルツァーの言う「裸の兵士」）は免責されるとの考え方である。戦争の結果を、できるだけ彼らに負わすべきではない。彼らは「戦闘力を失っている」はずである。同じ区別が、古典的なイスラーム教の思想でもなされていた。あらゆる戦争での捕虜と非戦闘員の扱いについて厳しく規定する掟があった[22]。以下に引用する有名な一節のなかで、初代カリフであるアブー・バクルからムスリムが訓令を受けている。

手足を切断してはならぬ。小さい子どもや老翁、老婆を殺してはならぬ。ヤシの木の上部を切断したり、燃やしたりしてはならない。果樹を伐り倒すな。食べる以外の目的で羊や雌牛、ラクダを殺すな。そして、祈りをささげる信者の修道院のそばを通るときは……彼らの邪魔をしてはならない。

非戦闘員は免責されるという考え方は、人間は平等であるとの考え方と、敵の住民に対して敬意を払うべきであるという考え方を反映したものである。今日、そのような主張がよく聞かれる。この考え方は、ヨーロッパにおいては過去に限られ、〔イスラーム教の伝統においては〕ムスリムとムスリムが戦う場合に適用された。[23] だが、戦争という概念そのものが示唆しているのは、敵の命は味方の命に比べて価値が低いものであるとの友-敵の区分である。友-敵の区分と、非戦闘員は免責されるという彼らに対する敬意とのあいだにあるこうした矛盾が、「均衡」や「二重効果」、そして最新の専門用語である「付随的損害」といった広く知られる個別の概念のなかで表出される。これらの概念の背後に潜むのは、つぎのような考え方である。すなわち、その行為が、戦争に勝つために必要な、軍事目標に対する攻撃の副次的効果であるならば、その行為が故意におこなわれたものでないのであれば、そして、与えた損害が、勝利が得られなかった場合に被ったであろう損害と比べて均衡のとれたものであるならば、敵の民間人を殺害したり傷つけたりすることは正当化されうる、との考え方である。むろん、「必要性」や「均衡」といった概念が定義しづらく、解釈の幅がありすぎることはよく知られている。[24] たとえば、アフガニスタンやイラクでの最近の戦争は、テロリストが忌まわしい大量破壊兵器（ＷＭＤ）を西洋の都市に投下するのを防ぐために構想されたものであると、アメリカ人は主張する。だとしたら、相当量の破壊をおこなったとしても許されるというのだろうか。

とはいえ、さしあたり定義の問題は横に置いておくとすれば、これらの概念が実際におこなっていることは人の命を序列化することである。X国とY国のあいだで戦争が起き、あなたがX国の側にいると仮定しよう。その場合、命の価値は、つぎのような秩序のもとで序列化される。第一位はX国の民間人、第二位はX国の兵士、第三位はY国の民間人、そして最後はY国の兵士である。二重効果が示唆しているのは、つぎのようなことである。いかなる殺害も最小限にとどめるべきである。しかし、それが、勝利を手にするために、あるいは、X国の兵士と民間人の命を救うために必要な行為であるなら、Y国の兵士を故意に殺害することは許される。それが、勝利を手にするために、あるいは、X国の兵士と民間人の命を救うために必要な行為であるなら、Y国の民間人を意図せずに殺してしまったとしても許される、と。実際には、X国の兵士の命を救うためにY国の民間人の命を危険にさらすことは許されるかどうかについて、すべての人が合意しているわけではない。第二次世界大戦のさなかに連合国の爆撃任務に加わったピエール・マンデス・フランスは、より正確に爆撃をおこなうことで民間人の命を救おうと低空飛行をする危険を故意に冒した。とはいえ、こうした配慮はアメリカ軍のなかでも受け入れられるように思われる。だからこそ、一九九九年に実施されたユーゴスラヴィアへの空爆に際して、高高度からの空爆がおこなわれたのである。アメリカ軍の兵士がカルバラで述べたように、「彼らは、われわれが子どもは撃たないと思っていたようだ。しかし、相手が子どもだろうとかまわない、そのことを彼らに思い知らせた。われわれは、自分たちが生きていくために、自分の身を守るために最善を尽くしている(25)」、と。

もちろん、必ずしも領域の観点から序列をつけているとは限らないが、私たちの誰もがそれとなく命に序列をつけている。私たちが忠誠を誓う共同体は境界を横切っており、家族や民族《エスニシティ》、宗教、階級、あるいは政治によって規定される。自爆攻撃を予告する映像のなかでイギリスの自爆テロ犯が語った彼の共同体は、彼が住むリーズというローカルな共同体やイギリス市民の共同体ではなく、ムスリム共同体であった。しかし、それが民族的なものであれ宗教的なものであれ、この種の序列化はしだいに容認されなくなってきている。人権規範が発展した状況のなかでは、国際的に通用する原則としては認められないものとなってきているのである。

アメリカ軍やイギリス軍、イスラエル軍といった現代の軍隊が、民間人の死傷者を最小化しようと努力していることは疑いようがない。現に、現代の軍隊は、新しい技術のおかげで空からの攻撃や地上からの攻撃は以前にも増して正確になり、識別能力の高いものになっていると強調する。「われわれは、付随的損害を避けるために、人間にできることのすべてをおこなっている」[26]。イラク戦争のさなか、ドナルド・ラムズフェルドはそう語った。歴史的に見れば、コソヴォやアフガニスタン、イラク、さらにはレバノンでの「付随的損害」は比較的低いものであった。しかし、戦争の基準で低いものは人権の基準からすれば高いものである。たとえば、一九九九年のコソヴォ戦争では、連合国の爆撃によって死亡した民間人の数はおよそ二〇〇〇人から三〇〇〇人だとみられている。この数字は、地上でユーゴスラヴィア軍部隊に殺害されたアルバニア人の犠牲者数、およそ一万人に匹敵する。アフガニスタンとイラクで殺害された民間人の犠牲者数は、九月一一日の攻撃で殺された民間人の犠牲者数をはるかに上回る。

イスラエルの民間人を故意に狙ったパレスチナの自爆テロ犯による攻撃は、当然のことながら、世界中の人びとに衝撃を与えた。ハマスやイスラーム・ジハード運動、アル・アクサ殉教団といったパレスチナ人組織はいずれも、アメリカ国務省が作成した国際テロ組織のリストに掲載されている。イスラエル紙『ハアレツ』によれば、第二次インティファーダが始まって以来、七八一名のイスラエル人が殺害されたという。[27]他方、イスラエル治安部隊は、六〇六名の子どもを含む三〇四〇名のパレスチナ人を殺害した。国家の一組織であり、したがって正統なアクターであり、民間人の死傷者を最小化する任務を負っているこの部隊によって殺害されたこれらの犠牲者の多くは民間人である。イスラエルの人権機関であるベツレムがおこなった調査によると、（一八歳未満の子ども五三一名を含む）死傷者のうち少なくとも一六六一名は、敵対行為に関与していない場面で殺害された。[28]第二次インティファーダに加わったパレスチナ人は、自爆テロは恐怖の均衡を確立するために必要なものであり、われわれが利用できる唯一の手段であると主張する。さらに別の例をあげると、二〇〇六年のレバノン戦争の際にイスラエル側が殺害したレバノンの民間人の数は、およそ一二〇〇名にのぼる。殺された戦闘員の推計は、五〇〇名（イスラエル治安部隊の推計）からヒズボラ戦士七四名（ヒズボラの推計）、レバノン政府軍兵士四六名（レバノン側の発表）までのあいだである。およそ四四名のイスラエルの民間人が死亡し、およそ一一九名のイスラエル治安部隊の兵士が死亡した。[29]

問題は、戦争に対する認識が変化したということである。アメリカ人の目には、正しい戦争における付随的損害としては比較的低い水準にあると映るものは、いずれも大規模な人権侵害として告発されうる。犠牲者の視点からすれば、彼らが戦争のなかで殺されたとしても、抑圧の結果殺されたとしても、殺されたという事実に何か違いがあるだろうか。その殺害が故意によるものだろうが意図せざるものだろうが、殺されたという事実に違いはないのである。最近の戦争で民間人の死傷者数が増えていることは、もうひとつの問題、すなわち、戦闘員と非戦闘員を区別することの現代的な難しさに光を当てる。

反乱者が都市に身を隠した場合、どうすれば民間人を殺すことなく彼らを攻撃できるのか。これは、反乱鎮圧活動にまつわる古典的な問題である。コソヴォでのセルビア部隊による攻撃は反乱鎮圧活動であって民族浄化ではない、スロボダン・ミロシェヴィッチはそう主張した。つまり、セルビア人部隊はコソヴォ解放軍（KLA）の構成員を根絶しようとしているだけだ、と。チェチェンでは、ロシアが反乱行為をつぶそうとした結果、コソヴォほどではないにせよ大規模な強制移住と殺害が起きた。アメリカ軍によるファルージャへの攻撃は一五万人もの人びとを強制移住させる結果となり、おびただしい数（不明）の民間人の死傷者を出す結果となった。同様に、イスラエルは、レバノンの多くの民間人をヒズボラの抵抗戦士と見なした。

戦闘員と非戦闘員を区別することの難しさは、アメリカがヴェトナムで直面した中心的な問題であった。現にウォルツァーは、民間人と戦闘員を区別できない場合には、戦争における正義（*jus in bello*）と戦争への正義（*jus ad bellum*）がひとつになる場合には、その戦争を戦うべきではないと力説する。

> 戦争に勝つことはできないし、勝つべきではない。唯一の利用できる戦略が民間人に対する戦争を含むものなので、勝つことはできないのである。代替戦略を不可能にしている民間人の支持の程度がゲリラをその国の正統な支配者にしてもいるので、勝つことはできないのである。ゲリラに対する闘争は、不正な方法でしか遂行できない闘争であるだけでなく、不正な闘争である。外国勢力によって戦われるなら、それは侵略戦争である。現地の政権によってのみ戦われるなら、それは暴政の行為である。(30)

しかし、戦闘員と非戦闘員を区別することの難しさは、今日のほとんどの戦争を特徴づけるものである。このことは、正しい戦争について語りつづけることができるのかどうかに、疑いを差しはさむことにはならないのだろうか。

正しい平和

外部と内部の、国家と非国家の、戦闘員と非戦闘員の区別が曖昧になっていることは、戦争と平和の区別も曖昧になっていることを示唆する。「新しい戦争」には、はっきりとした始まりも終わりもない。地理的空間において、その輪郭が明確に描き出されることもない。というのも、「新しい戦争」は、難民や避難民を通じて、組織犯罪やディアスポラ集団などを通じて広がるものだからである。個人の権利に適用される国内法が国家安全保障の名においてしばしば無視されてきた点を踏まえれば、発展しつづけている人権法典を戦時において停止するわけにはいかない。だからこそ、正しい平和という概念とその付属物である、国際的なレベルで適用される平和の法を発展させることがきわめて重要なのである。[31] アンソニー・バークは、「回避可能な危害の違法性」を宣言する倫理的な平和の体系を提唱している。[32]

このような枠組みは、軍事力の行使に対しては一定の役割を果たすかもしれない。だが、正統性の原則は、国家の権利ではなく個人の権利に由来する。私が「人間の安全保障」という言葉を好むのは、こうした理由からである。これについては次章で詳しく述べることにしよう。

むろん、軍事力は、正しい平和の体系にあっても、資格を有する権威の、すなわち現行の国家の管理下にある。国家は、正当な武力の行使を管轄することができる唯一の権威でありつづけるが、その武力の行使は以前にも増して国際的なルールと規範の制約をいっそう受ける。いいかえれば、内部と外部、正当な武力の行使と不当な武力の行使の区別は維持されているが、それらの意味は変わってしまった。私が「廃棄される」や「消滅する」という言葉ではなく「曖昧になる」という言葉を使うのは、こうした理由からである。軍事力は、対外活動で使われるべく構想された力ではあるが、他国に対して戦争をおこなうために構想されたものではない。むしろ、グローバルな安全保障に貢献するものとして、人権を大事にするグローバルな社会契約の履行に貢献するものとして構想されたものである。国家による軍事力の正当な行使は、国連によって授権されるか、国際的に合意された一連の明確な基準に従う必要があるだろう。「保護する責任」の原則が国連総会で採択されることは、こうした方向性において重要な一歩となる。「保護する責任」を主唱したカナダ政府の「介入と国家主権に関する国際委員会」は、正しい戦争のアプローチから引き出した基準を作成した。正当な大義、とりわけ、大規模な人命の喪失、および/または大規模な「民族浄化」が発生した場合に介入する権利や、正当な権限、他国間での是認の重要性を含む基準を、である。そこには、その予防原則と行動原則において介入の目的は民間人の保護とすべきであり、その手段は「人間を保護するという限定された目標を確保するうえで必要最小限のもの」であるべきだという考え方も含まれていた。だが、履行の方法にいっそう力点を置く必要があるし、個人を保護するために採用される方法と戦争を戦うために採用される方法とを区別するために、武力の適用の仕方を詳細に規定しておく必要がある。

かりに、武力を行使する主な基準が、人道的介入という概念において大事にされている基準、すなわち、大規模な人命の喪失や「民族浄化」だとしたら、外部からの侵略というケースも実際には含まれることになろう。その場合、人権は、かなり窮屈な思いをすることになるが、正しい戦争の枠組みに人権を適合させ、「二重効果」や「付随的損害」にますます逃げ道を与えるのではなく、侵略は「保護する責任」の適用対象となりうる。というのも、侵略は、国家に対しておこなわれるだけでなく、国家の一員である個々の市民に対してもおこなわれるものだからである。いいかえれば、国家は、国連のお墨付きのもとで、多国間の枠組みのなかで、そして、多国間で合意された基準に沿って軍事力を行使することができる。国際的な警察力と文民の専門家とともに、民間人を保護する目的で軍事力を行使することができるのである。

したがって、「人間の安全保障」の任務において軍事力を行使することは、古典的な戦争行為とも平和維持活動ともかなり異なる。これらはいずれも、集合体としての敵どうしが戦争を繰り広げる活動である。平和維持部隊の任務は、戦闘当事者を引き離したり、停戦を監視したり、武器を収集したりすることである。しかし、過去において、平和維持部隊は多くの場合、人権侵害を防ぐことができなかった。戦争行為の任務は、敵を敗北させることである。ときおり、反乱鎮圧活動は「ハート・アンド・マインド」〔人心の掌握を第一とする戦術〕・アプローチを採用することがあるが、その場合であっても、民間人を保護するという任務は、敵を敗北させるという任務に比して二義的なものとされてきた。近年実施されたすべての平和維持活動で露呈した大きな欠陥は、治安にまつわるものである。第4章で述べたように、コソヴォでのＮＡＴＯの活動は、コソヴォを解放し、アルバニア人を帰還させることには成功したが、当初はアルバニア人に対する、その後はセルビア人に対する民族浄化を防ぐことができなかった。イラク戦争も同様である。戦争が終結した直後の時期に広範囲で発生した人権侵害を防ぐことができなかっただけでなく、略奪行為を防ぐこともできなかった。ボスニア・ヘルツェゴヴィナでも、デイトン協定が締結された後でさえ、犯罪と人権侵害が広範囲で発生した。

だが、どのようにして民間人を保護すればよいのかという問題は、軍事的手段が行使される条件に比べてほとんど注目されてこなかった。民間人を保護する方法、すなわち、「なぜ」ではなく「どのようにして」民間人を保護するのかという問題は、まったくといってよいほど議論されてこなかったのである。まるで軍事力の行使は、中立的な手段として作動するブラック・ボックスであるかのようだ。以下では、個人の権利にもとづいたアプローチと、戦争における正義（*jus in bello*）のアプローチの違いをはっきりさせる三つの原則について述べていくことにする。

第一に、「人間の安全保障」の活動の主要な任務は、民間人を保護することである。自衛以外の、あるいは第三者を救うこと以外の殺害は決して許されない。したがって、攻撃者を殺すことが許されるのは、それが民間人の命を救うために必要である限りにおいてなのである。むろん、このことは、民間人の命を危険にさらしかねない戦争行為も斟酌していることの表われだと主張することができる。ボスニア・ヘルツェゴヴィナでの戦争の最終段階で、ゴラジュデの国連安全地帯を防衛するイギリス軍部隊は、セルビア人部隊の侵攻を阻止し、民間人の安全な移動を確保するために、数時間にわたってセルビア人部隊に砲撃を加えた。これは、オランダ軍部隊が、八〇〇〇人の成人男性と少年が虐殺されるのを防ぐことができなかったスレブレニッツァのケースとは対照的な事例である。ボスニア・ヘルツェゴヴィナでの権限が非常に制限されていた理由のひとつは、安全地帯の防衛を精力的におこなえば戦争に引きずり込まれてしまう恐れがあったからである。現に、マイケル・ローズ大将の造語「モガディシオ線を越える」は、ソマリアでの戦争戦略への転換がもたらした破滅的な結果を指す言葉である。しかし、積極的な保護活動と戦争行為には違いがある。「新しい戦争」において戦闘当事者は戦闘を避けようとする。なぜなら、軍事技術の対称性が高まったことで、戦闘の結果は危険で不確定なものになっているからである。むろん、エスカレーションの危険性を、暴力が無制限に拡大していく危険性を侮ってはならない。カール・フォン・クラウゼヴィッツが論じたように、あらゆる戦争につきまとう混乱と情動のなかで、戦闘当事者は予期したとおりには動かず、しばしば過激な論理が支配することになるからである。だが、倫理と行動原則の見地からいえば、その出発点は保護であって敵を敗北させることではない。反対に、その逆となるのは戦争の特性なのである。

第二の原則は、第一の原則と関連している。それは、保護は勝利ではなく安定化を通じて達成されうる、というものである。すなわち、ボスニアの国連保護軍（UNPROFOR）の前司令官、ルーパート・スミスが述べたように、「われわれは、領域を占領したり所有したりするために介入しているのではない……。むしろ、政治的な目標が達成されうる条件を、ほかの手段を使って、ほかの方法を用いて確立するために……介入しているのである。われわれは、外交や経済的誘因、政治的圧力、そしてその他の手段が、望ましい政治的な成果を、すなわち安定と、できれば民主主義を導くような概念空間をつくりだそうとしている(33)」。

安定化は現地の支持と合意によってのみ達成されうる。もちろん、軍事的な勝利が安定化を達成する効果的な手段であると論じることはできる。これは、アメリカ人がイラクで主張することであり、軍の上層部に深く浸透している見方である。だが、軍事的勝利は、制御不可能な事態を招き寄せてしまう場合がある。それがいかなるものであれ、行き過ぎた武力の行使は状況をさらに悪化させてしまう。ほかにも、短期的な軍事的勝利は得られるものの、死傷者数と政治的正統性の両面でコストが高すぎる場合もある。たとえば、イスラエルの治安部隊は、自爆テロの発生率を低下させることに成功してきたが、このことは紛争の解決にまったくつながってこなかった。むしろ、パレスチナ側の情動をいっそうたぎらせる結果となってきただけである。軍事的勝利は、安定は大規模な抑圧と強制を通じてのみ持続しうる、ということを意味するのかもしれない。アルジェリアでフランスは軍事的には勝利を収めたが、政治的には敗北した。あの戦争のトラウマは永遠に消えることはない。

第三の原則は、人権を侵害する者は個々の犯罪者であって集合体としての敵ではない、ということである。これは、「人間の安全保障」を担う部隊が遂行する任務は、犯罪者を逮捕し、法に照らして処断することである、ということを意味する。同時に、敵は威厳を失う。つまり、もはや政治的な敵対者ではなく法律違反者である。[34] たとえば、シエラレオネで活動するイギリス軍部隊は、射撃戦に従事するのではなく、村を略奪し強奪している「ウェスト・サイド・ボーイズ」の構成員を逮捕する道を選んだ。この出来事は彼らの偉大さをかなり貶め、相応じてイギリス部隊の信頼性を高めた。むろん、このアプローチは容易ではない。なぜなら、政治的と見なされるものと、犯罪的と見なされるもののあいだには多くの場合、緊張関係が見られるからである。正統な政治過程を確立するために、酷い犯罪を犯してきた人びとを法律の保護外に置くことが重要になるケースも存在する。原則として、起訴された犯罪者を排除し、より穏健な政治のための空間をつくりだしている旧ユーゴスラヴィアは、その一例である。同様に、言語に絶する犯罪に手を染めてきたバース党の党員を起訴することで、宗派間の紛争に発展する恐れのある専横な報復攻撃を防ぐ法的な手続きが初期の段階でとられていたら、イラクの政治状況はかなり改善されていたことだろう。それは同時に、犯罪を犯した者と犯さなかった者とを区別することを意味するので、全般的な脱バース化も避けられたことだろう。他方で、かなりの住民から正統な組織と見なされているアイルランド共和軍（ＩＲＡ）やハマスといった組織を、政治過程に組み入れることも重要だといえる。

北アイルランドのイギリス軍の例は、この点で有益である。というのも、それはおそらく、私が提案しているその種の活動にもっとも近いものだからであり、その若干の難点を例証してもいるからである。イギリス政府にとって、北アイルランドは学習の過程であった。それは、イギリスの領域で起きた事実上の「新しい戦争」だったからである。一九六九年にイギリス軍部隊がはじめて北アイルランドに展開したとき、その大半はアデンで反乱鎮圧活動を経験したばかりの兵士たちであった。反植民地主義を掲げる反乱者に対しておこなわれた反乱鎮圧活動の経験者たちである。ある兵士はつぎのように語っている。

俺たちは、アイルランドでの規則とは異なる規則に従っていた。向こう（アデン）の威勢のよい奴らは、非常にがさつで、ずっと手荒かった。新聞などなかったし、報道関係者に会ったこともなかった。俺たちが何をやっているのかを知っているほかの誰にも会わなかったんだ。君たちは何でも自由にやるから、えらい違いだな。[35]

別の兵士が述べているように、北アイルランドにイギリス軍が最初に展開したとき、アデンと北アイルランドの違いや「ボルネオとベルファスト」の違いは十分に認識されていなかった。イギリス軍は、それ自体が紛争の当事者であった現行の行政当局に大きく依存していた。そのため、イギリス軍は、住居の放火や排除からナショナリストの共同体を守ることができず、IRAの軍事化を刺激した。[11]イギリス軍は尋問と諜報技術を使った。植民地戦争で培われたこの技術は、後に欧州人権裁判所から違法との判決を下された。さらにイギリス軍は、度を越した武力も行使した。IRAが設立された「立ち入り禁止（No-Go）区域の粉砕と、一九七二年一月三〇日に起きた「血の日曜日」事件はもっとも有名である。後者の事件では、落下傘連隊が群集に発砲し一三人が射殺された。[36]一九六九年から一九七四年までに、およそ一八八名が治安部隊によって殺害され、死者の六五パーセントは非武装の民間人であった。[37]北アイルランド紛争の全体を通じて、この時期はもっとも血なまぐさい時期であり、死者全体の九〇パーセントがこの時期に殺害されている。より多くの人びとが、ロイヤリスト（プロテスタント）の準軍事組織とリパブリカン（カトリック）の準軍事組織によって殺害された。

軍隊が平和と安全を維持することができなかったことを受けて、「正常化《ノーマライゼーション》」や「犯罪化」、もしくはアルスター化として知られる新しい政策が採用された。反乱者に対しては主として警察活動で対処することが強調され、捕らえられたテロリストは敵ではなく犯罪者として扱われることになった。彼らは裁判にかけられ、獄中では通常の犯罪者と同じ身分を与えられることになった。軍隊の任務は警察を支援することである。適切な情報の共有と合同での戦術立案を見越して、軍事基地はたいてい警察署と並置された。[38] このアプローチは、一九九八年四月に締結された「聖金曜日合意」〔北アイルランド和平合意〕まで続いた。この合意によって暴力は、ほぼ終結したのである。

このアプローチは、暴力を封じ込めるのに成功した。一九六九年から一九九八年までの全体を通じて、およそ四〇〇〇人が殺害され、三五〇名が治安部隊によって殺害されてきたが、暴力を封じ込めることに成功した。しかし、このアプローチには弱点があった。明確な法的枠組みを欠いていたのである。捕らえられた反乱者に対処すべく活用された手続きは、一般法にかなりの修正を加える内容であった。たとえば、悪名高き「ディプロック」法廷は、陪審員を外しているばかりか、自白にもとづく証拠を認めていた。有罪判決の大多数は、この証拠をもとに下されたのである。彼らは政治犯であって犯罪者ではない、IRAは一貫してそう主張してきた。獄中での政治的な身分を獲得しようと一九八一年に実施したハンガー・ストライキでは、かなりの政治的支持がIRAに寄せられた。当局自体も、ときに曖昧な態度をとった。一定の行動を正当化する必要性に迫られると、これは「戦争」だという見方を示してしまう。さらに、一九八〇年代には、〔イギリス陸軍の〕特殊空挺部隊（SAS）やその他の特殊部隊が実施した秘密作戦によって、多くのIRAの活動家が（逮捕に抵抗したとして）殺害された。特殊部隊は多くの場合、彼らを計画的に待ち伏せ、殺害している。こうした消耗戦略は、どちらの側も勝利を収めることができない状況を導いてしまった、そこから抜け出す唯一の方法は政治的な合意しかない、との声も聞かれた。だが、こうした行動が北アイルランド社会の二極化を促し、双方の過激派が有力な政治勢力となってしまったことも事実としておさえておくべきである。

北アイルランドを特別なものにさせたのは、その紛争がイギリスの領域内で起きたという事実であった。ベルファストの爆撃は選択肢に含まれていなかった。オクラホマの連邦ビルの爆破に対して、なぜアメリカ当局は九月一一日の攻撃とは対照的な対応をとったのか。それは、この事件が国際的な事件ではなく国内的な事件であったという事実によって、ある程度までは説明できる。そう論じることもできよう。正しい平和の根底にあるのは、もはや外国人と市民を、国内的なものと国際的なものとを区別することはできない、もしくは、犠牲者の視点からすれば適切ではない、との想定である。国家は国内での暴力に対処する主要な責任を負うが、国内での解決に際して用いられるのとたいして違わない方法を通じてのみ、国際的勢力が介入すべき外的状況――現地の国家そのものが暴力を行使している状況か、現地の国家が暴力に対処できずにいる状況――がある。こうした想定は、グローバルなコミュニケーションとトランスナショナルな共同体によって、はるか遠く離れた人びとへの関心が以前にも増して高まっているという社会の感覚の変化と、新しいグローバルな社会契約、すなわち、それに則して国際社会が「保護する責任」を採用し、国家の権利ではなく個人の権利を認めるグローバルな社会契約の双方を反映したものである。

むろん、これらの原則の個々の要素は、正しい戦争の理論化のなかにも、とりわけ、ウェストファリア条約が締結される以前の時代に唱えられた正戦論の理論化のなかにも見いだせる。たとえば、市民の保護を強調する点は、博愛や人道主義、さらには、正しい戦争にまつわる文献に通底する文明、といった概念と大いに一致している。正当な政治的権限が必要であること、勝利ではなく安定化や平和を優先すべきこと。聖アウグスティヌスが立てた原則とは、そのようなものであったと考えられる。敵は個人であるとの考えは、ヴィクトリアの思考の中心にある。さらに、平和の法を成文化するにあたっては、人道法だけでなく人権法を組み込む必要がある。伝統的な正しい戦争のアプローチからこのアプローチを区別するものは、とりわけ人権であり、グローバルな公的権限が必要だという考え方である。

結論

ジョージ・ヴァイゲルは、つぎのように主張した。今日の世界における「新しい事態」、とくに失敗国家とならずもの国家が明らかにしているのは、個々の国家が、精度が高く識別能力の高い新しい技術を使って「レジームを変革する」責任を負う新たな正しい戦争が必要だということである、と。[39]彼の主張は、二〇〇二年にブッシュが発表した国家安全保障戦略に反映されている。ウィリアム・ウォレスはヨーロッパを、対外関係において「ソフト・パワー」――貿易や援助、対話――を使用する「平和の地帯」と評している。[40]相互連関性に彩られた私たちの世界にあって、ならずもの国家と失敗国家は容認できないという点では、私はヴァイゲルに同意する。だが、「レジームの変革」を引き起こす方法として戦争行為を用いることに関しては、私は非常に懐疑的である。イラクとアフガニスタンでの戦争は、正統な政治的権威をつくりださなかった。むしろ、国家の失敗を加速させ、さまざまな武装集団が活動する状況を生み出し、不満を抱く若者を過激派の大義に引き寄せる友‐敵の区分を強化する結果に終わった。西洋の視点から見れば、これらの戦争がどれほど識別能力が高く、均衡のとれたものに映ろうとも、民間人の犠牲者はまったく違ったかたちでこれらの行為を認識するのである。二〇世紀の戦争の伝統からすれば決して多くはない数だとしても、世界中で結びつくトランスナショナルな共同体の構成員が、とりわけムスリムがそうするように、彼ら犠牲者は、西洋とは異なるかたちで二つの戦争を認識するのである。

しかし、EUの「ソフト・パワー」・アプローチは、耐えがたい不安全《インセキュリティ》の状況下で生きる何百万もの世界中の人びとのニーズに応えることができない。中東やバルカン諸国、西アフリカ・中央アフリカ、中央アジアやコーカサスといった、ところどころにある新しい戦争の交戦地帯。容易に越境することができ、不確定の境界に囲まれたこれらの交戦地帯では、殺害や略奪、誘拐の恐怖と、住居の喪失、拷問、あるいはレイプの恐怖を日常的に抱きながら、個人と共同体が生を営んでいる。戦争の性格と軍事力の役割をめぐる、国家を基礎にした伝統的な考え方にもとづく現行の安全保障の取り決めをもってしても、国際機関や地域的国際機関が掲げる「ソフト」・アプローチをもってしても、こうした日常的なリスクに取り組むことはできないように思われる。

私が提案したのは、つぎのことである。軍事力の正当な使用とはいかなるものなのかという問題と格闘している人びとは、むしろ、「人間の安全保障」アプローチを採用すべきである。正しい戦争という考え方から引き出された洞察のいくつかは適切なものであるが、より伝統的な、正しい戦争の思考に適合させようとするのは誤りである、と。今日私たちが直面している現実の安全保障問題に直接適用できるのは、「人間の安全保障」アプローチのほうなのである。

「人間の安全保障」は、紛争直後の時期に委託され、警察官や開発の専門家が「後片づけをする」ことになっているソフトな安全保障アプローチと見なされることがある。私が主張してきたことは、その逆である。「人間の安全保障」は、国家ではなく個人を保護することを狙いとしたハードな安全保障政策と見なされるべきである。それゆえ、「人間の安全保障」の活動は実のところ、戦争行為を任務とする現行の活動よりも危険である。「人間の安全保障」に携わる者は、他者を救うために彼／彼女の命を危険にさらす。国内での状況下で警察官や消防官がそうすることを求められるように。だが、「新しい戦争」においては、そのリスクはさらに高くなる。よく指摘されるように、政治家はこのようなリスクを冒したがらない。多くの国際的な任務において、民間人の保護よりも防護に高い優先順位が与えられるのは、こうした理由からである。しかし、西洋の一般の人びとは、政治家が想定している以上に、このようなリスクを進んで冒そうとする。ボランティアの人権活動家は、まさにその好例である。単独で「紛争下の罪なき犠牲者のためのキャンペーン」を立ち上げ、イラクで活動していたマーラ・ルジカは、最近、近くを走行していたアメリカ軍の輸送車隊を狙った自爆テロの巻き添えとなって、若くして殺害された。彼女のこのケースは、「人間の安全保障」に携わる者が示すことを求められているような勇気をおそらく象徴する出来事である。

第7章 「人間の安全保障」

「人間の安全保障」は、安全保障と開発の双方に対して新しいアプローチを提供しうる。現行の安全保障政策は依然として、国家に対する脅威と伝統的な軍事的能力に焦点を据える傾向がある。それに対し、人道支援と開発援助からなる経済援助は、自由化と民営化、そしてマクロ経済の動向にまつわる政策と結びつけられる傾向がある。しかも、安全保障の問題は、たいてい開発の問題とはまったく別個に扱われる。安全保障に対する現行のアプローチと開発に対する現行のアプローチは均衡がとれていないばかりか、実際に不安全《インセキュリティ》を悪化させてしまう場合もある。

「人間の安全保障」は、国家の安全ではなく個人と共同体の安全に関わるものであり、人権と人間開発の双方を結びつけるものである。「人間の安全保障」という概念が最初に公表されたのは、国連開発計画（UNDP）の一九九四年度『人間開発報告書』においてであった。そこでは、つぎのように記されている。安全保障という概念は「あまりにも長いあいだ、狭義に捉えられてきた。たとえば、外からの侵略から領土を守る安全保障や、対外政策を通じて国益を守る安全保障、核のホロコーストから地球を守る安全保障などである。安全保障という概念は、人間よりも国民国家《ネーション・ステート》に結びつけられてきた[1]、と。同報告書は、「人間の安全保障」という概念をともに構成する中核的要素として、以下の七つを確認している。すなわち、経済の安全保障、食糧の安全保障、健康の安全保障、環境の安全保障、個人の安全保障、共同体の安全保障、そして政治の安全保障の七つである。

その後、「人間の安全保障」という概念は、以下の二つの方向で発展してきたように思われる。ひとつは、カナダ政府がとったアプローチである。カナダ政府はこの概念を採用し、「人間の安全保障」を支持する同じ志を持った国々のネットワークを構築した。これらの国々の見解は、二〇〇五年に刊行された『人間の安全保障報告』に反映されており、「保護する責任」という考え方とのかなりの親和性をみせている[2]。国家ではなく個人の安全保障が強調されているが、主として政治的暴力からの安全保障に力点が置かれている。これに対し、もうひとつのアプローチは、UNDPがとるアプローチである。これは、国連の「脅威、挑戦、変化に関するハイレベル・パネル」の成果と、それに対する国連事務総長の回答『より大きな自由を求めて[3]』にも反映された。このアプローチは、異なるタイプの安全保障の相関性と開発の重要性を強調しており、とりわけ安全保障戦略としての開発の重要性に力点を置いている。私見をいえば、これら二つのアプローチを結びつけ、個人の安全保障と、安全保障の相関的な性格の双方を強調することが大切である。

多くの場合、安全保障は物理的暴力の不在を意味するものとされ、開発は物質的な発展、すなわち生活水準の改善を意味するものとされる。しかし、これは、誤解を招きかねない区別である。どちらの概念も「恐怖からの自由」と「欠乏からの自由」を含むからである。安全保障とは、戦争下の極端な脆弱性のみならず、自然災害や人為的災害――飢餓や津波、ハリケーン――のなかでの極端な脆弱性にも立ち向かうことである。他方、開発は、まともな生活水準以上のことをめぐるものでなければならない。それはまた、失業しても安心だと感じられることや、政治的な意思決定に影響を及ぼしうることをめぐる問題でもある。現代の戦争においては、戦死は死のなかでも少数派にすぎない。大多数の人びとは、民間人を故意に狙った暴力によって、テロや民族浄化《エスニック・クレンジング》、あるいはジェノサイドの結果、死亡するか、戦争が及ぼす間接的な効果によって、保健医療へのアクセスの欠如や、病気、飢え、ホームレスネスの蔓延の結果、死亡する。「人間の安全保障」を測るうえでもっとも適した指標となるのは、おそらく避難民であろう。避難民は、自然災害にせよ戦争にせよ、現代の危機の典型的な特徴である。個々の紛争で発生した避難民の数は、過去三〇年のあいだ増加の一途をたどってきた。たとえば、レバノンでは、一〇〇〇名以上の民間人が殺害され、四〇万を超える人びとが住む場所を離れざるをえなかった。また、ハリケーン・カトリーナのケースでは、数十万人がニューオーリンズを離れざるをえなかった。避難民は、物理的な不安全と物質的な不安全の双方の犠牲者なのである。

アマルティア・センは、「人間の安全保障」委員会の報告書において、人間開発や人権よりも狭い概念として「人間の安全保障」を概念化している。人間開発との関係において彼が焦点を据えるのは「状況が悪化する危険性」(downside risks)である。それは、「人間の生存や日常生活の安全を脅かし、男女が生まれながらに有する尊厳を冒し、人間を病気や疾病の不安にさらし、脆弱な人びとを急激な困窮に追いやる不安全」である。それに対し、人権との関係において彼は「人間の安全保障」を、「新旧の基本的な不安全からの自由」を保障する「人権の一部」と見なしている。(4) したがって、「人間の安全保障」は、人間開発と人権の最小限の中核的要素をともに組み込んだものとして概念化されうるだろう。

このように、「人間の安全保障」は人間開発の一部である。言ってみれば、人間開発の最前線である。「人間の安全保障」は危機管理に関わる。それは、民間《シヴィリアン》の要素と軍事的な要素を含む。それは行動の道筋を提示し、危機管理をおこなうにあたっての一連の原則を提供する。思うに、危機において私たちがどのように行動するかは、ある制度が一般的にどのように認識されるかを示すシンボルである。安全保障は政治的正統性と深く関係している。自分たちの制度を信頼しているならば、私たちは安全だと感じるだろう。危機において有効に機能するのを目の当たりにすれば、私たちはその制度を信頼する。

本章では、とりわけ紛争との関連で「人間の安全保障」という概念に具体的な内実を与え、いかにしてそれを実現するかを明示することにしたい。「人間の安全保障」を実行するための五つの原則を提示した後、安全保障にも開発にも適切な政策の骨子を示し、それについて詳しく述べていくことにする。

「人間の安全保障」の諸原則

「人間の安全保障」という概念を練り上げる過程で、安全保障と開発に対する従来のアプローチとの違いをはっきりさせる一連の原則を確認することができる。

これらの原則は、目的と手段の双方を包含している。「保護する責任」と、軍事力の行使が正当なものと見なされる条件についての議論は今日盛んにおこなわれているが、実際に「保護する責任」を果たす際に軍事力をどのように行使すべきかについては、ほとんど議論がなされていない。実効的な保護をおこなううえで重要になるのは、この点だというのに。危機管理の民間の要素をどのように使うべきかについても、たしかに議論はなされており、法の支配の確立を手助けする点が強調されている。だが、どのような場合に、どのようにして軍事的な要素と絡ませて作動させるかについては、ほとんど議論されていない。これに対し、「人間の安全保障」の原則は「なぜ」という問いに答えるものであるだけでなく、「どのようにして」という問いに答えるものでもある。つまり、これらの原則は、目的と手段の双方に適用されるものなのである。

「人間の安全保障」の諸原則は、紛争が激化しているさなかの状況に適用されるだけではない。危機の「予防」と紛争後の再建とはよく区別されるが、紛争の個々の段階を区別するのは、たいていの場合、困難である。紛争には明確な始まりも終わりもないからであり、暴力が蔓延しているさなかでも、その時期が過ぎ去った後でも、紛争の原因となった状況――恐怖と憎悪、暴力的な方法で資産を管理することで利潤を引き出す犯罪経済、正統性を失った脆弱国家、あるいは、軍閥の司令官や準軍事組織の存在――は多くの場合、悪化していくものだからである。ルーパート・スミスは、「工業化された国家間の戦争《インダストリアル・ウォー》の世界では、戦争、すなわち軍事行動が決定要因となってふたたび平和に帰結するという、平和－危機－平和の連続性がその前提にあった。それとは対照的に、新しいパラダイムは……対決と紛争が連続的に交差するという考え方にもとづいている(5)」と述べている。したがって、「人間の安全保障」政策の諸原則は、予防と再建の両面をつねにともない、暴力の度合いに違いがある連続した個々の局面に適用されるべきものなのである。

第一原則——人権の第一義性

国家に基礎を置く伝統的なアプローチから「人間の安全保障」アプローチを分かつのは、人権の第一義性である。この原則は自明のものに見えるが、実際に実現させようとすれば克服しなければならない、根深く定着した制度的・文化的な障害がある。人権には、政治的・市民的な権利のみならず経済的・社会的な権利が含まれる。これが意味しているのは、生命に対する権利や居住する権利、あるいは、自由に意見を述べる権利といった人権は、紛争のさなかであっても尊重され保護されるべきだ、ということである。

このことは、安全保障政策にとっても、開発にとっても深い意味合いをもつ。安全保障に関していえば、近年における対外政策の実務者と専門家の中心的な関心事は、人権問題が主権に優先される条件であった。こうした論争は多くの場合、いわゆる人権活動で採用すべき手段は何かという争点を無視している。これは、軍事的手段が展開されそうな場合にとくに重要な争点となる。しばしば、介入する法的権限があり（戦争への正義 [*jus ad bellum*]）、介入の目的に価値がある場合に軍事力の行使が正当化されると考えられる。しかし、用いられる手段も均衡のとれたものでなければならない。実際、それは、所定の目標を達成する能力に影響を及ぼすであろう。

この原則が意味しているのは、絶対に必要で適法なケースでない限り殺害は避けるべきだ、ということである。軍隊にとっていえば、主要な目標は民間人を保護することであって対抗者を敗北させることではない、ということである。もちろん、反乱者を捕えようとしたり、さらには敗北させようとすることが必要になる場合もある。しかし、それは、民間人を保護するという目標を達成するための手段と見なされるべきものであって、その逆ではない。いわゆる付随的損害は許容できないものなのである。くわえて、この原則を、ほかの紛争当事者から直接脅威を受けている人の命を救うことに適用する場合には、武力の効果的な行使と、かなり堅牢な干渉主義政策をともなわせる必要がある。「人間の安全保障」による介入が目指すべきは、スレブレニッツァとルワンダがふたたび繰り返されるのを防ぐことである。

人道活動にあっては、民間人の保護そのものが目標となる。その過程で、武装集団から住民を引き離したり情報を得たりすることがあるとしても、民間人に対する攻撃を防ぎ人権を守ることが本来の目的である。克服すべき問題もあったが、この種のアプローチの事例として第6章では、北アイルランドでのイギリスの介入を取り上げた。北アイルランドの住民はイギリス市民である（そして有権者である）、したがって彼らを保護することが何よりも優先される。イギリスの対応は、このような事実認識をもとにしていた。ベルファストの爆撃は選択肢に含まれていなかった。事実上、この原則が示唆しているのは、すべての人間は市民として扱われるということである。

人権の第一義性が同時に示唆していることとは、大規模な人権侵害を犯した人びとは、集合体としての敵ではなく個々の犯罪者として扱われる、ということである。拷問のかどで逮捕された被疑者も正統性を失い、法律違反者として扱われるのである。

経済的な観点からいえば、人権の第一義性は人間開発が優先されることを意味する。人間開発の第一義性は、国民経済の成長と相対立するものである。このことは、条件づけ《コンディショナリティ》のような特定の問題にとっても、開発政策にとっても深い意味合いを持つ。紛争終結後の多くの地域では経済が安定し、非常に高い成長率が達成された。しかし、経済活動の全体に占める非公式《インフォーマル》の経済活動の割合の高さと失業の結果として個人の安全が脅かされている状況は、紛争の再発を招いてしまう恐れがある。その国のガバナンスが十分に機能しておらず、さまざまな形態の条件づけをその国が満たせない場合でさえ個人を支援する方法を見つける必要がある。したがって、制裁は問題となるかもしれない。条件づけを課す場合には、その国のなかのいろいろな意見とのすり合わせをおこなうべきであり、自治体を経由せずに直接共同体を支援する手段を見つける必要がある。

第二原則——正統な政治的権威

「人間の安全保障」は、住民の信頼を得ており、政策を執行する能力をある程度有する正統性をもった制度が存在することに依存する。繰り返せば、「人間の安全保障」は、法の支配と正しく機能する司法制度が必須となる物理的な安全保障と、合法的な雇用の機会を増やしたり、社会的生産基盤を整え、公益事業を提供したりするうえで国家の政策が必要になる物質的な安全保障の双方に適用される。正統な政治的権威は必ずしも国家である必要はない。自治体の場合もあるだろうし、国際的な保護やトランスナショナルな管理機関のような、地域的もしくは国際的な政治取り決めの場合もあるだろう。国家の失敗は多くの場合、紛争の主な原因となるので、正統な政治的権威を再建するにあたっては国家が失敗するにいたった原因が考慮されなければならない。治安・司法部門改革や、武装解除、動員解除および社会復帰（ＤＤＲ）、権限の拡大、公益事業改革といった措置は、正統な政治的権威を確立するにあた

って重要な意味をもつ。(6)

明らかにこの原則は、軍事力の行使に制限があることを認識している。第6章で論じたように、どのような介入であっても、その目的は、軍事的手段を通じて単に勝利を収めることではない。むしろ、状況を安定させることで、平和的な政治過程のための空間をつくりだすことである。外交や制裁、援助の提供、そして市民社会との連携はいずれも、他国の政治過程に影響を及ぼそうとする――権威主義体制を開放させる、正統な政治的権威の形態を強化する、紛争の包括的な政治的解決を促す――際に国家と国際制度が利用できる手段である。むろん、民間の要員を配置する能力も含まれる。たとえば、迫り来るジェノサイドのような差し迫った人道上の破局が起きた場合には、軍事力が行使される必要がある。この場合、現地の同意と支持が鍵を握る。これらにもとづかない軍事力の行使は必ず失敗する。軍事力の行使を通じて達成されうる最大のものは安定化である。繰り返せば、これは軍隊に認識の転換を迫るものである。軍隊は自らの役割を、敵を敗北させることに見いだす傾向があるため、この転換は容易ではない。

実際のところ、反乱鎮圧活動で勝利を収めることはきわめて難しい。たとえ勝利を収めることができたとしても、広範な破壊と弾圧という犠牲を払ってかろうじて手にしたものにすぎない。この原則は明らかに勝利の不可能性を認識しており、それに代わって、政治的な解決が模索されうる安全圏を構築することを目指している。軍隊の任務は、勝利することではなく〔政治的解決を〕可能にすることである。したがって、安全地帯や人道回廊、あるいは飛行禁止区域といった手法は「人間の安全保障」アプローチを象徴するものである。

また、この原則は、指揮するのは政治であるということを意味してもいる。経済政策も安全保障政策も、政治的な考慮によって導かれなければならない。行動原則の観点から見てこのことが意味しているのは、政治を理解し、政治的権威へのアクセスを手にする政治的、もしくは軍事的な一人の司令官が必要だということである。

第三原則——多国間協調主義

「人間の安全保障」アプローチはグローバルでなければならない。したがって、多国間での共同行動を通じてのみ、「人間の安全保障」は実行されうる。とはいえ、多国間協調主義とは、「一群の国家と行動をともにすること」以上の意味をもつ。狭い意味では、ほとんどすべての国際的イニシアティブは、多国間協調主義だと見なせるかもしれない。多国間協調主義は正統性と密接に関係しており、新植民地主義から「人間の安全保障」アプローチを分かつものである。

第一に、多国間協調主義は、国際制度とともに活動することと、国際制度の手続きを通じた取り組みへの関与を意味する。これは何よりも、国連の枠組みのなかで取り組むことを意味しているが、ヨーロッパのヨーロッパ安全保障協力機構（OSCE）やNATO、アフリカのアフリカ連合（AU）や南部アフリカ開発共同体（SADC）、西アフリカ諸国経済共同体（ECOWAS）、あるいは西半球の米州機構（OAS）といった国連以外の地域的国際機関との協働、もしくは、これら組織のなかでの任務の分担をともないもする。

第二に、多国間協調主義は、共通のルールと規範をつくり、ルールと協力を通じて問題の解決をはかり、そのルールを執行する一連の過程への関与をともなう。今日、正統な政治的権威は、多国間の枠組みのなかに身を置かねばならない。現に、国家の失敗は、その一面において、伝統的に単独行動主義の傾向を見せる国家が多国間での協働に適応することができなかった結果だと見なすことができる。

第三に、多国間協調主義は、模倣や競合ではなく調整を含まなければならない。「人間の安全保障」アプローチが実効性のあるものになるためには、EUの加盟国とEU委員会、EU理事会〔閣僚理事会〕の、さらには国連や世界銀行、国際通貨基金（IMF）、そして地域的な国際制度といった、EU以外の多国間アクターの、情報や対外政策、貿易政策、開発政策、そして安全保障政策に関わるイニシアティブを調整することが必要である。紛争を予防し、事前に予測して行動する政策であったとしても、それらにまとまりがなく矛盾さえみられるようなかたちで実施されつづける限り、実効性のあるものとはなりえない。

第四原則――ボトム・アップ・アプローチ

「パートナーシップ」や「ローカル・オーナーシップ」〔現地の人びとによる主体的な努力を指す言葉〕、「参加」といった考え方はすでに開発政策の鍵《キー》概念となっている。こうした概念を安全保障政策にも適用すべきである。どのような安全保障政策と開発政策を採用すべきか、軍事力を使って、あるいは、さまざまな形態の条件づけを通じて介入すべきか否か、そしてむろん、どのように介入するかを決定するに際しては、暴力と不安全に脅かされている人びとが一致して認めるもっとも基本的なニーズが考慮されなければならない。これは単に道義的な問題ではない。実効性を左右する問題でもある。安全が脅かされている地帯に暮らす人びとは、最良の情報源である。したがって、コミュニケーションと協議、そして対話は、開発と安全保障が人心を掌握するだけでなく知識と理解を得るために不可欠な手段である。この原則は自明のものにみえるが、「自分たちが一番よく知っている」と考えてしまう生来の性向が露見する場合がある。結局のところ、ボトム・アップには、犯罪者やマフィア、そして軍閥の司令官も含まれる。すべての人びとと話しあうことが解決策であり、現地の案内人として行動しうる良心と品位のある人びとを同定することは、それほど難しくはないはずである。

この点でとくに重要となるのは、女性グループが果たす役割である。開発にとってジェンダーの平等が重要であること、とりわけ女児の教育が重要であることは、かなり以前から認識されてきた。同じことは、紛争を管理する場合にも当てはまる。女性は、現代の紛争において重要な役割を担う。紛争が日常に及ぼすさまざまな影響に対処する際に、そして社会の分裂を克服する際に彼女らは重要な役割を果たす。女性グループとの関係づくりとパートナーシップは、「人間の安全保障」アプローチを構成する重要な要素である。

第五原則——地域に焦点を据える

新しい戦争には明確な境界がない。それは、難民や避難民を通じて、別の国に住んでいるマイノリティを通じて、犯罪者と過激派のネットワークを通じて拡散していく傾向がある。事実、深刻な不安全の状況は多くの場合、地域布地《クラスター》のなかで見受けられる。概して、地域を国家単位で切り分け、布地の存在を見ない傾向が続く限り、暴力の拡散を防ぐ比較的単純な方法が日の目を見ることはない。ある紛争にかなり注意を払っていたにもかかわらず、一見したところ別の紛争が隣国で突如噴出するたびに、対外政策の専門家たちは驚かされてきた。たとえば、リベリアで紛争が発生した原因に取り組まない限り、シエラレオネでの戦争を解決することはできない。近隣諸国、とりわけパキスタンを巻き込まない限り、アフガニスタンでの今日の戦争を封じ込めることはできない。

同じ理由から、合法的な経済上・貿易上の協力関係を回復させ、および／または促進させる場合にも、地域に焦点を据えることが重要となる。貧困と不安全の原因となる生産量と雇用を減少させ、不法／非公式経済を拡大させる主な原因は多くの場合、戦争にともなう運輸・貿易関係の途絶である。

政策にとっての意味合い

『人間の安全保障報告』によると、二一世紀の初めの五年間に世界で発生した紛争の数と、紛争で殺された人びとの数は減少したという。国際社会は、和平協定を仲介する努力、そして何よりも、部隊の展開と援助の実施を通じて和平協定を持続させる努力によって、紛争を減少させることに寄与してきたということができる。

しかし、紛争は安定したかもしれないが、高い犯罪率と頻発する人権侵害、そして女性に対する暴力の横行によって、個人はいまだに高度の物理的不安全を強いられている。平和維持部隊の駐留は、戦闘当事者を引き離し、停戦協定の違反を阻止するうえでは役立つかもしれないが、治安を確立・維持し、不法な武装集団に対処する点ではそれほど効果的なものではない。しかも、物理的な不安全は物質的な不安全と結びついている。新しい戦争には、横行する、住民の強制移住や急速な都市化現象、農村生活の破綻、社会的生産基盤と生産的資産の破壊、そして自然災害に対する脆弱性の高まりがともなう。経済援助は、人道上のニーズを満たすことと、マクロ経済の安定化に焦点を据える傾向がある。それゆえ、紛争後の多くの地域では、たいてい、経済成長率がかなり高く、インフレーションが比較的低く抑えられてはいるが、失業率がきわめて高い水準にある。しかも、余剰兵器で武装した、不満を抱く失業中の若者たちの存在は、紛争が再発する原因となる。政治的／軍事的な状況も経済的な状況も持続可能なものではない。表向きの平穏は、政治的な意味での国際的なプレゼンスと軍事的な意味での国際的なプレゼンスに依存する。そして、経済的な安定化は、地域の外からもたらされる歳入に依存するのである。

「人間の安全保障」アプローチは、紛争を安定化させ、不安全の原因に取り組むことを目指す。安全保障の関連からいえば、治安——法の支配の確立と法を執行する手段の確立——にかなりの力点が置かれなければならない。事実上、このことは開発に関与することを意味する。というのも、制度構築や、犯罪活動に代わる合法的な生計手段の提供、不法な武装集団への対処をともなうからである。国家が署名した国際法は、国際社会に手段を提供する。多国間の制度、とりわけEUと国連は、

●安全が脅かされている地域での国際的なプレゼンスを拡大する必要がある。これは、保護する意志を象徴的に示すために、早期警戒をおこなうために、政策を導く助けとなる現地の知識を得るために必要なことである。遠く離れた場所の情報を収集することの難しさは、イラクとアフガニ

スタンでまざまざと浮き彫りにされた。現地の人びととの契約にもとづく、人間による情報収集活動は、情報収集活動全般の主眼と見なされるようになってきている。たとえば、ＥＵ監視団のような新しい情報収集手段を思い描くことができる。別の提案としては、実際に安全が脅かされている、あるいは、そうなる可能性のある地域に法律事務所か市民相談所を設置し、自分たちの権利と自分自身を守る方法についての法的なアドバイスを現地の人びとが受けられるようにすることも大切であろう。国際的な要員が監視団や市民相談所に配置される限りにおいて、彼らの行動を現地の住民に説明できるようにする制度を創ることも大切である。

●軍隊と民間人、そして警察から構成され、民間人の保護と治安の確立・維持を主な任務とする新しい「人間の安全保障」治安部隊を展開する必要がある。ＥＵに「人間の安全保障」即応部隊を創設せよとの具体的な提案が、「ヨーロッパの安全保障能力に関する研究グループ」の報告書で示されている。[7]「人間の安全保障」即応部隊は、伝統的な平和維持軍や伝統的な軍隊とはまったく異なる方法で活動するという。その主な任務は、法の執行を支援することである。したがって、それは、より堅牢なものとはいえ、むしろ警察力に近い即応部隊である。人権の第一義性や正統な政治的権威の確立、ボトム・アップ・アプローチといった前述の原則のすべてが、その武力が行使される方法を形づくっている。この部隊の目標は、人びとを保護し、あらゆる犠牲者数を最小限に抑えることである。これは、他者を救うために自らの命を危険にさらす警察の伝統的なアプローチに類似している。ただし、即応部隊の隊員は、極限においては人を殺害する覚悟ができている。「人間の安全保障」治安部隊も、そうあるべきであろう。領域を占領したり、敵の部隊を破壊したりするのではない。「人間の安全保障」治安部隊は、一般の住民を保護することを狙いとした安全地帯や人道回廊のような手法を展開するのである。

●法的な枠組みを整える必要がある。国際制度、とりわけEUが国際法の範囲内で活動し、国際法を促進し、安全保障を強化するために法的手段を使う「規範の推進者」として行動する能力は、対外的な部隊の展開を規定する単一の一貫した国際法体系が存在しないことによって妨げられている。国際法体系のこうした弱点に取り組み、国際的な「人間の安全保障」の任務を遂行するための多国間の法的環境の整備を促すことになるであろう「人間の安全保障」の法的な枠組みが必要である。この枠組みは、国際的に部隊を展開することの適法性を明確にすべきであり、それが軍人であるにせよ民間人であるにせよ、紛争地域に展開した要員と現地の人びとに適用される法的なレジームを明確にすべきである。これは、受け入れ国の国内法や派遣国の国内法、交戦規則、刑事国際法、人権法、そして国際人道法を基礎に作られることになるだろう。あわせて、この法的枠組みは、兵器の禁止にまつわる現行法、とくに化学兵器禁止条約と生物兵器禁止条約を組み込む必要がある。大量破壊兵器（WMD）は軍備管理の問題としてではなく、人道上の問題として扱われるべきである。というのも、軍備管理は、国家安全保障政策と抑止の機能に基礎を置くものだからである。どのような理由であっても、WMDを使用することは重大な人権侵害であり、それゆえ、国際的な法規範の重要性を侵害する行為である。

「人間の安全保障」アプローチは、開発援助とは比較にならないほど多くの意味を含んでいる。というのも、人間開発は「人間の安全保障」を構成する重要な要素だからである。先に述べたように、「人間の安全保障」アプローチは、パートナーシップやローカル・オーナーシップ、市民社会との協働、そしてジェンダーに対する敏感さといった、開発実践の鍵となるいくつかの原則を受け入れてもいる。しかし、同時に、紛争の予防と再建に必要な政策には、支配的な開発の関心事とは異なる優先事項の序列が求められる。こうした政策は、すでに不安全の傾向がある国に対してのみ適用されるものではなく、開発一般に対する代替的なパラダイムも提供することになろう。その住民が不安定な経済状況のなかで暮らしている国は、紛争に対しても脆弱な国である、といった傾向もある。とりわけ、「人間の安全保障」アプローチが示唆しているのは、マクロ経済を安定させることは個人を支援するための必要条件ではあるが、経済成長とマクロ経済の安定化以上に重要なのは個人の経済的・社会的な福利である、ということである。

紛争を予防し、再建をはかるうえで鍵を握る経済的・社会的な優先事項としては、つぎの六つがあげられる。

●人道援助と開発援助の結合——人道援助は、紛争においてしばしば問題となる。というのも、とくに援助物資が収容所に届けられる場合には、生計を立てる手段から人びとを引き離してしまうからである。また、戦闘当事者に「税金を取ら」れてしまう場合もある。開発は、再建だけではなく紛争の予防にも寄与する。それゆえ、紛争のあらゆる局面を通して開発援助を続けることが大切である。(8)

●合法的な雇用と自立した生計の創出――多くの人びとが準軍事組織や犯罪組織に加わっている。代わりとなる雇用先や収入源がないからである。非常に貧しい国では、一次生産を支えることが重要となる。中所得国（バルカン諸国やイラクのような）では、公共事業と国営企業の再建が雇用を生み出す主要な方法となる[9]。

●法の支配の確立を含む制度構築――これには、開発の名のもとにすでにとられはじめている以下の措置が含まれるであろう。公益事業改革や、ガバナンス能力を高め、国の機関を設立するための措置。国家安全保障ではなく「人間の安全保障」に倣って実行されている、DDR（ただし、治安維持の任務に関わる支出以外の軍事費の削減、武器の交換もしくは廃棄、そして、動員を解除された兵士の代替雇用は不安全を増幅させやすい。というのも、彼らは自分のサービスや武器を売ることによって収入を得ようとするからである）と結合した治安・司法部門改革。移行期正義を含む、法の支配を実行するための措置。議会と市当局の設置を含む、憲法制定と民主的手続きの整備。

●社会的生産基盤と公共事業の重要性への留意――とりわけ中所得国において生産を維持するためには、エネルギー網とコミュニケーション網、そして輸送網が不可欠である。多くの場合、地域を基盤とするかたちで統合される社会的生産基盤は、共同体の分離と分裂を防ぐための重要な手段である。ヨーロッパ統合の初期の段階における石炭と鉄の場合と同じように、社会的生産基盤への支出は、雇用を生み出す手段となるだけでなく、和解を促す刺激となると見なすことができる。

●教育と社会事業――紛争地帯の多くでは、社会的なセーフティ・ネットと教育機会がかなり弱体化しているか、存在をとどめていない。過激派（ナショナリストか宗教的原理主義者）は、しばしばこうした事業を展開する。その結果、とくに若者に対してイデオロギー上の大きな影響力を手にしている。社会事業は不安全を低減させる。教育は、新たなスキルを身につけさせるにあたって重要となる。とりわけ、紛争の影響を受けた人びと（避難民と、動員を解除された戦闘員）にとって重要なものである。開発において教育の重要性はかねてから認識されてきたが、安全保障政策の手段としてはいまだに認識されていない。

●税収の創出――正統な政治的権威を再構築し、それを持続させるのであれば、税収は不可欠である。概して、紛争下にある国家は、国外の、および／または犯罪に関わる収入源に依存している。国家と市民の関係が有意義なものとなるためには税収が不可欠である。さらにいえば、構造調整は、支出を減らすのではなく収入を増やすことによって達成される必要がある。最善の収入源は所得税である。というのも、消費税は密輸を助長する傾向があり、紛争下の国にとっては主な収入源であることが多い関税は貿易の障害となってしまうからである。とはいえ、所得税は雇用に依存する。雇用を優先すべきだとするもうひとつの理由は、まさにこの点にある。

安全保障のアプローチと開発のアプローチの双方を構成する重要な要素は、市民社会の関与である。正統性は、支配者と被支配者のあいだでのある種の社会契約に依存する。市民社会は、このような契約をめぐって交渉がおこなわれ、論争が繰り広げられ、格闘される媒体である。資金を提供する側は、市民社会を受動的な現象と捉えてしまう傾向がある。つまり、資金を提供され、能力開発の観点から手を差し伸べられるだけの受動的な現象として市民社会を扱ってしまう傾向がある。実際に重要なのは政策立案者へのアクセスであり、論争と熟議のための空間の創出である。結局のところ、民主主義は、紛争の平和的な管理に関わるものなのである。

結論

世界は重大な岐路に立たされている。冷戦が終結して以来おこなわれてきた、紛争を安定化させる国際的な努力は、一方で限られた成功を収めてきた。他方で、こうした実績は、「新しい戦争」を引き起こす原因であり、人間の安全を脅かす原因となる根本的な諸条件に対処することができないことと、テロと、テロとの戦いが広がっていくことの二つによって台無しになる危険性がある。世界の何百万もの人びとがいまもなお、耐えがたい不安全の状況下で生きている。とくに、紛争地帯――西アフリカや中央アフリカ、そしてアフリカの角、バルカン諸国や中東、コーカサス、中央アジア――に生きる人びとがそうである。

通常、「人間の安全保障」政策には、その主要な任務に追加されるものとして、国家安全保障政策を補完する役割がある、と考えられている。疑いなく個々の国家は、外部から侵略を受けた際に領域を守る能力を今後とも維持しつづけていくことだろう。そして、ＮＡＴＯや国連のような多国間制度は、クウェートのような国が他国から攻撃を受けた場合には、その国の防衛に取り組んでいくことだろう。だが、世界が以前にも増して相互連関性を強め、国家がしだいにグローバル・ガバナンスの諸層に統合されてきているなかで、古典的な国家安全保障政策はその役割を変えるよう求められている。これまで以上に「人間の安全保障」の任務は緊急を要している。したがって、古典的な国家安全保障政策は「人間の安全保障」の任務を補完するよう求められている。その逆ではない。

開発の専門家のあいだでは、開発問題の安全保障化への懸念がたしかに存在する。従来、安全保障の問題は外交問題——ハイ・ポリティクス——の分野と見なされてきた。それに対して開発は、国内問題の分野と見なされ、経済と社会をめぐるロー・ポリティクスに関連するものであった。少なくとも理論的にはそうだったのである。安全保障が開発の分野を侵した——むろん、冷戦期には、安全保障の関心事が開発政策に深刻な影響を与えた——ならば、その行為は新植民地主義のようなものと見なされた。他方、人道援助の専門家のあいだでは、人道的な空間の喪失にまつわる懸念が存在する。人道援助機関の自律性を保持することは、人道援助を提供するにあたっての前提条件であると考えられているのである。

だが、今日の状況は、安全保障と開発の分離を許さない。対外政策と国内政策の区分、ハイ・ポリティクスとロー・ポリティクスの区分は崩壊しつつある。旧態依然の安全保障観に固執しては、開発に有害な影響を及ぼしてしまう可能性がある。というのも、国家中心主義《ステイティスト》に囚われたヨーロッパの狭い安全保障観は、世界の大半の地域で、とりわけ開発途上世界で個人と共同体が経験している不安全を克服しようとすることもなく、ただ手をこまねいているだけだからである。現に、戦争行為を目的とする軍事力の行使は不安全を実際に悪化させてしまう可能性がある。このことはイラクで示された。人道的な空間についても同様である。もはや敵か味方かの区別がはっきりしないために、〔どちらの側にも与しない〕明確に区切られた「純真な」活動領域など存在せず、戦闘員と非戦闘員を区別することが難しい「新しい戦争」のなかには、人道的な空間はもはや存在しない。しかも、不安全をもはや封じ込めることはできない。というのも、国外の敵による攻撃というかたちではなく、テロリズムや組織犯罪、あるいは過激なイデオロギーを通じて暴力は越境していく傾向があるからである。

「人間の安全保障」アプローチは以下の点で開発の利益になる。

●第一に、「人間の安全保障」は、開発にとって不可欠な状況（物理的な安全と法の支配、そして持続可能な制度）をつくりだすことを目指している。

●第二に、「人間の安全保障」アプローチは必然的に、人間開発の強調をともなう。なぜなら、物理的な安全保障と物質的な安全保障のつながりをほどくことは、きわめて難しいからである。現に、人間開発の不在――脆弱な制度、合法的な生計手段の欠如――は、暴力が生じる可能性のある状況の構成要素である。

●第三に、人間開発のいう開発は、経済的なパフォーマンスを表わす指標よりも、個人と共同体のニーズに力点を置いている。それゆえ人間開発は、開発戦略の再設定に役立つ可能性がある。

さらに、「人間の安全保障」アプローチは、人道的な空間と軍事的な空間を区別することではなく、人道的な空間を保護することを目的としている〔この安全保障観は、人道援助にとっても利益になる考え方だといえよう〕。

とくにＥＵが「人間の安全保障」アプローチを採用したことは、グローバルな安全保障への重要な貢献といえる。国連の弱点は、国連加盟国の弱さがもたらした結果である。ヨーロッパ諸国は現在、およそ一八〇万人の男性・女性兵士を擁しているが、「人間の安全保障」の任務で展開する兵力はきわめて少ない。世論調査の結果は、ヨーロッパの人びとが共通外交政策という考え方を一貫して支持していることを示している。グローバルな安全保障と開発に貢献するヨーロッパの能力を高め、構築しなおす努力を続けることは、ヨーロッパにおけるＥＵそのものの正統性と認知度を高めることにもなるだろう。このことは、広く世界においてＥＵの正統性と認知度を高めることにもつながる。それだけでも安全保障へのひとつの貢献である。

訳者あとがき

本書は、ロンドン大学（LSE）附属のグローバル・ガバナンス研究センター（Centre for the Study of Global Governance）所長のメアリー・カルドー教授が著わした *Human Security: Reflections on Globalization and Intervention*（Cambridge: Polity, 2007）の全訳である。

本書は、すでに人口に膾炙するようになった「人間の安全保障」という概念について、冷戦終結後の十数年に及んだ人道的介入の諸相の分析を通して、グローバル化時代の介入のあり方をめぐる著者独自の思想を表現したものである。カルドー博士は、旧著 *New and Old Wars*（邦題『新戦争論』[1]）のなかで、冷戦終結後のエスニック紛争の特質を「新しい戦争」と表現し、ウェストファリア体系が成立して以来、国家間で戦わされてきた「旧い戦争」とは異質の、国境を越えたジェノサイドの応酬を、非政府アクターと政府アクターが複合的に絡むかたちで組織化された暴力の発動と捉えた。次いで出版された *Global Civil Society*（邦題『グローバル市民社会論』[2]）において、カルドーは、冷戦後の国際社会が向きあう「新しい戦争」の氾濫に対して、力による対決を通した解決よりも、市民社会アクターをも巻き込んだ紛争解決と紛争後戦略の策定や政策提言（advocacy）能力の強化の重要性を強調した。本書は、カルドーが著わしたこれら二著の認識枠組みの延長線上で、「恐怖からの自由」と「欠乏からの自由」を二つの基本理念とする「人間の安全保障」論にコスモポリタニズムの視座から接近している。

ボスニア・ヘルツェゴヴィナ紛争などの事例が示してきたように、エスニック紛争の当事者として、非国家アクターは無辜の市民を武力紛争に巻き込み、市民の安全は日常的に脅かされつづける。同時に、イスラエルとパレスチナ解放組織との積年の紛争や、イラクとアフガニスタンにおける大規模戦争が終息した後でも、無辜の市民の多くが犠牲となり、ここでも市民の安全が脅かされつづける。安全保障を外国の侵略や攻撃から国家の生存をはかり、全うするための行為、と先験的にみなしてきた旧来の安全保障観では、生存を脅かされる原始的単位としての個人の安全保障は、完全に置き去りにされてしまう。冷戦が終結した後に、エスニック紛争によって多くの市民が命を奪われていく事態を目にした国際社会が、安全保障概念の見直しを迫られたのは自然の流れである。国家対国家の戦争と平和を先験的に問題とする伝統的な安全保障観にたって、大上段に安全保障を考える視座から、市民の目線にまで降りて安全保障を見直すという意味でのパラダイム転換が迫られている。

こうした安全保障のパラダイム・シフトに大きく寄与する役割を果たしたのが、日本政府であったことを知る人は意外と少ない。ただ、「人間の安全保障」という概念そのものは、すでに一九九四年に出された国連開発計画（UNDP）の『人間開発報告書』のなかで公式に使われたが、この概念に生命力を与えることを目指して日本政府はイニシアティブを発揮する。日本政府は二〇〇〇年九月に開催された国連ミレニアム・サミットで、緒方貞子・元国連難民高等弁務官とアマルティア・セン（Amartya Sen）・ケンブリッジ大学学長（現ハーヴァード大学教授）を共同議長とする独立委員会「人間の安全保障委員会」の結成を提案した。同委員会がまとめた最終報告は、従来の安全保障概念を大きく塗り替え、国際社会の関心を国家の安全保障以上に人間個人の生存に向けたという意味で、大きなインパクトを与えた。

『安全保障の今日的課題』と題する同報告書は、安全保障観のコペルニクス的転換ともいうべき大胆な構想を提起する。そこには安全保障のパラダイム・シフトの意義を痛切に感じさせる「新しい諸理念（ideas）」が、ところ狭しと散りばめられる。いわく、

「人間の安全保障」は次の四つの観点から「国家の安全保障」を補完する（注2および資料【1・2】を参照）。

- 国家よりも個人や社会に焦点を当てていること
- 国家の安全に対する脅威とは必ずしも考えられてこなかった要因を、人々の安全への脅威に含めること
- 国家のみならず多様な担い手がかかわってくること
- その実現のためには、保護を越えて、人々が自らを守るための能力強化が必要であること

［人間中心であること］

国家の安全保障では、好戦的あるいは敵対的な他国の存在が念頭にある。そして敵国から国境や制度、価値観、国民などを守るために強力な安全保障体制をつくり上げる。これに対し「人間の安全保障」は、外敵からの攻撃よりもむしろ、多様な脅威から人々を保護することに焦点を当てる。

［脅威］

国家の安全保障の意味するところは、軍事力により軍事力から国境を守ることである。これに対し「人間の安全保障」は、環境汚染、国際テロ、大規模な人口の移動、HIVエイズをはじめとする感染症、長期にわたる抑圧や困窮までを視野に入れる。

［担い手］

国家のみが安全の担い手である時代は終わった。国際機関、地域機関、非政府機関（NGO）、市民社会など、「人間の安全保障」の実現にははるかに多くの人が役割を担う。HIVエイズとの闘い、地雷の禁止、人権擁護といった分野で、すでに多くの人々が活躍している。

［能力強化］

安全を確保することと人々や社会の能力を強化することは密接に結びついている。人間は危険な状況に置かれていても、たいていの場合自ら解決の糸口を見いだし実際に問題を取り除いていくことができる。たとえば、紛争後の社会で多様な人々が再建のために力を合わせることは治安の維持につながる。

「人間の安全保障」と国家の安全保障は、相互に補いあい依存している。「人間の安全保障」なしに国家の安全保障を実現することはできないし、その逆も同様である。[3]

ここで提起された「人間の安全保障」観は、伝統的安全保障ではまったく対象となってこなかった争点分野をも安全保障の政策分野に組み込むことを自明の前提としている点で、決定的な革新性を含んでいる。しかも、社会的集合体としての国家の安全保障と同様、原子的存在としての人間「個人」の安全保障にまで考察の射程を延ばす。伝統的安全保障と非伝統的安全保障とを区分して後者の安全保障を「人間の安全保障」概念で包括するなら、前者は古典的な国家安全保障の分野に含められ、他の国家アクターによる攻撃や侵略に備え防備を万全にするという意味で〈堅い安全保障（hard security）〉を含意している。他方、後者は一人ひとりの人間の生存と安全な生活を国際社会全体が保障していくという点で、伝統的安全保障とは対照的に〈柔らかい安全保障（soft security）〉の公共空間を包摂する。これが「人間の安全保障」を考える際の一般的な捉え方であった。

ところが、カルドー博士はこのような一般的な解釈とは逆に、「人間の安全保障」は国家よりも個人を守ることを目的とする〈堅い安全保障〉とみなされるべきだ、と主張する。こうしたカルドーの認識は、明らかに安全保障を考察する枠組みとして旧来の国家中心型パラダイム（state-centric paradigm）ではなく人間中心型パラダイム（human-centric paradigm）にもとづいている。彼女の逆転の発想の根底にあるのは、個人を含む市民を国家よりも上位に置いて安全保障の対象を考えるコスモポリタニズムの思想である。カルドーが前著『グローバル市民社会論』で鋭く指摘した、「公共空間のＮＧＯ化」（NGOi-zation）が加速度的に進む国際社会で、[4]市民こそが「人間の安全保障」の主役になりうることへの強い期待がにじむ。

著者カルドーが『新戦争論』で抉り出したエスニック紛争を一様に特徴づけた自民族中心主義《エスノセントリズム》の原理は、「人間の安全保障」の基礎を掘り崩し、紛争に巻き込まれた人びとの「恐怖からの自由」を限りなく脅かす。戦争を紛争解決の「最後の手段」（ultima ratio）とみなす伝統的安全保障の根底を支える常套句は、クラウゼヴィッツの言う「戦争とは、他の手段による政治の延長」というテーゼであった。しかし、自民族中心主義の衝突する「新しい戦争」のテーゼは、マイケル・ウォルツァーがいみじくも語ったように「政治とは、他の手段による戦争の延長」と化してしまう。[5] そこでは憎悪の応酬がエスカレートし、終わりなきジェノサイドが拡散していく。さればこそ、カルドーが本書で強調するように人権規範と人権法の重要性がますます高まり、個人の権利が国家の権利に優先するという意識が高まっていく（本書第6章「正しい戦争と正しい平和」）。

このようなカルドー博士の認識は、近年の国際社会における人権擁護意識の高まりと符合する。二〇〇〇年九月にカナダ政府の提唱で設置された「介入と国家主権に関する国際委員会」（ＩＣＩＳＳ）が作成した報告書のなかで、「保護する責任」という新しい規範が打ち出された。[6]「新しい戦争」が氾濫する冷戦後の世界で、「人道的介入」と「保護する責任」とのあいだに存在する落差をどのように埋めて「人間の安全保障」を確かなものにしていくかは、今後に課せられた国際社会の大きな課題である。

カルドー博士と本書の位置づけをめぐって、山本武彦がロンドンの彼女の執務室でお会いしたのは二〇〇五年の一二月五日の昼下がりである。それから五年の歳月が流れたが、この間にも多くの「新しい戦争」場面に世界は出くわしてきた。本書でカルドーが抉り出した「新しい戦争」の本質は、『新戦争論』が著わされた当時となんら変わることなく続く。本書で強く語られる人間理性への期待は、「人間の安全保障」を不断に追求しようとする人びとに大いなる勇気を与えてくれる。「日本語版への序文」を寄せていただいた一文からも、カルドーの変わらぬ人間愛を十分にくみ取ることができよう。博士は本書に続き新著を出版された。書名は、*Ultimate Weapon is No Weapon* (New York: Public Affairs, 2010) という。新著でも、カルドー博士が山本武彦に語ってくれた彼女の基本的アプローチ法である"cosmopolitan constructiveism"の認識が縦横に展開されている。

翻訳にあたっては、宮脇昇が序論と第1章を担当し、山本武彦が第4、5章、野崎孝弘が「日本語版への序文」と第2、3、6、7章を担当した。全体の調整には野崎孝弘が当たり、最終調整には山本武彦が当たった。最後になってしまったが、『グローバル市民社会論』に続き、本書の刊行を快く引き受けていただいた法政大学出版局と編集部の勝康裕氏に心から感謝申し上げる次第である。

二〇一一年二月

訳者を代表して　山本　武彦

（1） Mary Kaldor, *New and Old Wars: Organized Violence in a Global Era* (Cambridge: Polity Press, 1999)（山本武彦・渡部正樹訳『新戦争論——グローバル時代の組織的暴力』岩波書店、二〇〇三年）.

（2） Mary Kaldor, *Global Civil Society: An Answer to War*（山本武彦・宮脇昇・木村真紀・大西崇介訳『グローバル市

民社会論——戦争へのひとつの回答』法政大学出版局、二〇〇七年）．

（3） 人間の安全保障委員会『安全保障の今日的課題——人間の安全保障委員会報告書』朝日新聞社、二〇〇三年、一二～三頁。

（4） Kaldor, *Global Civil Society*, p. 92（邦訳『グローバル市民社会論』一三一頁）．

（5） Michael Walzer, *Arguing about War*（New Haven: Yale University Press）, 2004, p. ix（駒村圭吾ほか訳『戦争を論ず——正戦のモラル・リアリティ』風行社、二〇〇八年、一頁）．

（6） *The Responsibility to Protect: Report of the Commission on Intervention and State Sovereignty*, 2 vols., Ottawa: International Development Research Centre（IDRC）, 2001.

索　引

261
ヴァッテル，エメリッヒ・デ Vattel, Emerich de 50
ヴィクトリア，フランシスコ・デ Victoria, Franciscus de 237, 260–261
ウィメン・イン・ブラック Women in Black 45–46
ウェスト，レベッカ West, Rebecca 178
ウェスト・サイド・ボーイズ West Side Boys 85, 256
ウェストファリア条約（1648年） Westphalia, Treaty of 50, 230, 232, 237
ヴェトナム，カンボジアでの介入 51
ヴェトナム戦争 Vietnam War 13, 34, 115, 250
ヴェドリーヌ，ユベール Vedrine, Hubert 98
ウェブサイト 49
ヴェローナ・フォーラム Verona Forum 41
ウォルツ，ケネス Walz, Kenneth 125
ウォルツァー，マイケル Walzer, Michael 223–224, 235, 239, 245, 250
ヴォルフ，クリスティアン・フォン Wolff, Christian von 50
ウォレス，ウィリアム（大将） Wallace, William（General） 116, 261
ウガンダ 51, 160
ウズベキスタン 122
エヴァンズ，ギャレス Evans, Gareth 47
エグゼクティヴ・アウトカム社 Executive Outcome 84, 89–90
エチオピア 34, 48, 53
エリトリア 164
エルサルバドル 34
エンゲルス，フリードリヒ Engels, Friedrich 195
沿ドニエストル 27
オーウェル，ジョージ Orwell, George 9
「大いなる分断」Great Divide 14, 232, 233
オガデン 164
オスマン帝国 Ottoman Empire 8, 50
オクスファム Oxfam 38, 57, 63
オープン・ソサエティ財団 Open Society Foundation 36
オマール，ラキーヤ Omaar, Rakkiya 63
オランダ 59
オルブライト，マデレーン Albright, Madeleine 68

［カ 行］

カー，エドワード・H. Carr, Edward H. 153–154
開発 281–284, 285–287
核兵器 11–12, 105–106
革命統一戦線（RUF）Revolutionary United Front 82–84, 85–88, 90
カサブランカでの爆弾テロ 136
カシミール 49, 122, 163, 164
カーター・センター Carter Center 40
カタロニア 167
カッセル，ダグラス Cassel, Douglas 130
カナダ 266
カーネギー財団 Carnegie Endowment 32, 36, 47
カバ，アフマド・テジャン Kabbah, Ahmad Tejan 84
神の抵抗軍 Lord's Resistance Army 160, 161
カルドーゾ，フェルナンド（大統領） Cardoso, Fernando H.（President） 198
監視 122
ガンダ，アンブローズ Ganda, Ambrose 91
カント，イマヌエル Kant, Immanuel 132, 169, 193, 197
カンパオレ，ブレーズ Campaore, Blaise

［タ　行］

［ハ　行］

[ヤ　行]

[ラ　行]

原註および訳註

序　論

＊　本章の題辞は，Rupert Smith, *The Utility of Force: The Art of Making War in the Modern World*（London: Allen Lane, 2006），p. 1 から引用したものである。

（1）　Rupert Smith, *The Utility of Force: The Art of Making War in the Modern World*（London: Allen Lane, 2006）; Mary Kaldor, *New and Old Wars: Organized Violence in a Global Era*（Cambridge: Polity, 1999）〔メアリー・カルドー／山本武彦・渡部正樹訳『新戦争論――グローバル時代の組織的暴力』岩波書店，2003年〕.

（2）　Charles Tilly, *Coercion, Capital and European States, AD 990–1900*（Oxford: Blackwell, 1990）.

（3）　*Ibid.,* p. 67.

（4）　Carl Schmitt, *The Concept of the Political*（Chicago: University of Chicago Press, 1990），p. 33〔カール・シュミット／田中浩・原田武雄訳『政治的なものの概念』未來社，1970年〕. 1932年の初版は，*Der Begriff des Politischen* として刊行された。

（5）　*Ibid.,* p. 52.

（6）　Mary Kaldor, *The Imaginary War: Understanding the East-West Conflict*（Oxford: Blackwell, 1990）.

（7）　Isaac Deutscher, *The Great Contest: Russia and the West*（Oxford: Oxford University Press, 1960）〔アイザック・ドイッチャー／山西英一訳『大いなる競争――ソ連と西側』岩波書店，1961年〕.

（8）　Kaldor, *The Imaginary War,* pp. 202–3 から引用。

（9）　Michael Howard, *The Invention of Peace: Reflections on War and International Order*（New Haven: Yale University Press, 2000）.

（10）　Ian Clark, *Globalization and International Relations Theory*（Oxford: Oxford University Press, 1999）; Rob Walker, *Inside/Outside: International Relations as Political Theory*（Cambridge: Cambridge University Press, 1992）を参照。

（11）　Michel Foucault, *Discipline and Punish: The Birth of the Prison*（London: Penguin, 1977）〔ミシェル・フーコー／田村俶訳『監獄の誕生――監視と処罰』新潮社，1977年〕.

（12）　私は，この点の指摘についてセルチョウに深く感謝する。

（13）　Mary Kaldor, 'A Decade of Humanitarian Intervention: The Role of Global Civil Society', in Helmut Anheier, Marlies Glasius and Mary Kaldor（eds），*Global Civil Society 2001*（Oxford: Oxford University Press, 2001）.

(14) Mary Kaldor, 'American Power: From "Compellance" to Cosmopolitanism', *International Affairs* 79, no. 1 (Jan. 2003): 1–22.

(15) Mary Kaldor, 'Nationalism and Globalisation', *Nations and Nationalism* 10, nos 1–2 (2003): 161–77.

(16) 初版は，Peter Siani-Davies (ed.), *International Intervention in the Balkans since 1995* (London: Routledge, 2003) 所収論考として刊行された。

(17) Mary Kaldor, *Global Civil Society: An Answer to War* (Cambridge: Polity, 2003)〔メアリー・カルドー／山本武彦ほか訳『グローバル市民社会論——戦争へのひとつの回答』法政大学出版局，2007年〕.

(18) Mary Kaldor, 'The Idea of Global Civil Society', *International Affairs* 79, no. 3 (May 2003): 583–93.

(19) A Human Security Doctrine for Europe: The Barcelona Report of the Study Group on Europe's Security Capabilities. これは，2004年9月15日にバルセロナでソラーナ・EU共通外交安全保障政策高等代表を前に提案されたもので，下記で利用できる。www.lse.ac.uk/Depts/global/Publications/HumanSecurityDoctrine.pdf (accessed 23 Dec. 2006); Marlies Glasius and Mary Kaldor (eds), *A Human Security Doctrine for Europe* (London: Routledge, 2005); UN Development Programme, 'Evaluation of UNDP Assistance to Conflict-Affected Countries', 2007, at www.undp.org.

第1章　人道的介入の10年（1991−2000年）

＊ 本章は，Mary Kaldor, 'A Decade of Humanitarian Intervention: The Role of Global Civil Society', in Helmut Anheier, Marlies Glasius and Mary Kaldor (eds), *Global Civil Society 2001* (Oxford: Oxford University Press, 2001) をもとにしている。インタビューに応じてくれたマーク・ボウデンとキョーデ・ファイエメ，ヤスミン・ジュスーシェリフ，そしてジョン・ハーシュに感謝の意を表したい。また，私の質問にEメールで返事をくれたザイナブ・バングーラとワリード・サレム，そしてアブドゥル・テジャン−コレに謝意を表したい。

(1) Human Rights Watch, *World Report 2000,* New York, at www.hrw.org/rep orts/2000.

(2) T. Allen and D. Styan, 'A Right to Interfere? Bernard Kouchner and the New Humanitarianism', *Journal of International Development* 12, no. 6 (2000): 825.

(3) 国連の活動のピークは1993年であり，そのとき，約7万8,000名の兵員が関わっていた。最大の作戦は，ボスニア・ヘルツェゴヴィナの国連保護軍（UNPROFOR）とソマリアの第二次国連ソマリア活動（UNOSOM II）であった。バルカンでの活動は現在，EUが担っている。

(4) Stockholm International Peace Research Institute, *SIPRI Yearbook 2000: Armaments, Disarmament and International Security* (Oxford: Oxford University Press, 2000); UN Peacekeeping Department, at www.un.org/depts/dpk.

(5) M. Ignatieff, *The Warrior's Honor: Ethnic War and the Modern Conscience* (London: Chatto and Windus, 1998)〔マイケル・イグナティエフ／真野明裕訳『仁義

なき戦場――民族紛争と現代人の倫理』毎日新聞社，1999年]; C. Moorehead, *Dunant's Dream: War, Switzerland and the History of the Red Cross*（London: HarperCollins, 1998）を参照。

（6） 地域的《ローカル》な反奴隷キャンペーン団体は，マンチェスターやフィラデルフィアといった場所で反奴隷協会が設立されるずいぶん前から存在していた。

（7） ヨーロッパのすべての団体については，紛争の解決と転換に関するヨーロッパ・プラットフォームのウェブサイト（www.euconflict.org）を参照。

（8） N. Andjelic, *Bosnia-Herzegovina: The End of a Legacy*（London: Frank Cass, 2003）; Independent International Commission on Kosovo, *The Kosovo Report: Conflict, International Response, Lessons Learned*（Oxford: Oxford University Press, 2000）.

（9） C. Cockburn, 'The Women's Movement: Boundary-Crossing on Terrains of Conflict', in R. Cohen and Shirin M. Rai（eds）, *Global Social Movements*（London: Athlone Press, 2000）を参照。

（10） L. Mahoney and L. E. Eguren, *Unarmed Bodyguards: International Accompaniment for the Protection of Human Rights*（Bloomfield: Kumarian Press, 1997）.

（11） Carnegie Commission on Preventing Deadly Conflict, *Preventing Deadly Conflict: Final Report*（Washington, DC: Carnegie Commission on Preventing Deadly Conflict, 1997）; Carnegie Endowment for Peace, *Unfinished Peace: Report of the International Commission on the Balkans*（Washington, DC: Carnegie Endowment for Peace, 1996）.

（12） *Report on the Fall of Srebrenica,* UN Doc. A45/549, 15 Nov. 1999; *Report of the Independent Inquiry into Actions of the United Nations during the 1994 Genocide in Rwanda,* UN Doc. S/1999/1257, 15 Dec. 1999; *Report of the Panel on United Nations Peace Keeping Operations,* UN Doc. A/55/305−S/2000/809, 21 Aug. 2000.

（13） *The Responsibility to Protect: Report of the Commission on Intervention and State Sovereignty,* New York, 2001.

（14） A. de Waal, *Famine Crimes: Politics and the Disaster Relief Industry in Africa*（Oxford and Indiana: James Currey/Indiana University Press, 1997）, p. 83 から引用。

（15） H. Bull（ed.）, *Intervention in World Politics*（Oxford: Clarendon Press, 1984）, p. 3.

（16） *Ibid.,* p. 4.

（17） M. Akehurst, 'Humanitarian Intervention', in *ibid.*

（18） 1971年に起きたインドの介入の事例では，国連安全保障理事会に対しインドの代表は人道主義の議論を用いた。彼は，バングラデシュの人びとを苦しめている苦難は「世界の良心に衝撃を与える」に十分であると主張した。くわえて，彼はつぎのように尋ねた。「ジェノサイドや人権，自決権などの条約はどうしてしまったのか。……なぜ［安全保障理事会の理事国は］人権を語るのをそれほど戸惑うのか。……［国連憲章の］正義の部分はどうなってしまったのか」，と。Nicholas Wheeler, *Saving Strangers: Humanitarian Intervention in International Society*（Oxford: Oxford University Press, 2000）, p. 63 から引用。しかし，彼は介入を正当化する議論をしたわけではない。その代わり彼は，（風変わりな）「難民による侵略」の罪に言及するのである。

(19) *Ibid.,* p. 93.
(20) Bull, *Intervention in World Politics,* p. 183.
(21) Kaldor, *New and Old Wars* を参照。
(22) セーブ・ザ・チルドレンのボウデンへのインタビュー（2001年3月9日）。
(23) Allen and Styan, 'A Right to Interfere?', pp. 831–2.
(24) Margaret E. Keck and Kathryn Sikkink, *Activists beyond Borders: Advocacy Networks in International Politics*（Ithaca: Cornell University Press, 1998）, ch. 3 を参照。
(25) *Washington Post,* 25 Apr. 1991.
(26) A. Roberts, *Humanitarian Action in War,* Adelphi Paper 305, International Institute of Strategic Studies（Oxford: Oxford University Press, 1996）, p. 16.
(27) O. Ramsbotham and T. Woodhouse, *Humanitarian Intervention in Contemporary Conflict: A Reconceptualization*（Cambridge: Polity, 1996）, p. 206 から引用。
(28) Interpress Service, 12 Aug. 1992.
(29) Africa Rights, 'Somalia and Operation Restore Hope: A Preliminary Assessment', London, May 1993.
(30) Allen and Styan, 'A Right to Interfere?', p. 838.
(31) T. G. Weiss, *Military-Civilian Interactions: Intervening in Humanitarian Crises*（Lanham: Rowman and Littlefield, 1999）, p. 90.
(32) Wheeler, *Saving Strangers,* pp. 224–5 を参照。
(33) *Financial Times,* 3 Dec. 1996.
(34) Weiss, *Military-Civilian Interactions,* p. 184 から引用。
(35) Independent International Commission on Kosovo, *The Kosovo Report* を参照。
(36) このなかには，NATO 軍が「人口密集地帯の近くでクラスター爆弾を用いた」事例も含まれる。また，NATO 軍が「セルビアのラジオ局やテレビ局，暖房設備，橋梁といった軍事的には正当性が疑われる目標を攻撃したこと，部隊や動的目標を攻撃した際に民間人の存在を十分に特定することなく攻撃したこと，民間人が集中していなかった軍事目標を検証する手段を採らずに民間人の過剰な犠牲をもたらしてしまったこと（たとえばコリサ）」も含まれる。Human Rights Watch, 'Civilian Deaths in the NATO Air Campaign', New York, Feb. 2000, at www.hrw.org/reports/2000/nato.
(37) D. Petrova, 'The Kosovo War and the Human Rights Community', paper presented to London School of Economics seminar, 18 Nov. 2000.
(38) ヒューマン・ライツ・ウォッチへのインタビュー（2001年2月）。
(39) Noam Chomsky, *The New Military Humanism: Lessons from Kosovo*（London: Pluto Press, 1999）〔ノーム・チョムスキー／益岡賢ほか訳『アメリカの「人道的」軍事主義――コソボの教訓』現代企画室，2002年〕.
(40) Wheeler, *Saving Strangers*; Ramsbotham and Woodhouse, *Humanitarian Intervention in Contemporary Conflict*; Robert Jackson, *The Global Covenant: Human Conduct in a World of States*（Oxford: Oxford University Press, 2000）を参照。
(41) Weiss, *Military-Civilian Interactions,* p. 90 から引用。

(42) R. J. Goldstone, *For Humanity: Reflections of a War Crimes Investigator* (New Haven and London: Yale University Press, 2000), p. 74.

(43) T. Blair, 'Doctrine of the International Community', Chicago, 23 Apr. 1999, at www.primeminister.gov.uk

(44) R. Brauman, *Humanitaire: le dilemme. Conversations pour demain* (Paris: Éditions Textuel, 1996).

(45) Allen and Styan, 'A Right to Interfere?', p. 836.

(46) Giulio Marcon and Mario Pianta, 'New Wars, New Peace Movements', *Soundings: A Journal of Politics and Culture* 17 (2001): pp. 11–24.

(47) A. Tejan-Cole, 'The Legality of NATO and ECOMOG Interventions', MS, 2001.

(48) *A Human Security Doctrine for Europe.*

(49) J. L. Hirsch, *Sierra Leone: Diamonds and the Struggle for Democracy,* International Peace Academy Occasional Papers (Boulder and London: Lynne Rienner, 2001).

(50) Paul Richards, *Fighting for the Rainforest: War, Youth and Resources in Sierra Leone* (Oxford: International African Institute and James Currey, 1996).

(51) ポール・リチャーズによれば,「シエラレオネの反乱軍の暴力は, 人口圧力への本能的な反応ではなく, 鉱物資源の採掘に関わる利益を維持する不透明な家産制政治システムから彼らが排除されたことに対する小集団の人民の怒りを代弁した若者の動員である。彼らの怒りを通して, シエラレオネの東部森林地帯で19世紀半ばまで盛んであった奴隷貿易時代からの文化的瘢痕がふたたびいっそう盛り上がってきたのである。高地ギニアの森林では, 若者を捕え, 激化した暴力の世界に引き入れる現象が続発している」(*ibid*.)。

(52) I. Smillie, L. Gberie and R. Hazleton (eds), *The Heart of the Matter. Sierra Leone: Diamonds and Human Security* (Ottawa: Partnership Africa, 2000), p. 1.

(53) *Conciliation Resources,* no. 9 (2000): 13.

(54) Hirsch, *Sierra Leone,* p. 80.

(55) シエラレオネの女性運動の有名な活動家であるヤスミン・ジュスーシェリフへのインタビュー(2001年3月27日)。

(56) Yasmin Jusu-Sheriff in *Conciliation Resources* (2000): 47–9.

(57) O. Oludipe (ed.), *Sierra Leone: One Year After Lome, One-Day Analytical Conference on the Peace Process,* London, 15 Sept., CDD Strategy Planning Series no. 5 (London: Centre for Democracy and Development, 2000), p. 88.

(58) インタビュー(2001年3月)。

(59) http://freespace.virgin.net/ambrose.ganda/を参照。

(60) 'Saturday Debate: Should the UN Get out of Sierra Leone?', *Guardian,* 22 May 2000.

(61) Centre for Democracy and Development, *Engaging Sierra Leone,* CDD Strategy Planning Series no. 4 (London: Centre for Democracy and Development, 2000).

(62) www.fosalone.org を参照。

(63) インタビュー(2001年3月)。

第2章　アメリカのパワー

*　本章は，Mary Kaldor, ‘American Power: From “Compellance” to Cosmopolitanism’, *International Affairs* 79, no. 1（Jan. 2003）: 1–22をもとにしている。

（1）Jeffrey C. Goldfarb, ‘America versus Democracy? Losing Young Allies in the War against Terror’, *International Herald Tribune,* 21 Aug. 2002.

（2）Walter A. McDougall, *Promised Land, Crusader State: The American Encounter with the World since 1776*（Boston: Houghton Mifflin, 1997）を参照。

（3）Robert Kagan, ‘The Power Divide’, *Prospect,* Aug. 2002; Hubert Védrine, with Dominique Moisi, *France in the Age of Globalization*（Washington, DC: Brookings Institution, 2001）.

（4）Thomas C. Schelling, *Arms and Influence*（New Haven: Yale University Press, 1966）.

（5）たとえば，Paul Kennedy, *The Rise and Fall of the Great Powers: Economic Change and Military Conflict from 1500–2000*（New York: Random House, 1987）〔ポール・ケネディ／鈴木主税訳『大国の興亡――1500年から2000年までの経済の変遷と軍事闘争』草思社，1993年〕; Robert Gilpin, *War and Change in World Politics*（Cambridge: Cambridge University Press, 1981）を参照。

（6）たとえば，Joshua Goldstein, *Long Cycles: Prosperity and War in the Modern Age*（London and New Haven: Yale University Press, 1988）〔ジョシュア・ゴールドスティン／岡田光正訳『世界システムと長期波動論争』抄訳，世界書院，1997年〕を参照。

（7）Charles P. Kindleberger, *The World in Depression, 1929–1939*（London: Penguin, 1987）〔チャールズ・P. キンドルバーガー／石崎昭彦・木村一朗訳『大不況下の世界――一九二九－一九三九』東京大学出版会，1982年〕.

（8）この主張に関わる優れた解説としては，Carlota Perez, *Technological Revolutions and Financial Capital: The Dynamics of Bubbles and Golden Ages*（Cheltenham: Edward Elgar, 2002）を参照。

（9）David Held, Anthony McGrew, David Goldblatt, and Jonathan Perraton, *Global Transformations*（Cambridge: Polity, 1999）〔デヴィッド・ヘルドほか著／古城利明ほか訳『グローバル・トランスフォーメーションズ――政治・経済・文化』中央大学出版部，2006年〕; Anthony Giddens, *Runaway World: How Globalisation is Reshaping our Lives*（London: Profile Books, 1999）〔アンソニー・ギデンズ／佐和隆光訳『暴走する世界――グローバリゼーションは何をどう変えるのか』ダイヤモンド社，2002年〕.

（10）Held et al., *Global Transformations.*

（11）David Holloway, *The Soviet Union and the Arms Race*（New Haven: Yale University Press, 1983）を参照。

（12）この主張については，James Fallows, ‘The Fifty-First State?’, *Atlantic Monthly,* Nov. 2002 を参照。

（13）General Wesley Clark at NATO press conference, 1 Apr. 1999.

(14) 2007年1月に実施された選挙で，ヴォイスラヴ・シェシェリが率いる急進的な民族主義政党が28.7%の得票率を獲得し，単独第一党となった。彼は，コソヴォからすべてのアルバニア系住民を追放すべきだと主張し，あるときには，彼らコソヴォ人をAIDS/HIVに感染させろとさえ主張した。現在，ハーグの旧ユーゴスラヴィア国際戦犯法廷で公判中である。

(15) Michael O'Hanlon, 'A Flawed Masterpiece', *Foreign Affairs,* May-June 2002〔マイケル・オハンロン／竹下興喜監訳，入江洋ほか訳「アフガニスタンでの戦争を総括する―なぜビンラディンを取り逃がしたのか―」『論座』2002年7月号〕を参照。

(16) 第二次世界大戦に際してドイツがフランスとオランダ，ベルギーに対して実施した電撃戦は，ドイツ側に2万7,000人の死傷者を出した。

(17) この言葉を最初に用いたのは，Michael Mann, 'The Roots and Contradictions of Modern Militarism', in *States, War and Capitalism*（Oxford: Blackwell, 1988），pp. 166–87である。また，コリン・マッキネスは「観客－スポーツ」戦争という表現を使っている。

(18) James Der Derian, *Virtuous War: Mapping the Military-Industrial-Media-Entertainment Network*（Boulder: Westview Press, 2001）を参照。

(19) James Der Derian '9/11: Before, After and Between', in Craig Calhoun, Paul Price and Ashley Timmer（eds），*Understanding September 11*（New York: New Press, 2002），p. 180.

(20) Kaldor, *The Imaginary War* を参照。

(21) *Ibid.,* chs 11 and 12.

(22) Lawrence Freedman, *The Revolution in Strategic Affairs,* Adelphi Paper 318（London: International Institute of Strategic Affairs, 1998）を参照。

(23) 9月11日の攻撃の直後，軍は，テロリストによる最悪のシナリオを考えるにあたって，サウス・カリフォルニア大学クリエイティヴ・テクノロジー研究所と提携しハリウッドを巻き込んだ。Der Derian, '9/11: Before, After and Between' を参照。

(24) マックス・ブートによれば，『ニューヨーク・タイムズ』紙の記事は「少し」という言い回しの部分を削除することで，アメリカが直面している困難を誇張した。Max Boot, 'The New American Way of War', *Foreign Affairs,* July-Aug. 2003〔マックス・ブート／竹下興喜監訳，入江洋ほか訳「軍事情報革命とアメリカ流戦争の未来」『論座』2003年11月号〕を参照。

(25) Elliott A. Cohen, 'A Tale of Two Secretaries', *Foreign Affairs,* May-June 2002, p. 39.

(26) Donald H. Rumsfeld, 'Transforming the Military', *Foreign Affairs,* May-June 2002, p. 21〔ドナルド・H. ラムズフェルド／竹下興喜監訳，入江洋ほか訳「変化する任務，変貌する米軍」『論座』2002年6月号〕.

(27) ケルスティ・ホーカンソンは，ヴェトナムとアフガニスタンでの戦術を比較してこの点を明らかにした。Kersti Hakansson, 'New Wars, Old Warfare? Comparing

US Tactics in Afghanistan and Vietnam', in Jan Angstrom and Isabelle Duyvesteyn (eds), *The Nature of Modern War: Clausewitz and his Critics Revisited* (Stockholm: Swedish National Defence College, 2003) を参照。

(28) David Gold, 'US Military Expenditure and the 2001 Quadrennial Defense Review', Appendix 6E, in *SIPRI Yearbook 2002: Armaments, Disarmament and International Security* (Oxford: Oxford University Press, 2002) を参照。

(29) G. John Ikenberry, 'America's Imperial Ambition', *Foreign Affairs,* Sept.-Oct. 2002, p. 52 から引用〔G. ジョン・アイケンベリー／竹下興喜監訳，入江洋ほか訳「新帝国主義というアメリカの野望」フォーリン・アフェアーズ・ジャパン編・監訳『ネオコンとアメリカ帝国の幻想』朝日新聞社，2003年所収〕。

(30) National Security Strategy of the United States, at www.nytimes.com/2002/09/20/politics/20 STEXT FULL.html.

(31) Ikenberry, 'America's Imperial Ambition', p. 50 から引用。

(32) *National Security Strategy of the United States.*

(33) Chairman of the Joint Chiefs of Staff, 'The National Military Strategic Plan for the War on Terrorism', Washington, DC, Feb. 2006.

(34) Michael Howard, 'What's in a Name?', *Foreign Affairs,* Jan.-Feb. 2002〔マイケル・ハワード／竹下興喜監訳，入江洋ほか訳「軍事作戦後の文化対立を回避せよ」『論座』2002年3月号〕を参照。

(35) こうしたさまざまな動きを部分的にまとめた目録としては，Marlies Glasius and Mary Kaldor, 'The State of Global Civil Society before and after September 11', in Marlies Glasius, Mary Kaldor and Helmut Anheier (eds), *Global Civil Society 2002* (Oxford: Oxford University Press, 2002) の囲み欄1.3を参照。

(36) Carl Connetta, 'Strange Victory: A Critical Appraisal of Operation Enduring Freedom and the Afghanistan War', Project on Defense Alternatives, Research Monograph no. 6, 30 Jan. 2002 を参照。概算で4,000人から1万人もの人びとがタリバーンとアルカーイダの部隊に殺害された。

(37) これは，クラスター抽出で選ばれた世帯を対象とした調査の結果である。大多数の事例で実際に死亡診断書が呈示されている。Gilbert Burnham, Riyadh Lafta, Shannon Doocy and Les Roberts, 'Mortality after the 2003 Invasion of Iraq: A Cross-Sectional Cluster Sample Survey', *The Lancet,* 11 Oct. 2006 を参照。

(38) www.icasualties.org/oif/ を参照。

(39) Mark Juergensmeyer, 'Religious Terror and Global War', in Calhoun, Price and Timmer, *Understanding September 11,* p. 40.

(40) John Lewis Gaddis, *The Long Peace: Inquiries into the History of the Cold War* (Oxford: Oxford University Press, 1987)〔ジョン・L. ギャディス／五味俊樹ほか訳『ロング・ピース――冷戦史の証言「核・緊張・平和」』芦書房，2002年〕. John Mearsheimer, 'Why We Will Soon Miss the Cold War', *The Atlantic,* Aug. 1990.

(41) 'War with Iraq is *not* in America's National Interest', advertisement, *New York Times,* 26 Sept. 2002.

(42) Joseph S. Nye, Jr, *The Paradox of American Power* (Oxford: Oxford University Press, 2002), p. 39〔ジョセフ・S. ナイ／山岡洋一訳『アメリカへの警告——21世紀国際政治のパワー・ゲーム』日本経済新聞社，2002年〕.

(43) *Ibid.,* p. 160.

(44) Peter Gowan, 'The Calculus of Power', *New Left Review* (July-Aug. 2002): 63.

(45) Michael Klare, 'Global Petro-Politics: The Foreign Policy Implications of the Bush Administration's Energy Plan', *Current History* (Mar. 2002).

(46) Adele Simmons, 'Iraq: Who's Leading the Protest', *Chicago Sun-Times,* 13 Oct. 2002 から引用。

(47) Kagan, 'The Power Divide'.

(48) Immanuel Kant, 'Perpetual Peace' (1795), in *Kant's Political Writings,* ed. Hans Reiss (Cambridge: Cambridge University Press, 1992)〔イマヌエル・カント／遠山義孝訳「永遠平和のために」福田喜一郎ほか訳『歴史哲学論集』(カント全集第14巻) 岩波書店，2000 年所収〕.

(49) Kwame Anthony Appiah, 'Cosmopolitan Patriots', in Joshua Cohen (ed.), *For Love of Country: Debating the Limits of Patriotism: Martha C. Nussbaum and Respondents* (Cambridge, Mass.: Beacon Press, 1996)〔クウェイム・A.アッピア／辰巳伸知訳「コスモポリタン的愛国者」マーサ・C.ヌスバウムほか著／辰巳伸知・能川元一訳『国を愛するということ——愛国主義《パトリオティズム》の限界をめぐる論争』人文書院，2000年所収〕.

(50) Tony Blair, United Nations Development Programme, *Human Development Report 2002: Deepening Democracy in a Fragmented World* (New York: UNDP and Oxford University Press, 2002), p. 101〔国連開発計画編／監修，横田洋三・秋月弘子『人間開発報告書2002　ガバナンスと人間開発』国際協力出版会／古今書院 (発売)，2002年〕から引用。

(51) George Soros, *George Soros on Globalization* (London: Perseus Books, 2002), p. 17〔ジョージ・ソロス／藤井清美訳『グローバル・オープン・ソサエティ——市場原理主義を超えて』ダイヤモンド社，2003年〕.

(52) 興味深いことに，ケニアとタンザニアのアメリカ大使館が爆破されたことへの報復として1998年にアフガニスタンへの空爆を実施した後にも，似たようなことが起きていたように思われる。ジェイソン・バークは，ビンラーディンが資金援助を申し出ていたにもかかわらず，タリバーンが当初，政治的な理由だけでなく教義上の理由からもアルカーイダに深い疑念を抱いていた点を明らかにしている。だが，空爆を受けた後，両者は糾合した。Jason Burke, *Al Qaeda: Casting a Shadow of Terror* (London: I. B. Taurus, 2003)〔ジェイソン・バーク／坂井定雄・伊藤力司訳『アルカイダ——ビンラディンと国際テロ・ネットワーク』講談社，2004年〕を参照。

(53) International Institute for Strategic Studies, *Strategic Survey 2003* (London: IISS, 2003).

(54) *Ibid.*

(55) Richard Falk, 'Testing Patriotism and Citizenship in the Global Terror War', in Ken Booth and Tim Dunne (eds), *Worlds in Collision: Terror and the Future of World Order* (London: Palgrave, 2002)〔リチャード・フォーク「世界的規模のテロ戦争における愛国心と市民権を検証する」K.ブース，T.ダン編／寺島隆吉監訳，塚田幸三・寺島美紀子訳『衝突を超えて――9.11後の世界秩序』日本経済評論社，2003 年所収〕.

(56) Mary Kaldor, Helmut Anheier and Marlies Glasius (eds), *Global Civil Society 2003* (Oxford: Oxford University Press, 2003) を参照。

第 3 章　ナショナリズムとグローバリゼーション

* 本章は，Mary Kaldor, 'Nationalism and Globalization', *Nations and Nationalism* 10, nos 1–2 (2003): 161–77 をもとにしている。

(1) Eric J. Hobsbawm, *Nations and Nationalism since 1780: Programme, Myth, Reality* (Cambridge: Cambridge University Press, 1990)〔エリック・J. ホブズボーム／浜林正夫ほか訳『ナショナリズムの歴史と現在』大月書店，2001年〕.

(2) Anthony D. Smith, *Nationalism: Theory, Ideology, History* (Cambridge: Polity, 2001), p. 160.

(3) たとえば，*ibid.*, and Umut Özkirimli, *Theories of Nationalism: A Critical Introduction* (London: Macmil!an, 2000) を参照。

(4) Ernest Gellner, *Conditions of Liberty: Civil Society and its Rivals* (London: Hamish Hamilton, 1994), p. 102.

(5) Ernest Gellner, *Nations and Nationalism* (Oxford: Blackwell, 1983)〔アーネスト・ゲルナー／加藤節監訳『民族とナショナリズム』岩波書店，2000年〕.

(6) Benedict Anderson, *Imagined Communities: Reflections on the Origins and Spread of Nationalism* (London: Verso, 1983)〔ベネディクト・アンダーソン／白石隆・白石さや訳『定本　想像の共同体――ナショナリズムの起源と流行』書籍工房早山，2007年〕.

(7) Özkirimli, *Theories of Nationalism,* p. 42 から引用。

(8) Smith, *Nationalism,* p. 65 から引用。

(9) *Ibid.,* p. 82.

(10) Montserrat Guibernau, *Nationalisms: The Nation-State and Nationalism in the Twentieth Century* (Cambridge: Polity, 1995), p. 8 から引用。

(11) *Ibid.,* p. 78.

(12) Joshua Kaldor-Robinson, 'The Virtual and the Imaginary: The Role of Diasphoric New Media in the Construction of a National Identity during the Break-up of Yugoslavia', *Oxford Development Studies* 30, no. 2 (June 2002): 177–87.

(13) Smith, *Nationalism,* p. 125.

(14) Özkirimli, *Theories of Nationalism,* p. 47 から引用。

(15) Kaldor, *The Imaginary War.*

(16) Mary Kaldor and Diego Muro, 'Religious and Nationalist Militant Networks', in

Kaldor, Anheier and Glasius, *Global Civil Society 2003* を参照。

(17) たとえば，民族主義政党は，バルカン諸国とインドで権力を掌握した。イスラーム政党は，イランとトルコでは権力を掌握しており，パキスタンとアルジェリアの選挙でも議席を伸ばしつづけている。選挙での勝利は軍事クーデターを導いた。西ヨーロッパでは，移民排斥を唱える右翼政党が得票率を伸ばしている。また，アメリカでは，キリスト教原理主義とシオニズムの集団が共和党内での影響力をますます高めている。

(18) Mark Juergensmeyer, *Terror in the Mind of God* (Berkeley: University of California Press, 2000), p. 222〔マーク・ユルゲンスマイヤー／古賀林幸・櫻井元雄訳『グローバル時代の宗教とテロリズム――いま，なぜ神の名で人の命が奪われるのか』明石書店，2003年〕.

(19) Erik Melander, 'The Nagorno-Karabakh Conflict Revisited: Was the War Inevitable?', *Journal of Cold War Studies* 3, no. 2 (spring 2001): 65.

(20) Jason Burke, *Al Qaeda,* p. 147.

(21) 晩年の10年間に預言者ムハンマドは，イスラーム教が創始される前の遊牧民集団に特有のものであった「急襲」という概念を定義しなおし，ジハードの一部として，すなわち，個人的な利益ではなく共同体全体の利益のためにおこなわれる急襲を意味する概念として定義した。アルカーイダはこの言葉を蘇らせたが，たとえば，世界貿易センターに対する攻撃やそれ以外の作戦行動のような，自らがおこなう行為の形態を表現する概念としてこの言葉を用いている。Hassan Mneimneh and Kanan Makiya, 'Manual for a "Raid" ', *New York Review of Books,* 17 Jan. 2002.

(22) Jason Burke, *Al Qaeda,* p. 35.

(23) *Ibid.,* p. 238.

(24) Kaldor and Glasius, 'Global Civil Society before and after September 11'.

(25) Jason Burke, *Al Qaeda,* p. 248.

(26) Karoly Gruber, 'From the Beginning of Reason to the End of History: The Politics of Postmodernism and Ethno-Nationalist Renaissances of Pre-Postmodern Nations', D. Phil. thesis, University of Sussex, 1999 を参照。

(27) Ernest Renan, 'What is a Nation?' (1982), in Homi K. Bhabha (ed.), *Nation and Narration* (London: Routledge, 1990), p. 20〔エルネスト・ルナン／鵜飼哲訳「国民とは何か」エルネスト・ルナンほか／鵜飼哲ほか訳『国民とは何か』インスクリプト，1997年所収〕.

(28) John Urry, 'The Global Media and Cosmopolitanism', Department of Sociology, Lancaster University, 2000, at www.comp.lancs.ac.uk/sociology/soc 056 ju.html.

(29) Appiah, 'Cosmopolitan Patriots'.

(30) Anthony D. Smith, *Nations and Nationalism in a Global Era* (Cambridge: Polity, 1995), p. 24.

(31) Roland Robertson, *Globalisation: Social Theory and Global Culture* (London: Sage, 1992)〔ローランド・ロバートソン／阿部美哉訳『グローバリゼーション――地

球文化の社会理論』抄訳，東京大学出版会，1997年〕; Martin Shaw, The *Global State*（Cambridge: Cambridge University Press, 2000）.

（32） Daniel Levy and Natan Sznaider, 'Memory Unbound: The Holocaust and the Formation of Cosmopolitan Memory', *European Journal of Social Theory* 5, no. 1（2002）: 87–106.

第4章　バルカン諸国における介入

＊　本章は，Peter Siani-Davies（ed.）, *International Intervention in the Balkans since 1995*（London: Routledge, 2003）に寄せた拙稿をもとにしている。

（1） M. Castells, *End of Millennium,* vol. 3: *The Information Age: Economy, Society and Culture*（Oxford: Blackwell, 1998）; M. Leonard, *Network Europe: The New Case for Europe*（London: Foreign Policy Centre, 1999）.

（2） Tilly, *Coercion, Capital and European States.*

（3） M. Todorova, *Imagining the Balkan*（Oxford: Oxford University Press, 1997）.

（4） R. West, *Black Lamb, Grey Falcon: Record of a Journey through Yugoslavia in 1937*（London: Macmillan, 1942）.

（5） M. Glenny, *The Balkans 1804–1999: Nationalism, War and the Great Powers*（London: Granta, 1999）; M. Mazower, *The Balkans*（London: Phoenix, 2000）; Todorova, *Imagining the Balkans.*

（6） Mazower, *The Balkans,* p. 129 から引用。

（7） S. L. Woodward, *Balkan Tragedy: Chaos and Dissolution after the Cold War*（Washington, DC: Brookings Institution, 1995）を参照。

（8） R. M. Hayden, 'Constitutional Nationalism in the Former Yugoslav Republics', *Slavic Review* 51, no. 4（1995）; 654–73.

（9） Woodward, *Balkan Tragedy.*

（10） M. Thompson, *Forging War: The Media in Serbia, Croatia, and Bosnia-Herzegovina*（London: Article XIX, 1994）を参照。

（11） V. Bojicic and D. Dyker, 'Sanctions on Serbia: Sledgehammer or Scalpel?' SEI Working Paper no. 1, Sussex European Institute, University of Sussex, June 1993.

第5章　グローバル市民社会という理念

＊　本章は，Mary Kaldor, 'The Idea of Global Civil Society', *International Affairs,* 79, no. 3（May 2003）: 583–93をもとにしている。

（1） John L. Comaroff and Jean Comaroff, *Civil Society and Political Imagination in Africa: Critical Perspectives*（Chicago: University of Chicago Press, 1999）, p. 3 から引用。

（2） John Ehrenberg, *Civil Society: The Critical History of an Idea*（New York: New York University Press, 1999）p. 209〔ジョン・エーレンベルク／吉田傑俊監訳『市民社会論――歴史的・批判的考察』青木書店，2001年所収〕から引用。

（3） G. W. F. Hegel, *The Philosophy of Right*［1820］, trans. S. W. Dyde, originally

published in English in 1896（London: Prometheus Books, 1996）, p. 331〔G. W. F. ヘーゲル／上妻精・佐藤康邦・山田忠彰訳『法の哲学――自然法と国家学の要綱』全2巻（ヘーゲル全集第9巻ab），岩波書店，2000–2001年〕.

（4） Adam Michnik, "The New Evolutionism', in *Letters from Prison and Other Essays*（Berkeley: California University Press 1985）.

（5） Keck and Sikkink, *Activists beyond Borders.*

（6） Václav Havel, 'The Power of the Powerless', in John Keane（ed.）, *The Power of the Powerless: Citizens against the State in Central-Eastern Europe*（London: Hutchinson, 1985）, pp. 90–1.

（7） Ehrenberg, *Civil Society,* pp. 222–3 から引用。

（8） Lester M. Salamon and Helmut K. Anheier, *The Emerging Nonprofit Sector: An Overview*（Manchester: Manchester University Press, 1996）; Amitai Etzioni, *The Third Way to a Good Society*（London: Demos, 2000）; Amitai Etzioni, *The Active Society: A Theory of Societal and Political Processes*（London: Collier-Macmillan, 1968）; Amitai Etzioni, *The Spirit of Community: Rights, Responsibilities, and the Communitarian Agenda*（New York: Crown, 1993）; Robert D. Putnam with Robert Leonardi and Raffaella Y. Nanetti, *Making Democracy Work: Civic Traditions in Modern Italy*（Princeton: Princeton University Press, 1993）〔ロバート・D. パットナム／河田潤一訳『哲学する民主主義――伝統と改革の市民的構造』NTT 出版，2001年〕, Robert D. Putnam, *Bowling Alone: The Collapse and Revival of American Community*（New York: Simon and Schuster, 2000）〔ロバート・D. パットナム／柴内康文訳『孤独なボウリング――米国コミュニティの崩壊と再生』柏書房，2006年〕を参照。

（9） Alexis de Tocqueville, *Democracy in America*（first published in 1835）（New York: Vintage, 1945）, p. 118〔アレクシス・ド・トクヴィル／松本礼二訳『アメリカのデモクラシー』全4冊，岩波書店，2005–2008年〕.

（10） Anheier, Glasius and Kaldor, *Global Civil Society 2001*; Glasius, Kaldor and Anheier, *Global Civil Society 2002.*

（11） Neera Chandhoke, 'A Cautionary Note on Civil Society', paper presented at the conference on Civil Society in Different Cultural Contexts, London School of Economics, Sept. 2001.

（12）『人間開発報告書（*Human Development Report*）2002』に関する専門家会議での発言，ニューヨーク，2002年。

（13） Amartya Sen, *The Argumentative Indian: Writings on Indian History, Culture and Identity*（London: Penguin, 2006）〔アマルティア・セン／佐藤宏・粟屋利江訳『議論好きなインド人――対話と異端の歴史が紡ぐ多文化世界』明石書店，2008年〕.

（14） Ibn Khaldun, *The Muqaddimah: An Introduction to History,* trans. Franz Rosenthal from the Arabic（London: Routledge and Kegan Paul, 1958）〔イブン＝ハルドゥーン／森本公誠訳『歴史序説』全4冊，岩波書店，2001年〕を参照。

(15) Mahmood Mamdani, *Citizen and Subject: Contemporary Africa and the Legacy of Late Colonialism* (Princeton: Princeton University Press, 1996); Partha Chatterjee, 'On Civil and Political Society in Postcolonial Democracies', in Sudipta Kaviraj and Sunil Khilnani (eds), *Civil Society: History and Possibilities* (Cambridge: Cambridge University Press, 2001); Partha Chatterjee, *The Nation and its Fragments; Colonial and Postcolonial Histories* (Princeton: Princeton University Press, 1993) を参照。

(16) Heba Raouf Ezzat, 'Beyond Methodological Modernism: Towards a Multicultural Paradigm Shift in the Social Sciences', in Helmut Anheier, Marlies Glasius and Mary Kaldor, (eds), *Global Civil Society 2004/5* (London: Sage, 2004); Abdullahi An-Na'im, 'Religion and Global Civil Society: Inherent Incompatibility or Synergy and Interdependence?', in Glasius, Kaldor and Anheier, *Global Civil Society 2002.*

(17) Geoffrey Best, 'Justice, International Relations and Human Rights', *International Affairs* 71, no. 4 (Oct. 1995) を参照。

(18) Chris Brown, 'Cosmopolitanism, World Citizenship and Global Civil society', *Critical Review of International Social and Political Philosophy* 3, no. 1 (summer 2001): 7–27.

(19) David Chandler, *Constructing Global Civil Society: Morality and Power in International Relations* (New York: Palgrave and Macmillan, 2004); Gideon Baker and David Chandler (eds), *Global Civil Society: Contested Futures* (London: Routledge, 2005).

(20) Kenneth Anderson and David Rieff, 'Global Civil Society: A Sceptical View', in Anheier, Glasius and Kaldor, *Global Civil Society 2004/5.*

(21) Ronnie D. Lipschutz, 'Power, Politics and Global Civil Society', *Millennium: Journal of International Studies* 33, no. 3 (2005): 747–69. また，Ronnie D. Lipschutz and James K. Rowe, *Globalization, Governmentality, and Global Politics: Regulation for the Rest of Us?* (New York: Routledge, 2005) も参照。

(22) Iris Marion Young, *Inclusion and Democracy* (New York: Oxford University Press, 2000), p. 160.

(23) *Ibid.*; David Held, *Democracy and the Global Order: From the Modern State to Cosmopolitan Governance* (Cambridge: Polity, 1995) 〔デヴィッド・ヘルド／佐々木寛他訳『デモクラシーと世界秩序――地球市民の政治学』NTT 出版，2002年〕. また，Daniel Archibugi and David Held (eds), *Cosmopolitan Democracy: An Agenda for a New World Order* (Cambridge: Polity, 1995) に収められている論考も参照。

(24) David Chandler, 'Holding a Looking-Glass to the "Movement": A Response to Worse and Abbott', *Globalization* 3, no. 1 (Mar. 2006).

(25) Amartya Sen, *Identity and Violence: The Illusion of Destiny* (London: Allen Lane, 2006).

(26) Howard, 'What's in a Name?' を参照。

(27) Mary Kaldor, 'In Place of War: Open Up Iraq', 12 Mar. 2003, at www.opendemocracy.net を参照。

(28) George Konrád, *Anti-Politics: An Essay*（1982年にハンガリー語で書かれたもの）(New York: Harcourt, Brace and Janovich, 1984), p. 243.

第6章　正しい戦争と正しい平和

＊ 本章の題辞は，Michael Walzer, *Just and Unjust Wars: A Moral Argument with Historical Illustrations,* 2nd edn（New York: Basic Books, 1992), p. xxii〔マイケル・ウォルツァー／萩原能久監訳『正しい戦争と不正な戦争』風行社，2008年〕から引用したものである。

(1) Schmitt, *The Concept of the Political,* p. 33.

(2) Held et al., *Global Transformations.*

(3) 私は*New and Old Wars*〔メアリー・カルドー／山本武彦・渡部正樹訳『新戦争論――グローバル時代の組織的暴力』岩波書店，2003年〕のなかで，これらの戦争の特徴を詳述した。

(4) Michael Walzer, *Arguing about War*（New Haven: Yale University Press, 2004), p. xiv〔マイケル・ウォルツァー／駒村圭吾・鈴木正彦・松元雅和訳『戦争を論ずる――正戦のモラル・リアリティ』風行社，2008年〕.

(5) Clark, *Globalization and International Relations Theory* を参照。

(6) David Held, *The Global Covenant: The Social Democratic Alternative to the Washington Consensus*（Cambridge: Polity, 2004)〔デヴィッド・ヘルド／中谷義和・柳原克行訳『グローバル社会民主政の展望――経済・政治・法のフロンティア』日本経済評論社，2005年〕; Kaldor, *Global Civil Society: An Answer to War*〔邦題『グローバル市民社会論』〕を参照。

(7) Der Derian, *Virtuous War.* Anthony Burke, 'Just War or Ethical Peace? Moral Discourses of Strategic Violence after 9/11', *International Affairs* 80, no. 2（Mar. 2004): 239–353 も参照。

(8) James Turner Johnson, *Just War Tradition and the Restraint of War: A Moral and Historical Enquiry*（Princeton: Princeton University Press, 1981).

(9) *A Moral Secure World: Our Shared Responsibility,* Report of the High-Level Panel on Threats, Challenges, and Change（A/59/56), United Nations, Dec. 2004.

(10) Michael Walzer, *Just and Unjust Wars: A Moral Argument with Historical Illustrations,* 3rd edn（New York: Basic Books, 2000), p. xii.

(11) John Langan, 'The Elements of St. Augustine's Just War Theory', *Journal of Religious Ethics* 12（1984): 19–38から引用。

(12) Khaled Abou Al-Fadl, 'Two Rules of Killing in War: An Enquiry into Classical Sources', *The Muslim World* 89, no. 2（1999): 144–57.

(13) Johnson, *Just War Tradition and the Restraint of War.*

(14) François Bugnion, 'Just Wars, Wars of Aggression and International Humanitarian Law', *International Review of the Red Cross* 84, no. 847（Sept. 2002): 523–46.

(15) 人道的介入をめぐる論争を扱った議論については，Wheeler, *Saving Strangers* を参照。

(16) Michael Walzer, 'First, Define the Battlefield', *New York Times,* 21 Sept. 2001.
(17) Al-Fadl, 'Two Rules of Killing in War', pp. 144–45.
(18) Ibid., p. 148.
(19) Bugnion, 'Just Wars, Wars of Aggression and International Humanitarian Law'.
(20) Johnson, *Just War Tradition and the Restraint of War,* p. 234 から引用。
(21) Walzer, *Just and Unjust Wars,* p. 106.
(22) Al-Fadl, 'Two Rules of Killing in War', p. 156.
(23) Toni Erskine, 'Embedded Cosmopolitanism and the Case of War: Restraint, Discrimination, and Overlapping Communities', paper presented at the British International Studies Association Special Workshop on Cosmopolitanism, Distributive Justice and Violence, 1–3 may 1999.
(24) ジェームズ・ターナー・ジョンソンは，戦争への均衡と戦争における均衡を区別する。前者は，戦争は害悪というより善をなすといった，戦争そのものに対する価値判断の基準に触れるものである。それに対し，後者は，最小限の武力，すなわち，特定の目的を達成するために必要な最小限の武力を適用することに関わるものである。
(25) A. Burke, 'Just War or Ethical Peace?' から引用。
(26) Neta C. Crawford, 'Just War Theory and the US Counterterror War' から引用。
(27) Ze'ev Schiff, 'Summit Analysis', *Haaretz,* 5 June 2003.
(28) Human Rights Watch, 'Promoting Impunity: the Israeli Military's Failure to Investigate Wrongdoing', New York, 2005, at http://hrw.org/reports/2005/iopt 0605/. 戦闘員と民間人を区別しないパレスチナ赤新月社によると，2000年９月29日から2005年５月13日までのあいだに3,607名のパレスチナ人が死亡し，２万8,695人が負傷したという。www.palestinercs.org/the_fourth_year_intifada_statistics.htm を参照。
(29) http://en.wikipedia.org/wiki/Casualties_of_the_2006_Israel-Lebanon_conflicthiff を参照。
(30) Walzer, *Just and Unjust Wars,* p. 196.
(31) Christine Chinkin, 'An International Law Framework for a European Security Strategy', in Glasius and Kaldor, *A Human Security Doctrine for Europe* を参照。
(32) A. Burke, 'Just War or Ethical Peace?'.
(33) Smith, *The Utility of Force,* p. 270.
(34) Mary Kaldor and Andrew Salmon, 'Military Force and European Strategy', *Survival* 48, no. 1（2006）.
(35) Peter Taylor, *The Brits: The War against the IRA*（London: Bloomsbury, 2001）から引用。
(36) Peter Pringle and Philip Jacobson, *Those are Real Bullets, Aren't They?*（London: Fourth Estate, 2000）.
(37) Fionnuala Ní Aoláin, *The Politics of Force: Conflict Management and State Violence in Northern Ireland*（Belfast: Blackstaff, 2000）.
(38) Kaldor and Salmon, 'Principles for the Use of Military Force'.

(39) George Weigel, 'The Development of Just War Thinking in the Post-Cold War World: An American Perspective', in Charles Reed and David Ryan (eds), *The Price of Peace: Just War in the Twenty-First Century* (Oxford: Oxford University Press, 2007) を参照。

(40) William Wallace, 'Is There a European. Approach to Peace?', in *ibid*. を参照。

第7章 「人間の安全保障」

(1) United Nations Development Programme, *Human Development Report 1994* (New York: UNDP and Oxford University Press, 1994)〔国連開発計画編『人間開発報告書1994』国際協力出版会, 1994年〕.

(2) *Human Security Report: War and Peace in the 21st Century,* Human Security Centre, University of British Columbia (Oxford: Oxford University Press, 2005); *The Responsibility to Protect.*

(3) *In Larger Freedom: Towards Development, Security and Human Rights for All,* Report of the Secretary-General, United Nations, 2005, at www.un.org/largerfreedom/contents.htm.

(4) Amartya Sen in Commission on Human Security, *Human Security Now: Protecting and Empowering People* (New York: Commission on Human Security, 2003), pp. 8–9〔「人間の安全保障」委員会『安全保障の今日的課題――「人間の安全保障」委員会報告書』朝日新聞社, 2003年〕.

(5) Smith, *The Utility of Force,* p. 17.

(6) Herbert Wulf, 'The Challenges of Re-establishing a Public Monopoly of Violence', in Glasius and Kaldor, *A Human Security Doctrine for Europe* を参照。

(7) *A Human Security Doctrine for Europe: The Barcelona Report.*

(8) F. Stewart and V. Fitzgerald (eds), *War and Underdevelopment,* vol. 1: *The Economic and Social Consequences of Conflict* (Oxford: Oxford University Press, 2001), esp. ch. 9, 'The Costs of War in Poor Countries: Conclusions and Policy Recommendations'を参照。

(9) 国営企業の再建は, 民営化を必要とするかもしれないし必要としないかもしれない。しかし, エリートがより広範な住民を犠牲にして私腹を肥やすことを許容する, 規制なき民営化計画そのものが紛争の原因となる場合もあった。David Keen, 'Sierra Leone's War in a Regional Context: Lessons from Interventions', in Glasius and Kaldor, *A Human Security Doctrine for Europe* を参照。

訳　註

〔1〕 ディアスポラ――戦争や植民地化といったさまざまな理由から自らのホームランドを離れ, 離散を余儀なくされた人びと, および, そうした人びとが置かれた状況のこと。

〔2〕 デイトン合意――アメリカ合衆国のクリントン政権の圧力のもと, ボスニア・ヘルツェゴヴィナ紛争の紛争当事国の指導者（セルビアのミロシェヴィッチ大統

領とクロアチアのツジマン大統領，そしてボスニア・ヘルツェゴヴィナのイゼトベゴヴィッチ幹部会議長）が1995年11月にオハイオ州デイトン市近郊にあるライト・パターソン空軍基地に集まり，交渉のすえ取りまとめた和平合意のこと。

〔3〕 ニュー・エコノミー――情報技術革命（いわゆるIT革命）とグローバリゼーションによって出現した新しい経済システムのこと。情報技術の発達によって，在庫に基づく景気循環が消滅し，インフレなき経済成長が持続するとされた。金融市場の規制緩和をはかるとともに「情報スーパーハイウェイ構想」を推し進めたビル・クリントン政権下の1990年代後半のアメリカで一世を風靡した概念である。

〔4〕 トービン税――国際通貨取引に低率の税金をかけることで，投機目的の短期的な金融取引を抑制することをねらった税制度のこと。アメリカ合衆国の経済学者であり，1981年にノーベル経済学賞を受賞したジェームズ・トービンが提唱した。

〔5〕 シヴィック・ナショナリズム――エスニシティを基盤とするエスニック・ナショナリズムではなく，民主主義や自由といった普遍的な価値・理念にもとづくナショナリズムのこと。

〔6〕 平凡なナショナリズム――ネーションの再生産が，日常的なレベルのイデオロギー的・慣習的な儀式を通じて遂行されていることを指し示す言葉。詳しくは，Michael Billig, *Banal Nationalism*（London: Sage, 1995）を参照。

〔7〕 並行市場――もともとは，イギリスで発達した自由金利市場のことである。この短期金融市場は，イングランド銀行による金利の規制を受けていた伝統的な貨幣市場の外側に発達し，1960年代に急成長を遂げたが，1970年代に推し進められた両市場の統合（金融の自由化・規制緩和策）によって区別する意味がなくなり，1980年代以降イギリスでは，この言葉はあまり使われなくなった。

〔8〕 オフリド枠組み合意――マケドニア紛争の紛争当事者であるマケドニア共和国政府とマケドニア人，アルバニア人の代表者が同国南部のオフリドに集まり，交渉のすえ取りまとめた和平合意のこと。その交渉には，アメリカ合衆国とEUの代表者も加わった。

〔9〕 「反政治《アンチ・ポリティクス》」――ヴァーツラフ・ハヴェルとジョルジュ・コンラードが作った用語であり，支配的国家による全体的掌握から逃れた社会の圏域を意味する言葉である。

〔10〕 「憲章77」――チェコスロヴァキアでヴァーツラフ・ハヴェル（民主化革命後の大統領）らの知識人を中心に，人権抑圧に抗議して1977年に発表された文書とその後の民主化運動のこと。

〔11〕 ナショナリスト――北アイルランド紛争における「ナショナリスト」とは，アイルランド共和国への統合を望む人びとを指す。

サピエンティア　17
「人間の安全保障」論
グローバル化と介入に関する考察

2011年3月30日　初版第1刷発行

著　者　メアリー・カルドー
訳　者　山本武彦・宮脇 昇・野崎孝弘
発行所　財団法人法政大学出版局
〒102-0073 東京都千代田区九段北 3-2-7
電話 03(5214)5540／振替 00160-6-95814
製版・印刷　三和印刷／製本　誠製本
装　幀　奥定 泰之

ISBN 978-4-588-60317-4　　Printed in Japan

著者

メアリー・カルドー（Mary Kaldor）

1946年生まれ。サセックス大学を経て，現在はロンドン政治経済学院（LSE）グローバル・ガバナンス研究センター所長・教授。専攻＝国際関係論，グローバル市民社会論。1980年代にE. P. トムスンたちとヨーロッパ核軍縮運動（END）の創設に参画，また東ヨーロッパの人権問題に携わるヘルシンキ市民集会（Helsinki Citizenship Assembly）の創設をも主導し，ヨーロッパにおける市民社会運動の学問的・実践的活動に参加。毎年刊行される *Global Civil Society* の編集責任にも携わる。新著に，*Ultimate Weapon is No Weapon* (with S. D. Beebe, New York: Public Affairs, 2010）がある。邦訳書として，『兵器と文明――そのバロック的現在の退廃』（芝生瑞和・柴田郁子訳，技術と人間，1986年），『戦争論と現代――核爆弾の政治経済学』（陸井三郎訳，社会思想社，1986年），『新戦争論――グローバル時代の組織的暴力』（山本武彦・渡部正樹訳，岩波書店，2003年），『グローバル市民社会論――戦争へのひとつの回答』（山本武彦ほか訳，法政大学出版局，2007年）がある。

訳者

山本 武彦（やまもと たけひこ）

1943年生まれ。静岡県立大学教授を経て，現在は早稲田大学政治経済学術院教授。専攻＝国際政治学。主著に『安全保障政策』（日本経済評論社，2009年），『経済制裁』（日本経済新聞社，1982年），『国際安全保障の新展開』，『地域主義の国際比較』（いずれも編著，早稲田大学出版部，1999年，2005年），『国際関係論のニューフロンティア』（編著，成文堂，2010年）。メアリー・カルドー著『新戦争論』（共訳，岩波書店，2003年），同著『グローバル市民社会論』（共訳，法政大学出版局，2007年）。

宮脇 昇（みやわき のぼる）

1969年生まれ。松山大学助教授を経て，現在は立命館大学政策科学部准教授。専攻＝国際政治学。主著『CSCE人権レジームの研究』（国際書院，2003年），『グローバル公共政策』（編著，晃洋書房，2007年）。

野崎 孝弘（のざき たかひろ）

1971年生まれ。大阪経済法科大学アジア太平洋研究センター客員研究員。専攻＝国際政治学。主著『越境する近代』（国際書院，2006年），『世界政治を思想するⅠ』（共著，国際書院，2010年），『国際関係論のニュー・フロンティア』（共著，成文堂，2010年）。

16 スターリンから金日成へ　北朝鮮国家の形成　1945〜1960年
A. ランコフ／下斗米伸夫・石井知章 訳 ……………………………………3300円

17「人間の安全保障」論　グローバル化と介入に関する考察
M. カルドー／山本武彦・宮脇 昇・野崎孝弘 訳 ……………………………3600円

【以後続刊】(タイトルは仮題を含みます)

アメリカの影のもとで　日本とフィリピン
藤原帰一・永野善子 編著

天皇の韓国併合
新城道彦 著

歴史のなかの障害者
山下麻衣 編著

比較のエートス　冷戦の終焉以後のマックス・ウェーバー
野口雅弘 著

シティズンシップ論
B. クリック／関口正司・岡崎晴輝・施光 恒 監訳

土着語の政治
W. キムリッカ／岡崎晴輝・施 光恒・竹島博之 監訳

正義の境界
M. ヌスバウム／神島裕子 訳

一党支配型権威主義体制の政治力学
岸川 毅 著

国家のパラドクス
押村 高 著